U0867644

“一网通办”
法律规制

上海市立法研究所／编
丁　伟　孙福庆／主　编
王　娟　郑　辉／副主编

法律出版社
LAW PRESS·CHINA

《“一网通办”法律规制》编委会

主　任：莫负春

委　员：陆晓栋　丁　伟　李碧影

孙福庆　阎　锐　张婷婷

撰 稿 人

第一编：王　娟　吴倩莺　刘彩云
第二编：王　娟　彭　辉　李净欣
第三编：第一章、第二章：吴倩莺　刘彩云；第三章：王　琨　谭　天
第四编：侍孝祥　王　琨　谭　天　吴倩莺　刘彩云
附　录：沈　静　宋果南

前　言

当今世界正处于大发展、大变革、大调整时期，以大数据、零距离、趋透明、慧分享、便操作和惠众生为特征的互联网的发展和普及已达到空前的规模，日益改变着人们对于信息、知识的获取以及社会关系的认知方式，深刻影响着人们的生产、生活方式和社会交往形态。我国作为互联网应用发展的大国审时度势，率先提出了“互联网＋”的概念，将互联网引入政务服务领域，将“互联网＋”思维贯穿于政务服务改革创新的始终，将“互联网＋政务服务”作为深化“放管服”改革的关键环节。这是贯彻以人民为中心的发展思想，实现国家治理体系、治理能力现代化，推进行政效能最大化，建设法治政府和服务型政府的重大举措。

上海作为我国改革开放排头兵、创新发展先行者，不辱使命，奋楫争先，于2018年全国“两会”期间率先提出了“一网通办”的改革。所谓“一网通办”，是指依托一体化在线政务服务平台，通过规范网上办事标准、优化网上办事流程、搭建统一的互联网政务服务总门户、整合政府服务数据资源、完善配套制度等措施，推行政务服务事项网上办理，推动企业、群众办事线上只登录一次即可全网通办。党中央、国务院高度重视上海“一网通办”的改革，2018年、2019年习近平总书记两次来上海视察都对“一网通办”工作提出具体要求。两年多来，上海市各级政府部门坚持以政府职能转变为核心，推进审批更简、监管更强、服务更优，切实承担好推动经济社会发展、管理社会事务、服务人民群众的重大职责。“一网通办”和“一网统管”已成为上海推进政务服务和城市管理的重要载体，并不断实现新突破。根据2020年年初统计数据，上海建成数据共享交换平台和经济社会发展综合数据平台一期，“一网通办”总门户接入事项达到2261个，线上办事651万件。“双减半”“双100”年度任务超额完成，审批事项提交材料和办理时限分别平均减少52.9%和59.8%，全市通办事项和业务流程再造事项分别新增177个和105个。

“一网通办”的改革旨在通过从源头上落实简政放权、转变政府职能，通过政府数据共享平台，促进跨部门、跨区域和跨行业的信息资源共享，减少寻租腐败，实现有效监管。这项重大改革需要贯彻重大改革于法有据的要求，加强法律制度层面的顶层设计。2018年，“一网通办”改革伊始，上海市人大常委会即决定将“一网通办”法治保障列为当年常委会大调研项目，并由上海市立法研究所协助开展调研。上海市立法研究所广泛听取政府、企业组织等方面意见，并邀请上海社科院、上海行政法治研究所共同开展研究，形成了课题总报告及两份分课题报告。2019年，上海市人大常委会第十四次会议专门听取了上海市人民政府《关于推进“一网通办”政务服务转变政府职能情况的报告》。为了对上海“一网通办”的改革及时进行理论归纳和实践总结，并进一步推动上海“一网通办”的地方立法进程，在上海市人大常委会副主任莫负春的领导下，上海市立法研究所在原有研究成果的基础上，开展了“一网通办”法治问题的深化研究。这一系列的研究成果使得本书的完成具备了必要的理论积淀。

本书以问题为导向，以实现目标为方向，以上海的实践探索为切入点，从政务服务创新、法治保障需求、法律制度供给3个维度，对“一网通办”的法律规制问题进行全景式的描述，全书由四编组成。

“一网通办”作为一项政府自我革命、简政放权的重大改革，是在全面深化改革、全面依法治国的背景下推进的。本书第一编从中观层面归纳总结了“一网通办”与政务服务改革的主要内容与发展阶段，提出了法治引领保障“一网通办”的理论命题，并勾勒了“一网通办”改革涉及的重要法治领域。第二编从微观层面阐述了“一网通办+政务服务”的依法治理、政务流程再造、公共数据的法律内涵、属性与保护路径、公共数据的采集、共享与隐私保护等法律问题。第三编则聚焦“一网通办”法治保障的体系建设，在全面梳理国家层面政务服务信息化现有法律资源及各地相关法治保障状况的基础上，着重介绍上海市“一网通办”法治保障的状况、上海市人大常委会以法治引领“一网通办”改革的理论思考与实践探索。他山之石，可以攻玉。“一网通办”法律制度的构建与完善应当兼收并蓄国际社会在电子政务领域的成功经验。本书第四编从比较法的角度对联合国电子政务评估体系、全球电子政务的发展情况、趋势与特点、《2018 年联合国电子政务调查报告》的新发现以及丹麦、澳大利亚、韩国、新加坡、美国电子政务的发展状况与法治保障状况作了概要评析。本书的附录部分撷取了国家层面及上海市有关“一网通办”的一系列规范性文件。

上海“一网通办”的改革探索尚处于初创期，本书从法治保障层面率先对该项改革涉及的法律问题作了前瞻性、系统性研究。鉴于“一网通办”涉及政务服务领域全方位、全过程、全要素的改革，这一改革无法一蹴而就，相关的法治保障工作任重道远。我们期待有更多的专家学者致力于该领域的研究，为进一步增强“一网通办”的整体性、系统性、协同性，进一步提升政府决策科学化、公共服务高效化、法治保障精准化提供坚实的理论支撑。

丁 伟

2020 年 12 月

Contents

目录

第一编　政务服务变革下的“一网通办”

第二编 “一网通办”涉及的主要法律问题

第三编 “一网通办”的法治保障体系

第四编　全球电子政务的启示借鉴

第一编

政务服务变革下的“一网通办”

第一章 “一网通办”的基本概况

党的十八大以来,以习近平同志为核心的党中央多次强调,要转变政府职能,创新行政管理方式,建设法治政府和服务型政府。2018 年全国“两会”期间,上海作为改革开放的“排头兵”、先行者,率先提出“一网通办”改革;并于当年 3 月 30 日印发《全面推进“一网通办”加快建设智慧政府工作方案》,全面启动了改革工作。2018 年 4 月 12 日,上海市大数据中心成立,10 月 17 日“一网通办”总门户正式上线运行。在工作中,上海注重加强顶层设计,依法开展政务服务变革,有序有力推进“一网通办”。2019 年,上海又在政务服务“一网通办”基础上作出了城市运行“一网统管”的部署。

中央领导同志非常关注“一网通办”改革。2018 年 11 月,习近平总书记考察上海时指出,上海要优化政务服务,推进“一网通办”,在全市通办、全网通办、只跑一次、一次办成上取得实实在在的成效,并对上海“一网通办”工作给予了充分肯定。2019 年 11 月,习近平总书记再次提出,要抓好“一网通办”“一网统管”等“牛鼻子”工程,把分散式信息系统整合起来,做到实战中管用、基层干部爱用、群众感到受用。李克强总理考察上海市大数据中心时强调,用大数据改善政府服务、更好满足群众需求是深化“放管服”改革的重要内容,要依托互联网、大数据优化再造政府办事流程,进一步便企利民。

上海市委、市政府主要领导高度重视“一网通办”改革，亲自决策、亲自部署、强力推进。2019 年 4 月 3 日，上海市委书记李强在全市“一网通办”工作推进大会的讲话中指出，要以更大力度、更实举措、更优服务、更高效能深入推进“一网通办”工作，全力打响“一网通办”品牌，努力在深化业务流程再造上迈出新步伐、在提升办事便捷性上取得新成效、在推进数据汇聚共享应用上实现新突破。2020 年 4 月 13 日，李强书记在全市“一网通办”“一网统管”工作推进大会上进一步强调，政务服务“一网通办”、城市运行“一网统管”是城市治理的“牛鼻子”工作，牵动着改革发展稳定全局，牵动着长远发展大局。“一网通办”要在更高效、更便捷、更精准上下功夫，“一网统管”要坚持“一屏观天下、一网管全城”，为提高超大城市治理现代化水平作出更大贡献。

上海市人大常委会始终坚持围绕中心、服务大局开展工作。2018 年全国人代会后，上海市人大常委会即决定将“一网通办”法治保障列为当年常委会重大调研项目，并由市人大下属的上海市立法研究所协助开展调研。上海市立法研究所广泛听取政府、企业组织等方面意见，并邀请上海社科院、上海行政法治研究所共同开展研究，形成了课题总报告及两个分报告。2019 年，上海市人大常委会继续关注这项工作，市十五届人大常委会第十四次会议专门听取了市政府《关于推进“一网通办”政务服务转变政府职能情况的报告》，上海市立法研究所开展了“一网通办”法治问题的深化研究。

在《2020 年联合国电子政务调查报告》中，上海作为中国城市的代表，地方在线服务指数在全球 100 个指标城市中位列第 9，上海“围绕数据打造线上线下融合的数字政府”作为经典案例入选报告。“一网通办”已成为上海立足于建设卓越全球城市，率先实现政府治理能力现代化的目标，深入推进“放管服”改革，持续优化营商环境，切实提升群众和企业获得感，加强城市管理与服务的“亮眼名片”。

第一节 “一网通办”的主要内容和取得的成果

一、“一网通办”的主要内容

“一网通办”，顾名思义，就是要让所有面向市民和企业的政务服务，都“进一网、能通办”，通过运用大数据、互联网等现代技术手段，整合政府部门职责权限、规范办事标准流程。“一网通办”是政府管理体制机制的重大变革，是政务服务模式的创新。[①] 具体内容包括：

1. “一网受理”和“一窗受理”

“一网受理”，是指依托上海市政务门户网站和各区政府、各部门网站，2018年10月17日，上线运行纵横全覆盖、事项全口径、内容全方位、服务全渠道的上海“一网通办”总门户，并提供网页和移动端App等多渠道服务。“一窗受理”，是指推动各区行政服务中心、社区事务受理服务中心分领域设立跨部门综合窗口，形成以综合窗口服务为主、部门专业窗口服务为辅的综合服务模式，建立一窗受理、分类审批、一口发证的新型政务服务机制。

2. 业务的协同办理

一是形成政务服务事项和行政权力清单，按照事项名称、办事材料、工作流程、数据流程等要求，形成标准化、规范化的办事事项、办事指南。二是对涉及多部门的事项，实行一口受理、网上运转、并行办理、限时办结。三是缩短办理时限、减少跑动次数，通过网上预审机制，及时推送预审结果，对需要补正的材料一次性告知，推动开办企业、投资项目审批、建筑设计及施工许可、不动产登记等重点事项取得重大突破，大幅度提效。

3. 数据汇集互联和共享应用

一是深化政务信息系统整合，将分散、独立的部门信息系统整合为互联互通、信息共享、业务协同的大系统。通过统一的数据共享交换平台，推动跨地区、跨层级、跨部门数据共享交换和应用。二是健全以应用为导向的数据按需共享机制，围绕群众和企业重点关注或者影响面广的事项，实现能通过数据共享获取的材料无须提交、能通过网络核验的材料无须提交、前序流程已收取的材料无须提交。

4. 相关的配套管理

一是发挥信用支撑“互联网＋政务服务”作用，深化信用信息应用，推动各部门实施事前差异化服务、事中信用监测预警和事后联动奖惩措施，开展网上政务服务全过程信用管理。二是落实事中事后综合监管，加快实现违法线索互联、

---

① 上海市第十五届人大常委会第十四次会议：《关于推进“一网通办”政务服务转变政府职能情况的报告》。

监管标准互通、处理结果互认。全面建立监管对象追溯体系，强化信息归集和联合惩戒，推进线上线下监管一体化。

二、“一网通办”取得的成果

自2018年启动以来，“一网通办”改革取得了实实在在的成效。[①] 根据2019年10月17日召开的上海市政府新闻发布会介绍，上海“一网通办”总门户正式上线运行一年来，“一网通办”工作取得了如下主要工作成效。

1. 探索破解政务服务多头受理问题

上海市相关部门坚持需求导向、效果导向，不断优化完善平台功能，基本实现了政务服务“线上进一网、线下进一窗”。经过不懈努力，“一网通办”社会受益面逐步扩大。总门户个人实名用户注册量已突破1008万，其中户籍用户数量489万，占全市户籍人口总数的33.8%；法人用户注册量超过199万，占本市企业法人总数的92%。平台累计办件量已超2489万件，其中，“最多跑一次”办件量为1377.1万件，占总量的55.32%。“随申办”App月活跃用户数312万，占总用户数的30.95%。

接入“一网通办”平台事项不断丰富。平台已接入2035个政务服务事项，实现行政审批事项全覆盖，并不断丰富公共服务和其他行政权力事项。其中，1400个事项具备全程网办能力，占比68.80%；1839个事项具备“最多跑一次”能力，占比90.37%。

“一网通办”平台功能不断完善。已整合微信、支付宝、银联3种主要支付渠道，对接47项收费事项，累计缴费887万笔，总金额超11.8亿元。与邮政、顺丰深度合作，能够为1142个事项寄送材料，累计寄件89.6万笔。不断深化移动端“随申办”App建设，接入637项高频的、适合在移动端办理的事项，持续优化用户体验。

“一网通办”覆盖地域不断拓展。上海与江、浙、皖3省合力攻关，打造长三角“一网通办”专栏，上线全国首个区域政务服务“一网通办”旗舰店。已开通18

① 上海市政府新闻发布会介绍上海“一网通办”总门户正式上线运行一年来“一网通办”工作的推进情况和主要成效（2019年10月17日），载上海市人民政府网站：http://www.sh.gov.cn/nw2/nw2314/nw9819/nw9823/u21aw1407069.html，最后访问日期：2020年5月30日。

个城市164个线下专窗办理点，实现了51个事项跨省办理。长三角全程网办总量为170万余件，线下专窗跨省办件729件，政务服务区域一体化效应逐步显现。

2. 着力解决数据整合共享难问题

相关部门依托电子政务云，把分散、孤立的数据汇集起来、流动起来，方便群众办事。大力推进数据共享。建成1个市级和16个区级数据共享交换平台，累计实现数据共享交换5.15亿余次，调用国家数据304万余次。通过数据共享，进一步精简办事材料，减少不必要的证明，简化各类申请表格填报，让“数据多跑路”。

持续推进电子证照归集和政务服务应用。电子证照库已入库200类、共计7700万余张高频电子证照。企业群众在线上办事，可直接使用名下电子证照；前往线下窗口办事，利用“随申办”App电子亮证功能，可免交相应实体证照和复印件。打造“在线开具证明”功能，提供22类高频电子证明服务。电子证照库调用总量已突破4000万次，日均访问量超40万次，共开具60万张电子证明。

上海市积极推进电子证照的社会化应用，在交通执法、宾馆入住，以及部分服务性行业开展应用试点。自2019年9月1日起，在上海市如遇交警路面查验，当事人可通过出示电子驾驶证、行驶证处理交通违法和事故。实现电子亮证，受到了市民的欢迎。

3. 大力实施业务流程革命性再造

上海市以高效办成一件事为目标，以“双减半”（行政审批事项办理时限减少一半、提交材料减少一半）和“双100”（推进100个业务流程优化再造事项落地，新增实现100项个人事项全市通办）为抓手，全力推进业务流程再造，切实提升企业群众办事获得感和满意度。

扎实推进“减材料”“减时限”工作，规定“没有法律法规依据的证明材料”“能够通过数据共享或者网络核验的材料”“能够通过电子证照库调取的证照”“能够通过告知承诺方式解决的材料”四类材料一律无须提交。全市所有审批事项减材料已达到50.5%，有100个事项实现“零材料提交”；“减时限”达到59.8%，均已完成全年目标。

突出重点、以点带面，着力推动业务流程再造。聚焦群众反映突出的、涉及跨部门、具有代表性的100个事项，重点推动减环节、减时间、减材料、减跑动，确保群众进一网、跑一次、能办成。在100个事项中，88个已明确改革方案，46个具备上线条件，6个已完成改革，极大简化了市民和企业办事流程。

继续推进简政放权工作。进一步取消和调整行政审批，已由市政府决定取消15项、调整2项，近期还将再取消17项、调整2项。对标世界银行标准，进一步优化营商环境，其中获得电力、开办企业、办理施工许可、登记财产、跨境贸易等5个事项，企业办事时间在2018年缩短50.2%的基础上再缩短40%左右，手续环节在2018年减少30.8%的基础上再减少近50%。

4. 不断提升政务服务智能化水平

为使用户办事更方便、体验更满意，相关部门利用大数据资源，及时向用户提供个性化、精准化、主动化、智能化的政务服务。比如，可以通过“随申办”App推送“证照到期提醒”信息。再如，申请人居住登记满6个月后，通过主题引导方式指引申请人线上申领居住证，15个工作日内完成制证，快递送达。

加快实现线上线下融合，标准一致、服务一体。2019年，新增177项事项“全市通办”，累计达到364项，超额完成年度任务。在全市推行“一窗受理、分类审批、一口发证”的“综合窗口”机制。比如，徐汇区将原先83个受理专业窗口整合为18个“零差别受理”综合窗口，受理人员从“专科医生”升级为“全科医生”，申请人等候时间平均减少1/3。又如，上海市公安局已在全市106个派出所设立“综合窗口”，可办理出入境、交警、治安、人口等43项业务。

实行政务服务“好差评”制度，把对政务服务的评价权交给群众，使之成为政务版的“大众点评”。对于每条差评，都及时分析处理，作为改进工作的重要依据。

根据2020年1月15日上海市第十五届人大第三次会议审议的《政府工作报告》，上海建成数据共享交换平台和经济社会发展综合数据平台一期，“一网通办”总门户接入事项达2261个，线上办事651万件。“双减半”“双100”年度任务超额完成，审批事项提交材料和办理时限分别平均减少52.9%和59.8%，全市通办事项和业务流程再造事项分别新增177个和105个。政务服务“好差评”制度实现全覆盖。

第二节 “一网通办”是政务服务信息化的重要发展阶段

一、我国政务服务信息化的基本发展历程

政务服务信息化，是指政府机构将信息与网络技术运用到政务服务工作中，将管理和服务集成，实现政务与技术的有机融合，向政府内部和社会公众提供更加规范、透明、高效、便捷的行政管理和公共服务的活动。我国的政务服务信息化主要经历了电子政务阶段、互联网化阶段和“互联网＋政务服务”阶段。“一网通办”改革，是在我国政务服务信息化发展到“互联网＋政务服务”阶段开展的重要实践探索。

电子政务阶段(1992～2006年)①。其特点在于：一是工作重心以电子政务为国家信息化建设的重点；二是建设重心强调信息基础设施，也提出了信息资源整合；三是安全保障从安全政策到安全法律。自20世纪90年代中期以来，上海市委、市政府高度重视发挥信息化在推进改革开放、经济建设和社会发展中的引擎作用，提出了全面实施城市信息化的基本战略；建成了电子政务云，以及由人口库、法人库和空间库组成的基础数据库；围绕行政审批，探索基于互联网的线上线下联动等工作。②

互联网化阶段(2006～2014年)③。其特点在于：一是电子政务网络建设由粗放模式向需求主导的集约模式转变；二是功能建设重点从政务公开到办事服务，随着各级政府部门的政民互动和在线办事栏目的建设，其面向公众和企业法人的服务能力不断提升；三是信息安全建设重心开始由技术安全向技术与管理并重方向转变。④ 在此阶段，上海电子政务服务对象已经涵盖政府部门、社会公

---

① 张瑞军：《我国电子政务发展历程及现状》，四川省通信学会2006年学术年会论文集(二)，第80页。起始的标志是：1992年，国务院办公厅下发《关于建设全国行政首脑办公决策服务系统的通知》，确定了政务信息化的目标、策略和任务。

② 范希平：《上海电子政务建设的实践与思考》，载《中国信息导报》2003年第4期。

③ 张锐昕、王玉荣：《中国政府上网20年：发展历程、成就及反思》，载《福建师范大学学报》(哲学社会科学版)2019年第10期。

④ 2014年习近平总书记首次提出“坚持总体国家安全观”理念，强调从系统、全面、整体视角认识和把握国家安全问题，总体国家安全观自此成为指导电子政务安全建设强有力的思想武器。

众、企事业单位,为民服务、行政审批、业务管理等服务功能得到长足发展。开发了数百个基于公务网、政务外网的应用项目,其中包括具有在线服务功能、行政审批功能、业务管理功能的电子政务项目。“中国上海”门户网站成为为民服务的重要阵地,作为政府信息公开主渠道,已实现全市所有行政审批事项的信息公开,提供各类审批和服务事项表格下载。在重大应用方面,财税信息系统、个人信用联合征信系统、社会保障和市民服务信息系统、居住证信息系统、企业基础信息共享应用系统、上海固定资产投资管理系统等一批重大应用服务平台构筑了有效的政府服务体系。①

“互联网+政务服务”阶段(2015 年至今)②。在该阶段,各地工作实践纷纷推进,上海市开展了“一网通办”改革,浙江省推行了“最多跑一次”改革,江苏省实施了“不见面审批”。该阶段的特点在于,一是模式创新:从“线下跑”到“网上办”。2016 年国务院办公厅转发《关于推进“互联网+政务服务”开展信息惠民试点实施方案的通知》,提出积极探索“一号申请、一窗受理、一网通办”的服务形式并开展试点工作,以解决政务流程中的“难点”、“堵点”和“痛点”,攻克“进多站、跑多网”、低效率和办事难等问题。2018 年国务院办公厅印发《关于进一步深化“互联网+政务服务”推进政务服务“一网、一门、一次”改革实施方案的通知》,要求采取多种便捷形式逐步推进“互联网+政务服务”,推进办事服务由“线下跑”转为“网上办”。特别是在行政审批领域,“让数据多跑路,让群众少跑路”的服务理念以及政务大数据的辅助运用,切实提高了政务服务事项网上办理的比例和效率。二是机制创新:从“分头办”到“协同办”。为实现跨界融合,必须破除机制障碍,打通协同渠道。2018 年国务院出台《关于加快推进全国一体化在线政务服务平台建设的指导意见》,提出要“以数据共享为核心,不断提升跨地区、跨部门、跨层级业务协同能力,深入推进‘网络通’‘数据通’和‘业务通’”。2018 年国务院办公厅印发《关于政府网站集约化试点工作方案》,提出“建设基于统一信息资源库的政府网站集约化平台,实现数据融通、服务融通、应用融通”,构建基于大数据的智慧政

① 陆小敏:《推进以公众服务为中心的上海电子政务建设》,载《信息系统工程》2010 年第 8 期。

② 该阶段以 2015 年国家发改办发布《关于做好制定“互联网+”行动计划有关工作的通知》为起点。张锐昕、王玉荣:《中国政府上网 20 年:发展历程、成就及反思》,载《福建师范大学学报》(哲学社会科学版)2019 年第 10 期。

府门户。三是媒介创新:从“PC办”到“掌上办”。政务服务媒介从PC端拓展到移动智能端,是政府“以人为本”“以服务为导向”理念和形象的具体体现,预示着服务渠道的巨大变革。2018年国务院办公厅发布《关于推进政务新媒体健康有序发展的意见》,提出“覆盖范围广、应用频率高的政务服务事项应向移动端延伸,推动实现更多政务服务事项‘掌上办’‘指尖办’”。2018年国务院办公厅印发《关于进一步深化“互联网+政务服务”推进政务服务“一网、一门、一次”改革实施方案的通知》,提出要“拓展政务服务移动应用,推动政务服务向‘两微一端’等延伸拓展”。

二、“一网通办”的改革历程

作为“互联网+政务服务”背景下的重要改革举措,“一网通办”坚持以用户为中心,突出改革创新的主题,不断加强制度建设,不断向深入发展。(见表1-1-1)

表1-1-1 上海市“一网通办”的改革历程

年份	时间	事件
2018	全国“两会”期间	上海市率先提出“一网通办”改革
	3月30日	印发《全面推进“一网通办”加快建设智慧政府工作方案》
	4月12日	大数据中心揭牌成立
	7月1日	“一网通办”总门户网站上线试运行
	8月27日	打造全国第一个支持微信、支付宝、银联3种主要支付渠道的公共支付平台
	9月21日	开通统一物流平台
	10月11日	“一网通办”总门户接入服务事项突破1000项
	10月17日	“一网通办”总门户网站正式上线
	11月1日	《上海市公共数据和一网通办管理办法》正式实施,《上海市电子证照管理暂行办法》《上海市电子印章管理暂行办法》《上海市“一网通办”电子档案管理暂行办法》同步实施

续表

年份	时间	事件
2019	1月22日	“一网通办”累计服务总量超过1000万件
	2月1日	“随申办”App成为全国首个用户突破1000万的政务服务移动应用
	5月13日	“水电气”公用事业服务纳入“一网通办”范围
	5月22日	长三角地区政务服务“一网通办”正式开通运行
	7月3日	“一网通办”累计服务总量超过2000万件
	10月1日	《上海市公共数据开放暂行办法》正式实施
2020	2月17日	上海市“随申码”App正式上线运行

第二章 以法治引领保障“一网通办”改革

党的十八届三中全会以来，全面深化改革与法治的重大理论与实践问题成为中国社会发展和法治建设的最核心主题。党的十八届三中全会把“完善和发展中国特色社会主义制度、推进国家治理体系和治理能力现代化”确立为全面深化改革的总目标。党的十八届四中全会以法治建设为主题，作出全面推进依法治国的重大决定，由此，中国社会呈现改革与法治“双轮驱动”的新局面。[①] 对于如何辩证认识和处理改革与法治的关系，习近平总书记作出“在法治下推进改革，在改革中完善法治”的深刻论断，[②]要求在整个改革过程中，都要高度重视运用法治思维和法治方式，发挥法治的引领和推动作用。

“一网通办”作为政府管理体制改革、社会治理改革的重要内容，也要做好改革与法治有机结合这篇大文章，实现改革与法治的共生、共进。法治是治国理政的基本方式，也是全面深化改革的基本遵循，法治要与信息化技术手段共同发力，推动政务服务的变革。

---

① 王乐泉：《论改革与法治的关系》，载《中国法学》2014年第6期。

② 袁曙宏：《正确认识和处理新形势下改革与法治的关系》，载《国家行政学院学报》2015年第5期。

第一节 政务服务信息化与法治的互动推进

改革既不是“法外之地”，更不是“法律禁地”。改革要不变道、不走样，必须运用法治思维和法治方式，保证在法治的轨道上稳步推进改革，确保改革的过程成为法治信仰根植、法治方式确立、法治权威强化的过程。

上海市始终重视“一网通办”相关法治工作，着力健全电子政务管理制度规范，形成电子政务管理制度体系。2018 年 3 月，启动“一网通办”工作；当年 11 月 1 日，《上海市公共数据和一网通办管理办法》（沪府令 9 号）以及相配套的《上海市电子证照管理暂行办法》《上海市电子印章管理暂行办法》《上海市“一网通办”电子档案管理暂行办法》即同步施行。2019 年 10 月 1 日，以政府令形式出台的全国首个公共数据开放规定——《上海市公共数据开放暂行办法》正式施行。上海还建成了政务服务“好差评”等制度，围绕“云、网、数”下发了 12 份规范性文件。

从我国政务服务信息化的发展历程来看，政务服务信息化是在与法治的不断互动中推进的。2002 年 7 月，国家信息化领导小组制定《关于我国电子政务建设指导意见》，明确提出，加快电子政务法制建设，加快研究和制定电子签章、政府信息公开以及网络与信息安全、电子政务项目管理等方面的行政法规和规章，标志着我国网信法制进入重点推进阶段。这一时期，《电子签名法》、《政府信息公开条例》、《国家电子政务工程建设项目管理暂行办法》、《互联网新闻信息服务管理规定》以及《关于信息安全等级保护工作的实施意见》等法律、法规、规章、规范性文件陆续出台，填补很多立法空白，为我国政府信息公开与电子政务推进、网络与信息安全维护等提供了保障。①

新时期，政务服务信息化法治建设作为法治国家、法治政府、法治社会一体建设的重要内容，在我国经济社会发展中，尤其是在网络空间安全与网络治理水平提升中的作用越发凸显。如何积极适应新时代要求，借鉴国际经验，在新的历史方位下加强信息化法治建设，从而推进治理体系和治理能力现代化，是当下理论界、实务界所热切关注与亟待回答的重要话题。

---

① 周汉华：《习近平互联网法治思想研究》，载《中国法学》2017 年第 3 期。

第二节　以法治理念推动“一网通办”

依法行政是行政法治中最根本的理念。建设法治国家、法治社会，要求各级政府必须在法治轨道上开展工作，充分发挥法治政府建设的先导、示范、支撑和带动作用。“一网通办”工作要依托法治政府建设，成为法治政府建设的载体。

一、以法治理念推进政务“为民”服务

党的十九届四中全会报告要求，政府治理“必须坚持一切行政机关为人民服务、对人民负责、受人民监督，创新行政方式，提高行政效能，建设人民满意的服务型政府”。一切国家机关和工作人员都是人民的公仆，这是共和国的立国精神和价值所在。[①] 上海市《全面推进“一网通办”加快建设智慧政府工作方案》开宗明义：推进“一网通办”建设，要坚持以人民为中心的发展思想，深入贯彻党的十九大关于建设人民满意的服务型政府的要求。其基本原则之一，就是“用户导向”，就是要推动“以部门为中心”向“以用户为中心”的管理模式转变，以用户视角和需求，有效整合各方资源，促进线上线下融合，提升服务和管理水平。

贯彻“以人民为中心”的理念，要求“一网通办”改革必须恪守行政权力设置和运行的合法性要求，平衡好行政效率与公正性的关系。前者，要求行政行为应当发生在法律制度的框架下，并以合法的行政体制和行政程序为基本依据，[②]且政府权力要得到有效监督。后者，要求在追求行政行为效率的同时，依法建立公平、公正、公开的工作机制。[③] 优良的公共服务是实现社会基本平等与和谐稳定的基础，改善公共服务水平和质量，既是现代政府追求的目标，也是中国经济社会发展中的重大课题。

---

① 张成福：《政府治理创新与政府治理的新典范：中国政府改革40年》，载《国家行政学院学报》2018年第2期。

② 张康之：《公共行政中的哲学与伦理》，中国人民大学出版社2004年版，270～271页。转引自秦浩：《中国行政审批模式变革研究——基于行政服务中心的实践》，吉林大学2011年博士学位论文，第41页。

③ 姜晓萍：《论“服务型政府”的基本内涵》，载《四川行政学院学报》2004年第2期。转引自秦浩：《中国行政审批模式变革研究——基于行政服务中心的实践》，吉林大学2011年博士学位论文，第41页。

二、以法治理念推进政府管理体制改革

党的十九届四中全会报告明确提出，要“以推进国家机构职能优化协同高效为着力点”。开展公共服务供给方式创新，推进政府协同并形成“内联”的治理运行机制，是我国行政管理体制的改革方向。[①] 其中很重要的方面，就是在政府制定公共政策与提供公共服务的过程中，采用交互、协作和一体化的管理方式与技术，促使各公共管理主体在管理活动中协调一致。[②] 行政审批制度改革是其中非常重要的领域。应当说，“一网通办”在治理导向、治理机制以及治理工具3个层面与“整体政府”的建设要求是高度契合的。

“一网通办”推进的治理模式只有依法才能得到落实。优化政府行政业务流程，开展行政审批制度改革，加强审批的“联合”和“协同”，必须有法治支撑。要实现公共数据的跨部门共享，以信息流带动业务流，将信息化在整体政府重塑过程中的催化作用发挥好，实现协同各方“共赢”，[③]也需要法治的制度设计。

三、以法治理念推进政务服务不断创新

电子政务是20世纪90年代初才出现的概念，但作为信息技术发展的必然产物，电子政务是社会进步的必然要求，它所显示出的巨大的、不可抗拒的革命性力量正在深刻地影响和改变着政府管理的面貌。信息技术发展带来了治理革命，网络治理已成为各国法治建设中的重要命题，也是我国法治国家、法治政府、法治社会一体建设中不可忽视的重要内容。在这崭新的领域，“一网通办”要为网络治理的社会化、法治化、智能化、专业化水平提升，发挥示范作用，要成为法治促进创新的典范。

具体来说，打造信息化政府，推动形成链接上下级政府、不同政府部门之间的统一信息平台以及数据云系统，需要依法明确数据采集、共享、使用的责任主

---

① 曾维和：《西方“整体政府”改革：理论、实践及启示》，载《国家行政学院学报》2018年第12期。我国的改革可以归结为两个方面。一是政府机构改革，比如，建立“大部门体制”组织形态及其相应的运行机制，通过大部门体制对相同或者相近的政府职能进行整合、归并，综合设置政府机构，最终实现部门内部协同。二是行政审批制度改革。

② 曾维和：《西方“整体政府”改革：理论、实践及启示》，载《国家行政学院学报》2018年第12期。

③ 翟云：《改革开放40年来中国电子政务发展的理论演化与实践探索：从业务上网到服务上网》，载《电子政务》2018年第12期。

体和实现途径。在信息化政府背景下创新政务服务与管理模式,需要依法对流程再造及其效力进行确认。信息化背景下的政民互动,也需要以法治来肯定其形式和内涵。

第三节　法治在新领域中发展完善

一、明确法治发展的方向和任务

深化改革需要法治的引领和推动,改革也为法治建设明确了目标和路径,对法治建设提出了更先进的理论命题、提供了更丰富的实践资源。党的十八届三中全会用六个“紧紧围绕”来概括改革的聚焦点和着力点,并对法治的自身改革直接作出部署。

“一网通办”改革与中国全面深化改革的关键领域密切相关。从市场的“基础性作用”到“决定性作用”,从“国家管理体系”到“国家治理体系”,从“社会管理体制”到“社会治理体制”的系列改革要求,是“一网通办”改革的纲领性要求,也是法治建设的根本遵循。从法治理论上来看,“一网通办”改革涉及了法的价值、法的运行、转型社会中的法等基础性理论,与当下行政法治、社会法治的变革密切相关。

应当说,在全面深化改革的大背景下,“一网通办”改革成为深化法治理论与实践的有益契机。法治理论和实践的发展,其动力既来自政府主动进行的改革创新,也来自转型期的社会需求:一方面,政府基于一定的价值理念重新审视自身,实行政府改革;另一方面,为适应科技和社会发展趋势以及公众需求,也必须进行改革。客观地讲,法治理论和实践的发展,是一种有效的渐进式改革的体现,即根据环境变化和公众需求,在具体实施中不断作出适应性调整和创新性修正。

二、推动法治建设的现代化

只有现代化的法治才能匹配现代化的国家治理。与“完善和发展中国特色社会主义制度、推进国家治理体系和治理能力现代化”这一全面深化改革总目标相对照,我国的法治水平和能力尚不能满足科学有效地治理国家的现实需要,也不适应“形成系统完备、科学规范、运行有效的制度体系”和“加快形成科学有效的治理体制”的国家治理现代化阶段性目标的要求。①

“一网通办”所涉及的现代治理领域,相关的法治基础研究不足。经济学、管理学、社会学远远地走在了法学之前。比如,在核心的行政审批领域,经济、管理和社会学给出了:政府干预与市场机制的平衡、行政效率与公平正义、主权在民与依法行政等理论依据。法学则缺乏体系化的分析和论述,特别是在行政法治方面,尚没有建构起一套较为完整的具有法治特点的衡量规则和解释体系,在具体制度上也缺乏系统性、有法治特点的规定。改革的召唤、人民的需要,要求法学研究者、法治实践者以时不我待的紧迫感和使命感,加快推进我国法治的现代化进程,以助推国家治理体系和治理能力现代化。构建政务服务信息化相关法治体系已成为中国特色社会主义法治体系建设的重要任务,要从立法入手,为执法、司法、守法等法律运行各个环节建立有序、有效以及相互衔接的法治框架。这也是面向世界,积极参与全球治理,提升中国在世界上的法治话语权和影响力的重要组成部分。

三、促进法治调整方式的多样化

政务服务信息化与实体政务相比,有着明显的区别。它以实体政务为依据,但并不是简单机械地将实体政务搬到网上,而是要对实体政务组织和政务流程进行必要的重组和再造。以行政审批为例,大量的规则以软件的标准化形式内嵌于网上行政审批系统之中,为防止权力异化并抑制自由裁量权的滥用提供了可能。同时,现代信息技术的植入和渗透,使政府的行为方式和工作流程被强制性地规定下来,它在赋予政府运行技术化和智能化属性的同时,实现了权力行使的程序化,实现了由限制权力向规范权力运行的转变,也实现了权力监督的程序化。②

由此可见,“一网通办”作为电子政务的一种形式,其管理呈现两个重要的特点:一是依托技术的管理,二是与技术管理伴生的标准化管理。法治是否能介

① 王乐泉:《论改革与法治的关系》,载《中国法学》2014 年第 6 期。

② [美]简·芳汀:《构建虚拟政府:信息技术与制度创新》,邵国松译,中国人民大学出版社 2004 年版,第 71 页,转引自秦浩:《中国行政审批模式变革研究——基于行政服务中心的实践》,吉林大学 2011 年博士学位论文,第 137 页。

入，或者说，在类似的管理方式下，法治如何介入，这是新时代法治建设要回应的问题。应当来说，技术规制作为手段是价值中立的，但其所设定的标准本身是存在法治的价值取向的；同样，对技术规制的效力认可、纠错程序设置及其权限分配、监督机制的设立等也是存在法治的价值取向的。法治如何找到介入技术规制的切入点，法治如何与技术形成“制度＋科技”的有效社会管理“共赢”模式，是法治建设中值得深入研究的问题。

第三章 “一网通办”涉及的法治领域

党的十九届四中全会作出《关于坚持和完善中国特色社会主义制度推进国家治理体系和治理能力现代化若干重大问题的决定》，提出“创新行政方式，提高行政效能，建设人民满意的服务型政府”“创新行政管理和服务方式，加快推进全国一体化政务服务平台建设”等要求。习近平总书记对信息化带来的社会治理规律变化有深刻认识，他明确指出，“社会治理模式正在从单向管理转向双向互动，从线下转向线上线下融合，从单纯的政府监管向更加注重社会协同治理转变。”“要强化互联网思维，利用互联网扁平化、交互式、快捷性优势，推进政府决策科学化、社会治理精准化、公共服务高效化，用信息化手段更好感知社会态势、畅通沟通渠道、辅助决策施政”。这些论断，对于推进体制机制变革和治理方式创新都具有重要的指导意义。①

现代政府治理的核心，是服务的整合与协同以及行政操作的数字化转变。随着互联网技术的发展，政府必须充分运用网络社会的技术手段开展治理，法律要为之提供服务保障。互联网信息技术的发展使政府能够使用以往不可能的方式实现内外部的实时沟通和协作整体性

① 周汉华：《习近平互联网法治思想研究》，载《中国法学》2017 年第 3 期。

治理。即以公民需求为导向,以信息技术为手段,以整合与协同为机制,把治理层次、职能、公私关系和信息系统等碎片化的单元进行整合,实现由局部到整体、由碎片化到一体化的转变。“一网通办”改革作为上海市积极贯彻中央部署要求,牢牢把握变革的趋势所开展的重要工作,从其核心内容来看,涉及了我国公共服务领域的几项重大变革:一是管理创新,“一网通办”改革推进“权力清单”网上运行,重视公众参与和监督,第三方评估制度成为政府绩效考核新常态。二是行政审批制度改革,“一网通办”改革要以政府职能转变、政务流程再造为切入点,优化营商环境,降低制度性交易成本,方便企业和群众办事创业,激发市场活力和社会创造力。三是大数据治理,“一网通办”以信息共享和数据开放促进行政管理资源有序高效调配,大数据治理已经成为政府履职不可或缺的组成部分。“一网通办”改革使信息技术与政府治理模式变革双向互动更加频繁,信息技术正成为变革的动能。① 法治要引领保障改革,就必须从最核心、最关键的环节入手,切实发挥作用。

第一节 着力完善社会参与的治理格局

党的十八届三中全会在《中共中央关于全面深化改革若干重大问题的决定》中,正式提出了“加快形成科学有效的社会治理体制”。从“社会管理”到“社会治理”,为社会主义民主的发展提供了制度框架。新时期,党的十九大报告作出“打造共建共治共享的社会治理格局”的新部署。党的十九届四中全会强调“确保人民依法通过各种途径和形式管理国家事务,管理经济文化事业,管理社会事务”。推进治理体系与治理能力现代化,“一网通办”要为提升社会参与提供保障。

联合国用电子参与程度作为评估世界各国电子政务发展水平的重要指标。该评估指标,从电子信息、电子咨询和电子决策三个方面对电子政务中公众参与的方式、内容和结果进行全方位评估,以确保电子政务的社会效益。② 世界银行

① 翟云:《重塑政府治理模式:以“互联网+政务服务”为中心》,载《国家行政学院学报》2018年第6期。

② 陈峰:《“互联网+”法治政府建设的机理分析》,载《黑龙江社会科学》2018年第7期。

每年发布衡量国家治理体系与治理能力现代化程度的“世界治理指数”，共包含6个指标，公民表达与政府问责是其中之一。[①] 要提升公民的参与，核心包括以下三个方面：

一是消除社会参与的障碍。要依法提升政务服务信息的实效性和可得性水平，明确知情和参与的渠道。比如，对行政审批的受理标准、审批程序等关系群众办事、优化营商环境的实质性政府服务信息进行明示。

二是提高社会参与的能力水平。依法建立常态化的推介和解读机制，运用大数据、互联网、云计算以及人工智能并借助成熟的第三方公共服务平台，来助推参与和互动，提升参与的专业化水平，提高社会参与的能力。

三是引导激励社会参与。依托公众评价建立科学合理的政务考核制度。通过建立健全整改和反馈机制，推进评价结果的公开，增强参与的获得感。

第二节　着力推进行政审批制度的改革

为“一网通办”提供法治保障，就是在为政府管理创新、推进政府职能转变提供新的制度供给。政府职能转变，其切入点和抓手就是作为简政放权突破口的行政审批制度改革。“一网通办”推进的核心和前提，是行政审批模式的变革，政府职能的有机统一。一方面，要通过改革，突破原有行政管理模式下利益固化的藩篱、走出传统行政管理模式下的舒适区，形成政府服务企业、服务群众的新面貌，呈现政府治理的新面貌。另一方面，法治要求程序正义，只有将改革目标的设置纳入法治的程序，改革才能获得合法性、权威性基础，[②]改革的成果才能够固化。

一是合理分配各项职能。依法行政要求权责法定、执法严明，要依托“一网通办”更合理地分配各项职能，并将相关工作的主体法定化、职责分工法定化。比如，要深化对《行政许可法》的研究，优化许可行为并明确细化其操作程序。

二是完善权力运行机制。要依托网上行政审批的技术规制，引入并强化标

---

① 杨琛、王宾、李群：《国家治理体系和治理能力现代化的指标体系构建》，载《长白学刊》2016年第2期。其他几个指数分别是政府效能、管制质量、政治稳定与低暴力、法治以及控制腐败。

② 王乐泉：《论改革与法治的关系》，载《中国法学》2014年第6期。

准化管理的理念和方法，推动行政审批条件、程序和时限等的标准化，使权力的运行方式和工作流程被强制性地规定下来。

三是探索行政审批制度改革。信息化技术可以对有限的行政资源进行重新排列组合，使原来各部门各自循序而进的权力运行过程处于并行的运行过程之中。[①] 从“串联审批”到“并联审批”，探索政府自身运行机制的变革。

第三节 着力推进公共数据下的治理变革

“一网通办”的法治保障，不能就“一网”论“一网”，而是要通过法治引领，推动政府形成数据意识，在决策和治理中能“心中有数”，形成“用数据说话、用数据决策、用数据管理、用数据创新”的理念。同时，也应看到“一网通办”的法治保障，涉及高度技术性、复杂性的公共数据规制事项，在相当长的时间内，仍然需要走探索实践、试点试验的道路。

一是完善公共数据相关制度。准确界定“公共数据”的概念，建立公共数据的采集、共享等制度，推进公共数据跨区域跨部门的汇聚互联、共享应用。从“通”字入手，构建无缝隙政府，形成业务流程高效贯通的线上线下服务，同时，还要在数据采集、共享及信息保护中，平衡好政府与企业、群众的关系。

二是明确电子材料的效力。明确电子证照、电子印章、电子档案等材料与纸质材料效力等同，打通电子材料在具体运用及跨区域互认中的难点和堵点，逐步消除政府各部门便捷使用数据的政策障碍。

三是探索大数据辅助科学决策机制。政府治理必须要“直接面对大数据、全面基于大数据和创新应用大数据”，这超越了既往政府治理能力的认识论基础。大数据要成为政府完善决策思维，运用科学方法和手段作出符合客观实际的决策的重要手段，法治要为之提供路径。

① 王锋：《智慧社会环境下的政府组织转型》，载《中国行政管理》2019年第7期。

第二编

“一网通办”涉及的主要法律问题

第一章　“互联网 + 政务服务”与依法治理

第一节　“互联网 + 政务服务”与依法治理概论

一、“互联网 + 政务服务”与依法治理的基本范畴

（一）“互联网 + 政务服务”助力法治建设

党的十八大尤其是十八届四中全会打开了全面推进依法治国的新视野，将推进依法行政、建设法治政府提到了新高度，丰富了法治政府建设的内涵。党的十九届四中全会强调要加强国家治理体系和治理能力建设，法治作为治国理政的重要方式，也要发挥重要作用。随着计算机技术、通信技术和互联网技术的迅速发展，电子政务的作用正在不断凸显，成为世界范围内政府政务的新型运行模式。

“互联网 + 政务服务”更有效地连接起了政府和公众，政府和社会越来越意识到公共管理和服务信息化的重要价值作用。网上平台成为依法办事的平台、法治宣传的平台，网上各工作环节都贯穿了法治政府建设的理念，推动信息公开、公众参与、社会监督等依法行政基本制度得到更好落实。信息公开、公众参与、社会监督也是国际公认的衡量治理能力的重要指标。世界银行每年发布衡量国家治理体系与治理能力现代化程度的“世界治

理指数”,共包含6个指标,公民表达与政府问责是其中之一。[①] 联合国评估世界各国的电子政务发展水平,也非常重视电子信息、电子咨询和电子决策三方面内容,以确保电子政务的社会效益。[②]

应当说,“互联网+政务服务”对加强国家治理能力和治理体系建设,开启法治政府建设的新征程,正发挥着越来越重要的作用。法治思维与互联网思维相互融合、协同共进,共同改革传统的治理模式。

(二)“互联网+政务服务”与法治发展

客观来看,“互联网+政务服务”已经从传统的网上办事,走向政府职能整合,并走向了数据治理的新领域。应当说,现在的“互联网+政务服务”要面对数据治理下新的法治问题,也开拓了许多法治新领域。

1.法治建设中政府信息与公共数据并存

在“互联网+政务服务”的法治建设中,既要关注以保护公众知情权为目的的政府信息公开相关问题,又要关注数据治理背景下,行政管理和服务中产生或者采集的公共数据的相关问题。通说认为,数据是信息的载体,信息是数据的内涵。[③] 从行政法治发展的角度来看,这两个概念既有联系又有区别:政府信息公开是传统的电子政务法治研究的范畴,公共数据在政务部门之间共享以及对外开放,其价值在于利用及再利用,是新技术、新行政管理观念下产生的法治新范畴。

2.法治建设中的公众参与和新参与体系

在“互联网+政务服务”的法治建设中,始终强调社会参与决策是良善治理的“核心要素”,而信息是社会参与的必要先决条件,政府与公众之间的信息不对称阻碍了社会参与,要弥合这种“信息鸿沟”。传统的电子政务或者说在传统的行政管理中,公众参与偏向于征询意见,即公民就政府为其定义的问题发表意见。而在“互联网+政务服务”中,更强调在信息和通信技术、社交媒体应用程序等技术支持下,形成新的社会参与体系结构,公众不仅是公共服务或者社会政

---

① 杨琛、王宾、李群:《国家治理体系和治理能力现代化的指标体系构建》,载《长白学刊》2016年第2期。其他几个指数分别是政府效能、管制质量、政治稳定与低暴力、法治以及控制腐败。

② 陈峰:《“互联网+”法治政府建设的机理分析》,载《黑龙江社会科学》2018年第7期。

③ 纪海龙:《数据的私法定位与保护》,载《法学研究》2018年第6期。

策的被动消费者或者接受者，而且还可以成为积极的贡献者或者设计者。①

3. 法治建设中的社会监督和专业监督

在“互联网+政务服务”的法治建设中，始终强调社会监督对推动依法行政的重要性，即使在传统的电子政务模式下，许多政务门户网站上都创建了与公众进行互动的通道，接受公众的投诉、意见和建议，并及时处理。在“互联网+政务服务”中，由于所监督的行政行为的复杂性大大增加，特别是产生公共数据相关问题以后，社会监督逐步走向专业监督。在各类核心数据的相关政策以及判断处理上，要委托或者接受第三方专业组织对工作成效的评估，并将评估结果向社会公布。

二、“互联网+政务服务”背景下法治建设几个重要方面

（一）信息公开

政务信息公开是“互联网+政务服务”的重要内容。从法理上来说，由《宪法》中人民主权理论延伸出的知情权，是政府信息公开最重要的法理基础。在长期的法治政府建设实践中，世界各国都把信息公开作为一项原则确立下来，对我国而言，政府信息公开是重要的行政管理方式。

我国政务信息公开的内容和范围界定，在国家层面的主要规范依据是国务院行政法规《政府信息公开条例》，同时，国务院还制定了具有细化性质的《国务院办公厅关于施行〈中华人民共和国政府信息公开条例〉若干问题的意见》《国务院办公厅关于做好政府信息依申请公开工作的意见》以及信息公开重点工作等文件。各地区也普遍围绕信息公开制定了地方立法。从电子政务相关立法来看，信息公开已成为公共数据开放的重要依据。比如，《浙江省公共数据和电子政务管理办法》规定，“《政府信息公开条例》等法律、法规对公共数据开放已有规定的，从其规定”。

（二）公众参与

电子政务的发展为公众参与提供了最为便捷、经济的途径。网络本身就具

① 张涛：《藏智于民：开放政府数据的法理基础与规范重塑》，载《电子政务》2019年第8期。这和“互联网+政务服务”形成的智能服务相关，如通过向公民提供有关其购买产品和服务的成本、质量和安全性的更完整的数据，以及有关劳动实践、健康和环境影响的信息，公民可以作出更明智的选择。

有互动性、沟通无限性等特点，对形成公众参与公共事务的共同意识和文化具有推动作用。从法理上来说，公众参与同样是《宪法》中人民主权理论的延伸，现代行政法学关注从“管理”到“治理”的转变，公众参与是治理的最重要特征，行政法学必须研究治理过程中的公众参与。

目前，公众参与①本身还没有专门的立法，主要依据来源是党的政策文件，比如，党的十八届三中全会提出“创新社会治理体制”“提高社会治理水平”“改进社会治理方式”。《政府信息公开条例》规定了决策参与。《国务院关于加快推进“互联网＋政务服务”工作的指导意见》在优化网上服务流程相关规定中，提出建立公众参与机制，鼓励引导群众分享办事经验，开展满意度评价。就电子政务而言，公众参与也有多重的含义：一是综合意义上的公众参与。比如，上海市《全面推进“一网通办”加快建设智慧政府工作方案》规定，建立常态宣传机制，积极回应社会关切，扩大公众参与。二是推动社会监督意义上的公众参与。比如，黑龙江省《关于推进“办事不求人”工作的指导意见》从突出群众评判监督的角度作了规定。

（三）社会监督

电子政务使广大公众可以实现对具体行政行为的“无缝隙监督”。从法理上来说，社会监督也同样是《宪法》中人民主权理论的延伸，社会监督与公众参与往往是相互交织在一起的，公众参与是实现社会监督的途径。不少地方的电子政务网站中专设“公共监督”栏目。

由于我国没有一部系统的行政程序法，对社会监督尚缺专门的规定，但其已越发成为推进依法行政的重要环节。党的十八届四中全会在加强法治监督建设方面，提出要努力形成科学有效的权力制约和监督体系，整合监督力量，形成监督合力，提高法治监督的整体效能。这是社会监督的重要依据。此外，关于社会监督的规定还散见在食品安全、财政预算和环境保护等各个领域的立法中。就电子政务而言，社会监督也有多重的含义：一是对具体审批和办事事项的监督。比如，江苏省《进一步推进“互联网＋政务服务”深化“不见面审批（服务）”改革工作方案》规定，完善政务服务效能监督，全面推行审批服务过程和结果公开公

---

① 公众参与的内容非常广泛，包括立法参与，也包括行政参与。行政参与的内容散见在《价格法》《环境影响评价法》《城乡规划法》中，当然，这些行政参与也多是对行政决策的参与。

示,接受社会监督。福建省《关于推行“一趟不用跑”和“最多跑一趟”办事清单的通知》规定,对外公布“一趟不用跑”和“最多跑一趟”办理事项,要同步在省网上办事大厅更新相关信息,主动接受社会监督。二是对数据安全和共享工作的总体监督。比如,《贵阳市大数据安全管理条例》规定,实施大数据安全管理,遵循统一领导、政府管理、行业自律、社会监督、风险防控、权责统一、包容审慎、支持创新的原则。《贵阳市政府数据共享开放考核暂行办法》规定,政府数据共享开放工作的考核结果,应当向媒体公布,接受社会监督。三是监督评议意义上的社会监督。比如,黑龙江省《关于推进“办事不求人”工作的指导意见》规定,建立与市场主体和群众的常态化沟通机制,互动互通,定期听取对“办事不求人”推进情况的意见和建议,及时回应诉求。充分发挥营商环境监督测评站(点)、特邀监督员和“12346”投诉举报热线等平台作用,落实“好差评”工作机制,在政务服务实体大厅设置意见征集窗口,在政务服务平台设置意见征集板块,畅通信息反馈和投诉举报渠道,主动接受社会监督,把评价监督权还给市场主体和群众。

第二节 信息公开与标准化

政府信息公开,①是指公民、组织对行政机关在行使行政职权过程中掌握或者控制的信息拥有知情权,除法律明确规定不予公开的事项外,行政机关应当通过有效方式向公众和当事人公开相关信息。政府信息公开是建设法治政府的基本要求,是政务服务的重要组成部分。《政府信息公开条例》规定,各级人民政府应当加强互联网政府信息公开平台建设,提高政府信息公开在线办理水平。坚持以提升政务公开质量为主线,聚焦社会公众需求,深化重点领域信息公开,创新创造公开方式,全面推进权力运行全流程、政务服务全过程公开,不断提高政府工作透明度,切实提升人民群众获得感和满意度。

---

① 《政府信息公开条例》第54条规定,法律、法规授权的具有管理公共事务职能的组织公开政府信息的活动,适用本条例。

一、信息公开的基本内容

(一)“互联网+政务服务”平台是法定公开渠道

政府信息公开平台,是政府发布法定主动公开信息的公开平台,加强重点政府信息管理的管理平台,是社会公众便捷、全面获取重点政府信息的权威渠道。《政府信息公开条例》规定,各级人民政府应当加强依托政府门户网站公开政府信息的工作,利用统一的政府信息公开平台集中发布主动公开的政府信息。政府信息公开平台应当具备信息检索、查阅、下载等功能。《政府信息公开条例》要求推进政府信息公开平台与政务服务平台融合,提高政府信息公开在线办理水平。各地的“互联网+政务服务”平台正体现了信息公开平台与政务服务平台的融合。

(二)“互联网+政务服务”相关信息主要采取主动公开的形式

《政府信息公开条例》规定了主动公开和依申请公开两种公开形式。关于主动公开,《政府信息公开条例》规定,对涉及公众利益调整、需要公众广泛知晓或者需要公众参与决策的政府信息,行政机关应当主动公开。关于依申请公开,《政府信息公开条例》规定,除行政机关主动公开的政府信息外,公民、法人或者其他社会组织可以申请获取相关政府信息。同时,《政府信息公开条例》还规定了主动公开的范围,其中包括办理行政许可和其他对外管理服务事项的依据、条件、程序以及办理结果。“互联网+政务服务”的主要工作内容是行政审批等管理服务事项,所以从工作内容出发,“互联网+政务服务”相关信息主要采取主动公开的形式。

(三)“互联网+政务服务”公开的是不涉密信息

《政府信息公开条例》确立了“坚持以公开为常态、不公开为例外”的原则。同时,也对不予公开作了规定。《政府信息公开条例》规定,依法确定为国家秘密的政府信息,法律、行政法规禁止公开的政府信息,以及公开后可能危及国家安全、公共安全、经济安全、社会稳定的政府信息,不予公开。《政府信息公开条例》规定,涉及商业秘密、个人隐私等公开会对第三方合法权益造成损害的政府信息,行政机关不得公开。但第三方同意公开或者行政机关认为不公开会对公共利益造成重大影响的,予以公开。从政务服务的内容来看,其公开的是便于行政相对人依法申请审批、服务等的规范性、指引性信息,是来自政府的不涉密信息。

二、信息公开与公共数据开放

随着“互联网+政务服务”的推进，世界范围内产生了“公共数据开放”的理念以及实践。从我国来说，在《政府信息公开条例》以外，近几年来陆续出现了《上海市公共数据开放暂行办法》等关于公共数据开放的地方立法。认识“互联网+政务服务”下的信息公开，必须要厘清其与公共数据开放的关系。

（一）信息公开与公共数据开放的目的不同

信息公开制度的目的主要在于保障公众的知情权，其以实现民主和问责为目标，强调通过对政府信息的知悉（right to know），推动政府透明度建设，以更好地监督政府，对政府进行问责。公共数据开放制度的目的是“扩展政府数据的使用和管理，促进公开透明，促进政府有效治理，促进创新”，强调赋予社会利用政府数据的权利，更侧重于经济与社会价值，开放数据本质上是政府提供的一项公共服务。《上海市公共数据开放暂行办法》明确将公共数据开放的性质定性为公共服务。①

（二）信息公开与公共数据开放的内容不同

根据《政府信息公开条例》，政府信息，是指行政机关在履行行政管理职能过程中制作或者获取的，以一定形式记录、保存的信息。信息公开的内容主要是政府相关立法以及政策文件、统计信息、办事情况等。一般来说，公共数据，是指各级行政机关以及履行公共管理和服务职能的事业单位在依法履职过程中，采集和产生的各类数据资源。公共数据强调的是资源，且公共数据开放主要是指原始数据的开放。

（三）公共数据开放对信息公开“承继但不取代”

从制度发展的角度来说，信息公开和公共数据开放是世界范围内“开放政府”运动的产物。公共数据开放是在大数据背景下，在数据治理背景下，对开放政府的深化。从这个意义上来说，“公共数据开放”是“政府信息公开”在大数据时代的升级版，二者之间不是替代的关系，公共数据开放与政府信息公开一起完

---

① 王万华：《论政府数据开放与政府信息公开的关系》，载《财经法学》2020年第1期。

善和丰富了开放政府的结构与内容,构成二元并立的开放机制体系。[①] 由于《政府信息公开条例》的立法目的中包含了“充分发挥政府信息对人民群众生产、生活和经济社会活动的服务作用”,所以学界也有建议,可以将公共数据开放直接纳入信息公开制度。同时,也有观点认为,基于其不同的目的和内容,建议分开规定。[②]

三、信息公开是标准化的公开

(一)政务标准化是依法行政的重要内容

政务服务标准化建设的目标在于实现均质化、无差别的政务服务,政务服务标准化是转变政府职能,建设服务型政府的重要方面。政务服务标准化是对政务管理(服务)事项的名称、内容、要件、环节和流程、审批时限、结果形式等进行格式化、规范化描述,在优化重构的基础上透明化运行,并可以实现全程监督和事后追踪,以明确相关部门的职责,实现对行政管理(服务)过程的约束和规范,提升工作的效率,提高行政相对人的满意度,[③]提供一个稳定、可预期的营商环境。[④] 国务院《优化营商环境条例》规定,政府及其有关部门应当推进政务服务标准化,细化量化政务服务标准,压缩自由裁量权,推进同一事项实行无差别受理、同标准办理。没有法律、法规、规章依据,不得增设政务服务事项的办理条件和环节。《行政许可法》多处规定,行政审批应当符合法定条件和标准。《行政许可法》为行政审批标准化体系奠定了法律基础,规定了约束条件。

(二)“互联网+政务服务”推进政务标准化

国家要求以“互联网+政务服务”推进政务标准化。国务院办公厅《关于印发“互联网+政务服务”技术体系建设指南的通知》明确指出,由于存在政务服务的标准化、规范化程度不够高等问题,为此需要进一步加强全国一体化的“互联网+政务服务”技术和服务体系整体设计,不断提升各地区各部门网上政务

① 王万华:《论政府数据开放与政府信息公开的关系》,载《财经法学》2020年第1期。

② 信息公开已成为公共数据开放的重要依据,比如,《浙江省公共数据和电子政务管理办法》规定,“《政府信息公开条例》等法律、法规对公共数据开放已有规定的,从其规定”。

③ 吕林静:《法治政府建设的地方经验:法治浙江的实践分析》,载《福建行政学院学报》2019年第5期。

④ 陈彦仓:《基于互联网+政务服务的行政审批标准化体系研究》,载《科技经济导刊》2018年第26期。

服务水平。国务院《关于加快推进“互联网+政务服务”工作的指导意见》要求，建成一体化网上政务服务平台，全面公开政务服务事项，政务服务标准化、网络化水平显著提升；要求推进办事材料目录化、标准化、电子化。国务院办公厅《关于印发进一步深化“互联网+政务服务”推进政务服务“一网、一门、一次”改革实施方案的通知》提出，根据推进审批服务标准化有关要求，推动各地区各部门网上政务服务平台标准化建设和互联互通。

（三）信息公开要突出标准化属性

《政府信息公开条例》规定，对办理行政许可和其他对外管理服务事项的依据、条件、程序以及办理结果应当主动公开。在政务办事环节中，信息公开也是对相对人的信息告知，对相对人行使权利具有重要的引导意义。在“互联网+政务服务”的大背景下，信息公开要依托技术手段，将标准化的信息内容内嵌于政务办事程序中，以保护相对人的合法权益，实现行政行为的公平公正。目前，为推进同一事项无差别受理、同标准办理，标准化的信息公开也正在推进中，比如，编制政务服务事项清单以及完善办事指南，纳入一体化在线政务服务平台管理，办事指南中不能出现“法律法规要求的其他条件”“部门要求的其他材料”等含混表述。上海市人民政府办公厅印发《关于深入推进“一网通办”进一步加强本市政务服务中心标准化建设与管理的意见（试行）》要求，线上办事指南和线下窗口业务流程一致、办理标准一致，实现线上线下办理无缝衔接。

第三节 公众参与与参与保障

公众参与社会治理是公民的政治权利，促进公民有序参与政府管理是建设法治政府的必然要求。在“互联网+政务服务”背景下，公众参与的核心在于依托信息网络，使公众参与的权利得到便捷有序地实现。《2018 年联合国电子政务调查报告》特别指出，让公众参与政务服务的需求分析、过程监督、评估评判有助于政府职能转变。

一、公众参与的基本内容

（一）“互联网+政务服务”是公众参与的新空间

公众对社会治理的参与应该具有全面性，从一定意义上来说，公众对社会治理的参与，其意义不完全在于结果的科学性，而在于过程的教育性。相对而言，《政府信息公开条例》对公众参与的规定有一定局限性，其仅从信息主动公开的角度作出规定，即对需要公众参与决策的政府信息，行政机关应当主动公开。但实际上，在依法行政的各领域，在执法、管理和服务各环节，都需要公众参与。网上政务拓展了公众参与的空间。不少关于“互联网+政务服务”的文件规定，要建立常态化宣传机制，积极回应社会关切，扩大公众参与，也是从这个意义上提出的。

（二）“互联网+政务服务”是公众的直接参与途径

公众参与分为直接参与和间接参与，间接参与是指通过代表的参与。直接参与被认为是通过参与实践，有效提高公众参与能力的重要形式。“互联网+政务服务”具有与公众“面对面”“点对点”的优势，是公众直接参与行政的重要途径。公众参与作为政治行为，应当在法治的途径上开展，网上的政务服务平台作为政府行使职能的线上载体，也是参与的法定渠道。依法有序的公众参与，既能维护社会秩序又能提高参与的效率。从我国推进政府上网工程以来，各类各地的政务网站都将促进政府与公众之间的沟通作为网站重要功能，设置了网上咨询、建议、投诉等功能，公众注册登录之后可以在线留言、对话、询政。

（三）“互联网+政务服务”是激励参与的手段

是否能够有效推进公众参与，不仅取决于公众对参与本身的了解，还取决于制度的激励。也就是说，首先需要查明影响公众参与意愿的因素。具体来说，依法参与受到以下几个方面因素的影响：社会治理事项与个人利益的关联度、参与事项本身的难度、参与的成本、参与的奖励。“互联网+政务服务”在激励参与上有其优势：其一，政务服务平台上展示的都是与公众密切相关的行政管理和服务事项，公众在接受管理和服务过程中参与行政。其二，相对而言，网上的公众参与不存在交通、住宿等其他参与形式会产生的费用，成本比较低。其三，从激励来看，各地也陆续有些政策。比如，参与江苏省政务服务“好差评”平台评议活动，可以有机会抽手机等。①

① 《江苏政务服务“好差评”平台上线试运行，给出好差评有机会赢 Mate30 手机》，载扬子晚报：http://www.yangtse.com/content/767173.html，最后访问日期：2020 年 5 月 30 日。

二、“互联网+政务服务”背景下公众参与的新特点

(一)多种新媒体渠道共同发力

《政府信息公开条例》规定,行政机关应当将主动公开的政府信息通过政府公报、政府网站或者其他互联网政务媒体、新闻发布会以及报刊、广播、电视等途径予以公开。在传统媒体以外,以立法形式肯定了“互联网政务媒体”的法定渠道地位。在工作实践中,各地都是综合运用市民服务热线、政务微博微信、政府网站留言板等多个渠道,来促进公众的参与。这也是世界各国的普遍做法。比如,澳大利亚联邦政府门户网站设置了媒体发布版块,及时更新政府最新动态,更新频率快,消息传递及时。联邦政府各部门还开通了包括推特、脸书、博客在内的十种社交媒体的官方账号,定期发布消息。反馈机制的建立有利于双向互动,方便政府更好地了解公众的信息需求。①

(二)不断提高参与的精准性

从世界范围内“互联网+政务服务”的发展来看,服务的个性化已成为趋势。② 随着这个趋势,“互联网+政务服务”下的信息公开也要提升精准性,以适应“个性化”的公众需求。相对而言,《政府信息公开条例》尚没有体现这一趋势,但各地在信息公开工作中已经关注到了这个问题。各地纷纷提升信息公开的精准性,对公众呼声作精准反馈。比如,要求加强精准解读,依托“一网通办”个人主页和企业专属网页,精准推送和企业群众创业办事相关的政策核心内容,打通政策服务的“最后一公里”;推行政策施行后解读,对政策公布后社会的普遍疑虑和争议点,有针对性地开展深度解读、延伸解读。积极开展图表图解、视频动漫、流程演示等多元化解读,多元化解读形式占全部解读数量的比例不得低

---

① 刘芮、谭必勇:《数据驱动智慧服务:澳大利亚政府数据治理体系及其对我国的启示》,载《电子政务》2019年第10期。

② 陶振:《政务服务“一网通办”何以可能?——以上海为例》,载《兰州学刊》2019年第11期。韩国“2020电子政务”战略将打造“以人为中心”的电子政务,通过先进的技术为个人提供“精心定制的服务”。政府预先填写失业救济金申请表、基本生活津贴申请表和年终纳税调整表的部分信息,这样市民只需要确认信息即可,不需要多次填写。我国各地也有精准服务的例子,比如,“一网通办”平台为各类用户的政务需求提供精准画像,主动研判潜在的政务需求,实现在不同阶段提供专属个性化的服务推荐。还将以办事为主题,分析具体应用场景,构建事项、材料和数据的最优图谱,为申请人提供智能引导,形成最优化办理建议。

于50%。开展政策解读优秀案例网络评选工作。①

第四节 社会监督与专业监督

党的十八届四中全会提出,在加强法治监督建设方面,要努力形成科学有效的权力制约和监督体系,整合监督力量,形成监督合力,提高法治监督的整体效能。社会监督是法治监督体系的重要组成部分,"互联网+政务服务"背景下的社会监督正在不断发挥监督的效能。

一、社会监督的基本内容

(一)"互联网+政务服务"夯实了监督的基础

从法理上来看,社会监督的重要前提是要保障人民群众的知情权,只有知情权得到保障,监督权才能够实现。"互联网+政务服务"正是政务公开的重要平台,为社会监督的开展提供了前提。《政府信息公开条例》规定,公民、法人和其他组织有权对行政机关的政府信息公开工作进行监督,并提出批评和建议。从信息公开角度明确了鼓励社会监督的导向。在"互联网+政务服务"的背景下,监督是全面的、多层次的。既包括对行政管理和服务事项本身的监督,也包括对政务服务效能的监督,②还包括监督评议意义上的社会监督等。③ 总之,"互联网+政务服务"为社会监督发挥作用提供了广阔舞台。

(二)"互联网+政务服务"深化了监督的内容

推进依法行政必须从每一个工作环节入手。"互联网+政务服务"平台通过服务事项清单等形式,直观地显示了行政权力事项、公共服务事项办理的职责分工,也展示了后台部门业务办理的进展状况。社会公众可以通过网络平台、实体平台以及客服平台等渠道实时了解服务情况。各部门的业务办理绩效均可直观地显示在平台上,实现了绩效信息的显性化。"互联网+政务服务"使原先单向度信息传递的政务服务过程,成为对公权力不分时段、不限空间的深层监督的

---

① 《2020年上海市政务公开工作要点》。

② 江苏省《进一步推进"互联网+政务服务"深化"不见面审批(服务)"改革工作方案》。

③ 黑龙江省《关于推进"办事不求人"工作的指导意见》。

过程;使传统的单向监督向双方即时的双向互动转变。从一定意义上来说,既倒逼相关部门依法规范高效行政,提升服务质量;也有利于调动社会公众参与公共治理活动的积极性,有助于社会面公共精神的培育。[①]

(三)“互联网+政务服务”完善了监督的机制

社会监督本身有着广阔的渠道。近些年来,互联网的发展对社会监督产生了巨大影响,许多社会监督都是依托网络工具,通过社会舆论来开展的。这可以在社会上造成较大影响力,但也可能产生部分信息失真乃至于法有违的情况。从这个意义上来看,“互联网+政务服务”背景下的监督,既利用网络提升监督影响力和便利性,又是对政务活动有序聚焦的监督。正是由于互联网与政务服务相互结合,才可能实现政务服务事项监督全覆盖,实现每个政务服务事项均可评价。目前,国家正着力开展政务服务“好差评”工作,要求建成全国一体化在线政务服务平台“好差评”管理体系,从评价标准、评价渠道、评价结果处置等环节确立制度化的监督渠道。[②]

二、“互联网+政务服务”背景下社会监督的新特点

(一)社会监督向专业监督发展

从“互联网+政务服务”的工作实践来看,由于信息公开乃至后续公共数据开放[③]具有极强的专业性和很大的社会影响力,专业评估或者监督的作用正日益凸显。《政府信息公开条例》规定,行政机关应当建立健全政府信息管理动态调整机制,对本行政机关不予公开的政府信息进行定期评估审查。国务院办公厅《关于建立政务服务“好差评”制度提高政务服务水平的意见》规定,畅通评价渠道,引导社会组织、中介组织、研究机构等对政务服务状况进行专业、科学、客观地评估评价,提出意见建议;要求政府部门根据本地区、本部门实际,委托第三方独立开展政务服务评估,评估结果作为改进服务的重要依据。《上海市公共数据和一网通办管理办法》专门规定,引入第三方评估,委托第三方专业机构围绕网上政务服务能力、公共数据质量、共享开放程度、电子政务云服务质量等方

---

① 陶振:《政务服务“一网通办”何以可能?——以上海为例》,载《兰州学刊》2019年第11期。

② 国务院办公厅《关于建立政务服务“好差评”制度提高政务服务水平的意见》。

③ 在公共数据共享开放领域,国家和地方层面建立了政务信息资源共享风险评估和安全审查制度;公共数据开放专家委员会研究论证公共数据开放中的疑难问题,评估公共数据利用风险等制度。

面，对公共数据和电子政务工作定期开展调查评估。

（二）社会监督凸显强互动性

社会监督的运行机制包括民意表达—收集民意—展开调查—落实反馈等一系列环节。应当说，调查并落实反馈是决定社会监督效果、公众监督积极性的关键环节。“互联网+政务服务”的重点不只在于促进行政行为公开以及行政程序的改进，也要关注以网络为载体的官民互动以及民众对施政行为的意见反馈。据有关调查，2/3的人认为在线互动交流是进入政府网页首先关注的事项，可见社会民众非常看重能否进行深层的政民互动。① 各地在推动“互联网+政务服务”的工作中已经认识到了这一点。比如，规定全面实施政务服务“好差评”制度，实名差评回访整改率达到100%，依托“好差评”制度，对中心工作人员服务质量、工作效能等进行综合考核评价，健全奖惩机制。②

① 张照泽：《我国政府治理民主化问题研究——基于电子政务视角》，长安大学2013年硕士学位论文，第32页。

② 《上海市人民政府办公厅印发〈关于深入推进“一网通办”进一步加强本市政务服务中心标准化建设与管理的意见（试行）〉的通知》。

第二章 政务流程的再造

政务流程再造是政府服务和管理创新的一种重要形式,电子政务的发展为政务流程再造提供了契机。政务流程再造是“一网通办”改革的核心,是深化“放管服”改革的有力抓手。目前,以网上行政审批为代表的政务流程再造,正在打破传统分散的、串联式的政府工作流程,形成并联的、“一站式”的、无缝隙的政府工作流程。

第一节 政务流程再造的法律内涵和依据

一、流程再造的法律内涵

以行政审批为代表的流程再造,改变了传统的行政观念,以公众服务为核心、公众满意度为导向,以现代企业业务流程再造的理念方法和电子政务基本理论方法为基础,对政府的组织结构和行政审批流程进行优化重组,使信息在整个流程中得以共享,从而提升政府服务水平,提高政府工作效率。① 电子政务的出现,不是机械地将传统的行政管理体系原封不动地搬到互联网上,而是依托技术治理实现法律目标。或者说,法治要与技术形成“制度+科技”的有效社会管理“共赢”模式,这是法治建设中值得深入研究的问题。

---

① 苏荣泽:《“互联网+政务”流程再造研究》,载《经济研究导刊》2019年第3期。

（一）流程再造体现了公平公正的服务导向

网上审批作为新的行政行为模式，其鲜明特点之一就是程序化。程序化的政务流程有效地规范了公共管理人员的权力运行方式，行政不再像过去那样受到心情、性格、印象等主观因素的影响。同时，现代信息技术的植入和渗透，使政府法定的行为方式和工作流程被技术性地强制规定下来，提升了服务的公平公正性和质量。①

（二）流程再造体现了协调的公共服务方法

网上审批促进部门之间的相互信任与合作、加强组织之间的协调，通过采用交互的、协作的和一体化的管理方式与技术，将不同组织、资源以及相互依赖的任务进行整合，构建完善的沟通协调机制和运行机制。② 公众获取服务时，并不关注是哪个政府机构提供服务，其只关注是否获得了服务，服务质量如何，是否及时高效。③ 电子政务构建无缝隙政府，形成了业务流程高效贯通的线上线下服务，有利于在最大程度上实现高效的政务服务。

（三）流程再造体现了有力的政府自身监督

在网上审批过程中，现代信息技术和通信技术充分应用于权力运行的过程，实现了政务信息的多管道和“点对点”传输，上下级政府部门之间的各种政令均能够在网络上传输，从而有效地控制了由于信息传递导致的权力滥用现象。相关部门可以针对政务服务的事前、事中、事后各个环节，从事项公开信息的完整性、事项办理的时效性、流程合法性和内容规范性等方面梳理本单位相应的内部监察规则，对于时效异常、流程异常、裁量异常、廉政风险点异常等情况实时监控，积极利用电子监察手段进行内部监督检查。

二、流程再造的依据

（一）流程再造是对宪法精神的贯彻

中华人民共和国成立后历次颁布的《宪法》均明确申明，我国是人民民主的

---

① ［美］简·芳汀：《构建虚拟政府：信息技术与制度创新》，邵国松译，中国人民大学出版社 2004 年版，第 71 页。转引自秦浩：《中国行政审批模式变革研究——基于行政服务中心的实践》，吉林大学行政学院 2011 年博士学位论文，第 137 页。

② 张玺：《“一网通办”：政务服务供给新阶段》，载《党政论坛》2019 年第 8 期。

③ 同上。

国家,国家的一切权力属于人民。《宪法》明确规定,“一切国家机关和国家工作人员必须依靠人民的支持,经常保持同人民的密切关系,倾听人民的意见和建议,接受人民的监督,努力为人民服务”。一切国家机关和工作人员都是人民的公仆,这便是共和国的立国精神和价值所在。[①] 依托电子政务,开展行政审批流程再造,是对这种主导价值的不断确认、强化和发展。

(二)流程再造符合行政法治的发展潮流

从世界范围的行政法治发展来看,传统意义上,行政相对人曾被仅仅作为行政管理的对象来定位。随着经济社会发展以及行政活动内容方式的转变,行政法治的视角发生了变化,虽然个人要服从公共权力,但对行政相对人的定位越来越从权利义务关系的角度来理解。也就是说,在行政关系上,强调行政相对人并不仅是受行政主体管理意义上的相对人,也是与行政主体在行政法上互有权利义务关系意义上的相对方主体。[②] 相应地,政府行使的不仅是管理职能,而是要通过变革职能结构、管理形式、服务方式等,实现政府角色重塑和职能转变,从成本、速度、服务等各方面提升工作质量。

(三)流程再造具有《行政许可法》等法律的依据

我国《行政许可法》对行政许可相关的电子政务作了规定,对我国电子政务建设有着极为重要的意义和影响。在便民和提供优质服务方面,《行政许可法》规定,实施行政许可,应当遵循便民的原则,提高办事效率,提供优质服务。在推进电子政务方面,规定行政机关应当建立和完善有关制度,推行电子政务,在行政机关的网站上公布行政许可事项,方便申请人采取数据电文等方式提出行政许可申请;应当与其他行政机关共享有关行政许可信息,提高办事效率。在精简流程方面,规定经国务院批准,省、自治区、直辖市人民政府根据精简、统一、效能的原则,可以决定一个行政机关行使有关行政机关的行政许可权。行政许可需要行政机关内设的多个机构办理的,该行政机关应当确定一个机构统一受理行政许可申请,统一送达行政许可决定。行政许可依法由地方人民政府两个以上部门分别实施的,本级人民政府可以确定一个部门受理行政许可申请并转告有

---

① 张成福:《政府治理创新与政府治理的新典范:中国政府改革40年》,载《国家行政学院学报》2018年第2期。

② 李琦:《行政行为效力新论——行政过程论的研究进路》,中国政法大学2005年博士学位论文,第41页。

关部门分别提出意见后统一办理,或者组织有关部门联合办理、集中办理。[①]

第二节 电子政务背景下行政审批的特点和流程

党的十八大以来,随着行政审批制度改革的推进,各地纷纷依托电子政务推进"不见面审批""马上办、网上办、一次办""一枚印章管审批""一门式一网式"等做法。[②]

一、电子政务背景下行政审批的特点[③]

《行政许可法》为依托电子政务开展行政许可确定了依据,其规定,"行政机关应当建立和完善有关制度,推行电子政务,在行政机关的网站上公布行政许可事项,方便申请人采取数据电文等方式提出行政许可申请"。当然,电子政务以实体政务为依据,并不是简单机械地将实体政务搬到网上,而是要对实体政务组织和政务流程进行必要的重组和再造。

一是政府不打烊。传统的行政许可启动程序是"由申请人到行政机关办公场所提出行政许可申请",这就导致行政许可申请的提出,受制于行政许可机关的办公时间和空间距离。电子政务有助于打造"24 小时政府""不打烊的政府",行政相对人可以不受时间和空间约束,随时通过网络提出"行政许可申请",并通过网络查询行政许可进度。

二是信息沟通顺畅。电子政务借助现代化的信息通信技术,在行政机关和行政相对人之间建构了便捷的信息沟通渠道,改进了行政许可中的信息传递和听取意见程序,有利于行政相对人在行政许可过程中参与权利的实现。对于可能被行政许可决定受到影响的行政相对人而言,参与无疑是维护其实体权利的有效途径。

三是审批准确高效。《行政许可法》规定了行政许可信息公示程序,规定了行政许可中的政府信息共享。在电子政务背景下,行政许可机关提升了信息处

---

① 王粤:《依法行政与电子政务发展研究》,载《中国特色社会主义研究》2016 年第 6 期。

② 王丛虎、门钰璐:《"放管服"视角下的行政审批制度改革》,载《理论探索》2019 年第 1 期。

③ 宋华琳:《电子政务背景下行政许可程序的革新》,载《当代法学》2020 年第 1 期。

理能力,许可机关通过网络平台审核相对人的申请材料,可以调用自己保有的相关信息资源,可以通过政府信息共享机制来调用其他行政机关的相关信息,进而对所有相关信息进行系统化的收集、归类和分析,确保能够准确高效地作出行政许可决定。

四是服务便民优质。电子政务本身就是行政程序制度创新的来源,它有助于以符合效能原则的方式来实现行政许可任务。基于互联网的技术优势,可以设计简化、灵活、迅速且合乎行政目的的行政许可程序,让行政许可程序不再局限于行政管理的单方需要,而是以良好的公众体验为中心,建构用户友好型行政许可程序。这也体现了《行政许可法》关于便民原则和"提供优质服务"的要求,有助于行政相对人基本权利的及时实现。上海市人民政府办公厅《关于以企业和群众高效办成"一件事"为目标全面推进业务流程革命性再造的指导意见》规定,要以企业和群众高效办成"一件事"为目标,集成"一件事"所涉及的政务服务事项,围绕申请条件、申报方式、受理模式、审核程序、发证方式、管理架构等进行整体性再造、实施一体化办理。

五是线上线下并存。行政机关推行电子政务旨在促进良好的公共治理,但是无论行政机关有怎样的良好意愿,都不能越俎代庖,强迫行政相对人必须接受电子政务服务。不能或者不愿使用互联网政务服务平台的相对人,可以通过线下的方式提出行政许可申请,行政机关无正当理由不得限定申请方式。[①] 行政机关在推行电子政务的过程中,应在一定程度上保留传统的窗口受理、书面决定等线下许可申请和审查方式。

二、"互联网+政务服务"背景下行政审批的流程

行政许可流程的网上公开,包括行政许可事项、依据、程序、期限等的公开,行政许可基准的公开,行政许可实施进度的公开,行政许可结果的公开。

(一)行政许可办理的相关要求网上公开

我国《行政许可法》规定,"行政机关应当将法律、法规、规章规定的有关行政许可的事项、依据、条件、数量、程序、期限以及需要提交的全部材料的目录和

---

① 行政相对人有可能抵触电子政务服务的原因在于电子政务系统可能给行政相对人带来"数字鸿沟",行政相对人有可能因知识或者信息欠缺而不擅于利用互联网进行申请和查询。

申请书示范文本在办公场所公示”。但在现代信息社会,或可对“办公场所”作功能意义上的理解,“办公场所”已不限于行政机关的办公地点、办公室、办公窗口、办事大厅,行政机关的网站在功能上也呈现了“办公场所”的作用。

办理行政许可事项的依据、程序、期限等,也属于《政府信息公开条例》规定的“涉及公众利益调整、需要公众广泛知晓或者需要公众参与决策的政府信息”,是行政机关应当主动公开的信息。

总之,在行政机关网站上公布行政许可事项,公布行政许可的实施机关、条件、程序、期限等,是有法律依据的。

(二)申请材料线上提交

根据《行政许可法》的规定,行政相对人申请行政许可时,应当如实向行政机关提交有关材料和反映真实情况,并对其申请材料的实质内容的真实性负责。行政相对人在以线上方式申请行政许可时,也应如实提交有关电子数据,对电子数据实质内容的真实性负责,确保电子数据与原始数据的一致性。《行政许可法》对被许可人以欺骗等不正当手段取得行政许可、许可申请人提供虚假材料申请行政许可的行为设定了法律责任。

行政许可申请材料并非多多益善。其一,不得要求行政相对人提交没有法律、法规依据的申请材料。对于行政相对人已经提交并且能够通过信息化手段调取的材料,不得要求相对人重复提供。其二,行政相对人选择线上申请行政许可的,合法有效且能够识别身份的电子申请材料与纸质申请材料具有同等法律效力。除法律、法规明确要求纸质材料外,行政许可机关不得要求申请人提供纸质材料。其三,通过建构政府信息共享制度,逐步解决政府信息资源利用中“各自为政、条块分割、烟囱林立、信息孤岛”的问题。政府机关之间应以政府信息和数据共享为原则,不共享为例外。对于通过政府信息共享等方式,能从其他行政机关或者服务机构获得的证明材料,不得要求行政相对人重复提供。目前,上海市正在推行“两个免于提交”工作,实行“凡是本市政府部门核发的材料,原则上一律免于提交;凡是能够提供电子证照的,原则上一律免于提交实体证照”,倒逼政务服务部门以更大力度推进改革。

(三)行政许可的审查基准网上公开

行政许可机关通过制定和公布审查基准,将行政许可的标准予以具体化,以确保行政许可的公平、公正,确保相对人对申请结果形成稳定的预期。行政许可审查基准公开后,行政相对人既可以据此准备行政许可材料,也可以判断行政许可行为的合法性、合理性。

(四)审查应用人工智能开展

行政机关有可能借助人工智能系统,对行政相对人的申请进行形式审查和实质审查,并作出是否给予行政许可的决定。比如,天津市《承诺制标准化智能化便利化审批制度改革实施方案》中提出试行"无人审批"。即顺应互联网、智能化发展趋势,在保留的行政许可、公共服务和各类简单证明事项中推出一批"无人审批"事项,通过把所有要件整合成一张表单,申请人进行远程申报,各部门制定智能比对审核标准,计算机软件系统对申请人办事申请进行自动比对和判断,自动出具证件、证照、证书、批文、证明等结果,实现审批服务智能化、自助化、无人化、远程化。天津市首批共推出156项"无人审批"事项。[①] 上海市人民政府办公厅《关于以企业和群众高效办成"一件事"为目标全面推进业务流程革命性再造的指导意见》提出,要探索智能审、智能批。探索建立申报材料自动预审程序,智能判断申请人提交申请材料的准确性,减少用户提交和窗口人员收取"无效材料"的情况,提高在线申报和窗口综合收件效率。探索全程无人工干预智能办理新模式,通过与多个政府部门的权威数据进行实时校验、多维度比对,系统自动作出审核办理决定;对审核办理不成功或者触发风险预警的,进入人工复核程序。当然,在行政许可事项较为复杂,需要考虑多元因素时,也应保留行政机关及其工作人员的决定权,行政机关可以参考人工智能系统给出的判断和建议,并结合对其他相关因素的考虑,作出最终决定。

(五)行政许可的实施和结果网上公开

除涉及国家机密、商业秘密或者个人隐私外,行政许可的实施和结果应当公开。但由于行政许可的实施可能涉及行政许可机关的内部审查程序和综合性的政策判断,如果完全公开可能妨碍行政许可机关对许可事项进行全面、客观、公正的审查。对此,可借助互联网推进行政许可实施进度公开。比如,在我国药品审评中,已在尝试行政许可实施进度的网上公开,药品注册申请人通过注册、登录国家药品监督管理局药品审评中心网站中的"申请人之窗"网页,可以查询申

---

① 以上智能审批、"无人审批"等相对聚焦于较为简单的事项,可以通过代码和准则来进行事实认定和法律适用,进而由人工智能系统自动出具行政许可决定,这相当于"全自动行政决定"。

请品种及进度、排队位数、主审人员等信息。

行政许可结果公开有助于保障行政相对人的知情权,也有助于保障社会公众的知情权、参与权和监督权。行政许可机关应规范行政许可结果公示的标准和格式,通过政府网站、政务新媒体等平台向社会公开行政许可结果信息。未来可建构用户友好型政府网页,并内嵌搜索引擎,设置搜索选项,让公众在网页中查询行政许可结果。

(六)电子材料的充分应用

电子材料是“互联网+政务服务”中支撑业务流转的基础文件流和基础数据流,包括电子签名、电子印章、电子证照和电子档案等。根据《国务院关于在线政务服务的若干规定》的定义:电子签名,是指数据电文中以电子形式所含、所附用于识别签名人身份并表明签名人认可其中内容的数据。电子印章,是指基于可信密码技术生成身份标识,以电子数据图形表现的印章。电子证照,是指由计算机等电子设备形成、传输和存储的证件、执照等电子文件。电子档案,是指具有凭证、查考和保存价值并归档保存的电子文件。

《国务院关于在线政务服务的若干规定》明确,国家建立权威、规范、可信的统一电子印章系统、建立电子证照共享服务系统,并规定电子材料与纸质材料具有同等效力。使用符合《电子签名法》规定条件的可靠的电子签名,与手写签名或者盖章具有同等法律效力;电子印章与实物印章具有同等法律效力;电子证照与纸质证照具有同等法律效力;符合档案管理要求的电子档案与纸质档案具有同等法律效力。

从各地立法来看,也重申了国家的要求。比如,《上海市公共数据和一网通办管理办法》以及3个配套文件《上海市“一网通办”电子档案管理暂行办法》《上海市电子证照管理暂行办法》《上海市电子印章管理暂行办法》于2018年11月1日同时施行。2020年4月1日,上海市宣布在全国范围内率先实现电子执照、电子印章同步发放。电子执照、电子印章与纸质营业执照和实体印章具有同等法律效力。上海市在这方面的率先实践,打破了开办企业必须领取纸质营业执照和刻制实体印章的思维定式,为进一步减少开办企业环节和成本探索了新路。

第三节　行政审批流程再造中的法律问题

一、网上行政审批的整体性法律问题①

（一）网上行政审批流程再造受制于实体行政审批流程再造

网上行政审批的流程再造是实体行政审批流程再造的网络化，如果实体审批的流程没有进行重组和创新，只是简单地进行网络化、电子化，搬上互联网，网上行政审批流程再造就成了"无源之水、无本之木"。以线下的政务服务中心的窗口审批人员的工作为例，如果各部门不充分授权给窗口人员，窗口人员只能处理一般简单的审批事项，重大复杂事项还是必须送回部门内部完成审批。有些地方的政务中心，由于窗口人员没有得到充分授权，为达到审批时限要求，政府部门将行政许可科成建制地迁入政务中心办公。同样的问题网上行政审批流程再造也会遇到。

（二）网上行政审批流程再造受制于行政管理体制的不足

《行政许可法》只是原则界定了各级政府的审批权限，行使审批权限所依托的仍是"金字塔式"的行政管理组织的各个部门，并且这种状况将长期存在。电子政务的运行要求机构和职能重组，但《行政许可法》的实施依赖于重组前的政府部门，双方存在矛盾，影响了网上行政审批流程再造。

（三）网上行政审批流程再造受制于缺乏强有力的配套措施

《行政许可法》虽大力支持网上审批，但其关于审批的规定较为原则、概括，没有为不同的审批情况提供不同的具体操作办法，没有为复杂、系统的网上审批提供具体指导依据。目前，推行新的审批形式，主要还是依靠政策文件。推行网上申报、网上年检、网上审批等各项电子政务改革措施，其推行力度仍取决于地方政府的重视程度。

二、网上行政审批的具体法律问题

（一）行政审批制度改革本身的法律支撑问题

网上行政审批是对线下行政审批制度的延伸和发展。目前，线下行政审批

---

① 金平：《网上行政审批研究——基于复杂管理科学视角》，武汉大学2010年博士学位论文，第56～57页。

制度已经突破了《行政许可法》的一些规定，必须要加快《行政许可法》的修改进度，为改革创新提供更有力的支撑。

一是关于容缺受理制度。容缺受理，是指对基本条件具备、主要申请材料齐全且符合法定形式，但次要申请材料有缺陷的行政审批事项，经申请人作出书面承诺，由行政机关先行受理并进行审查的制度。容缺受理制度是对传统行政许可理论的一次突破，是行政许可的创新。它基于对申请人的信任，需要申请人的配合，申请人应书面承诺在规定的时限内补齐所缺的材料。①《行政许可法》关于受理材料补齐的规定需要作相应修改。②

二是关于告知承诺制度。告知承诺，是指行政审批机关告知申请人审批条件和需要提交的材料，申请人以书面形式承诺其符合条件即可取得行政审批决定。告知承诺制度是对行政审批流程的再造。《行政许可法》关于审批前置管理及相应监管的规定需要作补充和调整。

三是关于并联审批制度。并联审批，是指对涉及两个以上部门共同审批的事项，实行由一个部门协调或者组织各责任部门同步审批办理，做到“一门受理、抄告相关、同步审批、限时办结”。并联审批制度的推进，一方面，必须要厘清相关行政审批的前后置关系；另一方面，要探索从行政协助的法理出发，③明确并联审批主体之间的相互协助义务，依托法定义务，打破部门各自为政的局面。

（二）线上线下相一致问题

1. 受理时间的认定问题

《行政许可法》规定了作出行政许可决定的期限，设定期限是提高行政效率的基本途径之一。根据《行政诉讼法》的规定，申请行政许可，行政机关“在法定期限内不予答复”的，行政相对人可依法提起行政诉讼。一般而言，法定期限是

---

① 各地推行的“容缺受理”制度，对于哪些属于主要材料、哪些属于次要材料有不同规定，显示出巨大的自由裁量空间。以公司设立登记为例，有的地区规定，股东（发起人）出资情况、住所（经营场所）登记表等7项材料属于可容缺材料。有的地区规定，股东的主体资格证明或者自然人身份证件、复印件等3项材料为可容缺材料。

② 《行政许可法》第32条规定，行政机关对申请人提出的行政许可申请，应当根据下列情况分别作出处理：(4)申请材料不齐全或者不符合法定形式的，应当当场或者在5日内一次告知申请人需要补正的全部内容，逾期不告知的，自收到申请材料之日起即为受理。

③ 目前我国尚没有行政程序法，对行政协助的理论也正在研究中。

以“受理行政许可申请之日”①为计算起点，受理时间是重要的法律概念。关于线下办理行政许可的受理时间存在众多讨论，对线上办理的受理时间也有讨论空间。

线下受理时间的认定。在线下操作中，行政受理行为适用的是告知、受领以及即时生效规则。一是告知生效说。“告知”，是指行政主体将受理行为的结果以一定的方式或者形式通知行政相对人。行政受理行为的告知生效是较为普遍的生效形式，但是告知并不等于告诉，而是以受告知人对行政受理行为的知悉和知晓为标准的。二是受领生效说。“受领”，是指行政相对人对行政受理的接受和领会，一般来讲，行政受理的告知与行政受理的受领是同时发生的，因此告知生效也就意味着受领生效。受领应当理解为对行政受理内容的接受以及知悉而并非主观上对行政受理的认同。三是即时生效说。大多数学者认为，行政行为一经作出即具有法律效力。也有观点认为，受理行为生效不应排除行政相对人，否则无异于剥夺了相对人获悉行政行为内容的权利，这种不经告知就发生法律效力的状态并不符合法治的要求。该观点认为，在行政受理领域，行政受理的即时生效只能是对行政主体来说，对于行政相对人来说只能是被告知时产生效力。

线上受理时间的认定。② 根据《行政许可法》的规定，可以通过信函、电报、电传、传真、电子数据交换和电子邮件等方式，提出行政许可申请。此举旨在鼓励行政机关和申请人利用现代科技手段，提高行政效能。有观点认为，行政相对人通过在线政务服务平台、移动政务服务 App 提交行政许可申请，相当于以《电子签名法》中规定的“数据电文”方式提出行政许可申请，其和线下提交的申请具有相同的效力。当行政相对人以线上方式提交行政许可申请时，如何判断“受理行政许可申请之日”，就成为实务中的重要问题。一是进入系统说。根据《电子签名法》的规定，“数据电文进入发件人控制之外的某个信息系统的时间，视为该数据电文的发送时间”。因此，行政相对人通过数据电文形式提交行政许可申请之时，即为该数据电文的发送时间，也是提交行政许可申请的时间。《电子签名法》规定，“给收件人指定特定系统接收数据电文

---

① 最高人民法院《关于审理行政许可案件若干问题的规定》。

② 宋华琳：《电子政务背景下行政许可程序的革新》，载《当代法学》2020 年第 1 期。

的,数据电文进入该特定系统的时间,视为该数据电文的接收时间"。申请人经由特定互联网系统或者移动互联网服务,以数据电文形式提交行政许可申请时,只要互联网系统不出现异常,那么当成功提交申请后,数据电文一般即刻进入该特定系统。如果根据《电子签名法》的规定,那么"受理行政许可申请之日"为"行政机关收到行政许可申请之日",实践中几近等于"行政相对人提交行政许可申请之日"。《电子签名法》还规定,"未指定特定系统的,数据电文进入收件人的任何系统的首次时间,视为该数据电文的接收时间"。二是约定说。就实际情况而言,目前大多数机关尚未实现即时查看和处理互联网系统信息。最高人民法院《关于审理行政许可案件若干问题的规定》明确,"行政机关受理行政许可申请后,在法定期限内不予答复,公民、法人或者其他组织向人民法院起诉的,人民法院应当依法受理。前款'法定期限'自行政许可申请受理之日起计算;以数据电文方式受理的,自数据电文进入行政机关指定的特定系统之日起计算;数据电文需要确认收讫的,自申请人收到行政机关的收讫确认之日起计算"。《电子签名法》也规定,"当事人对数据电文的发送时间、接收时间另有约定的,从其约定"。

2. 受理主体的认定问题

《行政许可法》第32条规定,"行政机关对申请人提出的行政许可申请,应当根据下列情况分别作出处理:……(二)申请事项依法不属于本行政机关职权范围的,应当即时作出不予受理的决定,并告知申请人向有关行政机关申请……"。可见,相关机关的对口受理是受理的要件。

线上的受理主体[①]相对清晰。对于线下的受理主体,在行政审批制度改革中,为便民考虑,各地纷纷建立行政服务中心或者事务受理中心,出现了大量"前台综合受理"与"后台分类审批"的情形。线下受理出现了对受理主体的不同理解。比如,一部分申请人认为,收件就是受理,因为行政服务中心或者事务受理中心代表的就是行政管理部门。审批机关认为,前台综合"受理",只是收件,申请事项并没有进入审批程序。行政服务中心或者事务受理中心对是否收件就等于受理,也存在不同看法。不同的认识导致发生纠纷时,对诉讼或者复议的对象究竟是前台受理部门还是后台的实际审批部门,有不同看法。

① 线上申请,往往是点对点,而且因为是信息系统,一般情况下不会发生受理主体的问题。

3. 行政审批电子材料的问题

《国务院关于在线政务服务的若干规定》明确,电子材料与纸质材料具有同等同效力。各地的规章、文件,比如,《浙江省公共数据和电子政务管理办法》《上海市"一网通办"电子档案管理暂行办法》也有相应的规定。但由于政务服务中电子材料的运用尚处于推进阶段还存在不少问题:一是大量具体领域的法律法规要求书面材料,电子材料的推行受到法律法规本身的掣肘。二是对部分高频证照,比如身份证、驾驶证、户籍证明、学历证、学位证等的标准规范尚有待国家层面统一。三是各地的电子证照还存在一定程度的质量问题,比如,证照空挂(有目录信息,但无法调出证照文件)、证照无效(证照已经失效,但未在平台注销)、证照不合规(无电子印章或者电子签名)等问题,也制约着证照的互信互认。

为推进线上办理,部分法律法规已作调整,以适应电子政务的发展形势。比如,国务院《关于废止和修改部分行政法规的决定》(国令第 648 号),对《公司登记管理条例》《企业法人登记管理条例》等行政法规作了修订,增加了"国家推行电子证照,电子证照与纸质证照具有同等法律效力"的内容。此外,国家市场监督管理总局下发了电子证照系统建设相关标准规范,并确定了一批试点单位,推动电子证照在工商登记管理中的应用。对于线下的办理,在实践中,电子政务仍然存在必须"时时下线"的问题。比如,电子证照管理中仍然是纸质证照与电子证照并存,未能集中统一管理。又如,电子证照、档案标准缺乏,应用流程不明晰。再如,对电子证照的跨地域互认仍然不足。

第三章　公共数据的法律内涵、属性和保护路径

公共数据的法律概念，是“互联网 + 电子政务”法治保障中的核心问题。准确界定公共数据，将能统摄数据的采集、共享等一系列制度设计，为各阶段相关各方的权利义务定下基准。

第一节　公共数据的法律内涵

一、公共数据的法律概念

（一）关于公共数据的现有规定

目前，国家层面的立法尚未对公共数据[①]的法律内涵作出规定。在地方性法规、地方政府规章及规范性文件中，通过描述或者列举的方式，对公共数据作出了探索性的规定。其中，有些是描述式的定义，比如，《上海市公共数据开放暂行办法》[②]规定，“公共数据，是指本市各级行政机关以及履行公共管理和服务职能的事业单位在依法履职过程中，采集和产生的各类数据资源”。《浙江省公共数据和电子政务管理办法》规定，“公共数据是指各级

---

① 目前国家立法上也未对数据提出明确的法律概念。但数据行业发展迅猛的贵州省，其地方性法规《贵阳市大数据安全管理条例》第 2 条规定，“数据，是指通过计算机或者其他信息终端及相关设备组成的系统收集、存储、传输、处理和产生的各种电子化的信息。”

② 《吉林省公共数据和一网通办管理办法（试行）》的定义类似。

行政机关以及具有公共管理和服务职能的事业单位，在依法履行职责过程中获得的各类数据资源”。在描述以外也有作列举的，比如，《成都市公共数据管理应用规定》明确，“公共数据，是指政务部门在依法履职过程中产生和管理的，以一定形式记录、保存的文字、数据、图像、音频、视频等各类信息资源”。

(二)公共数据的定义

从现有定义来看，一是将公共数据定义为资源。从法理上来看，定义为资源，就暗含了公共数据具有可利用的属性。同时，定义为资源，在法理上也就指的是数据的集合。二是对公共数据的归集主体作了表述。即各级行政机关以及履行公共管理和服务职能的事业单位，也有称为政务部门的。三是对公共数据的来源作了表述。上海市表述为依法履行职责过程中采集和产生的；浙江省表述为依法履行职责过程中获得的，既包括产生和采集的，也包括通过协商等方式向公民、法人和其他组织获取有关数据。①

二、公共数据定义的分析

从各地立法和文件来看，同时存在公共数据、政务数据、政府数据等提法，这些概念之间的关系需要厘清。

一是政务数据。比如，《上海市政务数据资源共享管理办法》规定，政务数据资源，是指市级行政机关和依法经授权行使行政职能的组织在依法履行职能的过程中采集和获取的各类数据资源。又如，国务院办公厅《关于印发进一步深化“互联网+政务服务”推进政务服务“一网、一门、一次”改革实施方案的通知》提出，“要加快完善政务数据资源体系”“以政务数据开放和应用提升智慧化服务能力”“实现政务数据标准化和全面共享”等。政务数据是与政务服务相对应的提法，政务服务的提供主体仍然是各级行政机关以及具有公共管理和服务职能的事业单位，开放、应用、共享等方面的内涵与公共数据是一致的。因此可认为，政务数据基本等同于公共数据。

二是政府数据。比如，《贵阳市政府数据共享开放条例》规定，政府数据，是指市、区(市、县)人民政府及其工作部门和派出机构、乡(镇)人民政府在依法履行职责过程中制作或者获取的，以一定形式记录、保存的各类数据资源。政府数

---

① 《浙江省公共数据和电子政务管理办法》第17条规定。

据与公共数据一样，都是从数据来源和归集主体的角度对数据作出的界定。政府数据是由政府及其部门和派出机构在履职过程中形成的，而公共数据是由各级行政机关及具有公共管理和服务职能的事业单位在履职过程中形成的。因而公共数据的范围包括了政府数据及事业单位产生的数据。

第二节 公共数据的法律属性和范围

一、公共数据的法律属性

从国外研究来看，对公共数据是从其公共性来作界定的。公共数据（public data）是相对私有数据（private data）即有隐私限制或者机密数据而言的。这些数据由公共资金投入而产生，主要集中于公共组织或者由政府正式资助的企业。① 公共数据除了政府各机构的数据外，还包括具有公共事业属性的图书馆、档案馆、博物馆以及国有企业等产生的数据。由此看来，公共数据有以下特点：

一是公共性。“公共”（public）意味着政策处理和解决的是公共事务和公共问题，属于需要公众参与和处理的领域。② 公共资源为公众所有，任何个人都无权对公共数据单独声明所有权。

二是整体性。整体性即不可分性，是指公共资源以整体性存在，并不因被第三方利用而有损其整体性。基于不同目的对其的整体利用会产生增值的效用，从而连锁式地产生更复杂和更高级的社会效果。

三是非竞争性。所谓非竞争性，一般而言，是指特定个体使用数据资源，不妨碍其他个体的使用。换言之，增加使用者的边际成本（几乎）为零。当然，数据资源的非竞争性，并不排除特定技术或者制度条件下的竞争行为。

四是非隐私性。公共数据是在保护数据安全以及隐私的前提下，对数据进行的归纳、整理。我国学者也持该观点，比如，杨立新教授③认为，“数据”应理解

---

① Jung K.，Park H. W. A.，“Semantic（TRIZ）Network Analysis of South Korea's ‘Open Public Data’ Policy”，Government Information Quarterly，2015：32（3），pp. 353－358. 转引自温芳芳：《我国政府数据开放的政策体系构建研究》，武汉大学2019年博士学位论文，第26页。

② 谢明：《公共政策导论》，中国人民大学出版社2011年版，第7～8页。

③ 杨立新：《民法总则草案对权利客体规定的重要价值与欠缺》，第六届两岸民商法前沿论坛，北京，2016年，第17～21页。

为是经过加工、脱敏处理后的不具有个人人格因素的洗白数据。贵阳大数据交易所执行总裁王叁寿也提出，在数据交易业务中所交易的数据并不是底层数据，不会涉及个人信息。①

二、公共数据的范围

从现有规定来看，公共数据的范围主要是从其来源来作界定的。上海市、吉林省等地规定，公共数据是公共管理和服务机构在依法履职过程中，采集和产生的各类数据资源。浙江省规定，公共数据是依法履行职责过程中获得的，既包括产生和采集的，也包括通过协商等方式向公民、法人和其他组织获取的有关数据。② 总之，从现有规定来看，产生的途径大体有几种：一是产生说，二是采集说，三是其他方式。

（一）数据产生

数据产生，是指数据在人—机交互中从“无”到“有”的过程。从我国近年来有关“互联网＋政务服务”的规定来看，不少地方对此作了规定。比如，《上海市公共数据开放暂行办法》《成都市公共数据管理应用规定》明确，公共管理和服务机构在依法履职过程中，产生的各类数据资源，属于公共数据。从数据本身的属性来看，数据就是对应客体的、时间的、空间的、状态的和属性的数字记录。各地立法强调依法履职中“产生”公共数据，正好与数据的“伴生性”特征相吻合。贵阳市关于“制作”③的提法类似于“产生”说，但“制作”更为强调公共管理和服务机构的主动作为，“产生”相对而言更强调一个自然而然的技术性过程。从国际上来看，“产生”也是一个重要概念，欧盟就有“数据生产者权”（Date Producer’s Right）的概念。④

（二）数据采集

数据采集，是指获取非结构化的数据，并将其存储至结构化的数据库的过

---

① 王海涵：《论数据的法律属性及其保护》，黑龙江大学2019年硕士学位论文，第2页。

② 《浙江省公共数据和电子政务管理办法》第17条规定。

③ 《贵阳市政府数据共享开放条例》规定，“政府数据，是指……在依法履行职责过程中制作或者获取的，……各类数据资源”。

④ 李振燎：《数据权体系初解——以“权力—权利”为范式》，载《信息安全与通信保密》2020年第1期。

程。“数据采集”相对“数据产生”而言更为宽泛，更偏向于说明数据的来源。[①]《上海市公共数据开放暂行办法》《浙江省公共数据和电子政务管理办法》[②]规定，依法采集的各类数据资源，属于公共数据。采集的方式既有对用户的，也有对于其他来源的，比如，国务院《“互联网+政务服务”技术体系建设指南》规定，证照采集一般可通过数据交换或者数据库复制等方式，将省、市级各部门原有业务系统中的电子证照信息以统一标准保存到电子证照库中，形成电子证照库的基础数据。也有学者认为，下级和其他部门的数据汇交也是采集的一种形式。从广义来说，还应包括信息提供等来源，比如，《电子商务法》规定，有关主管部门依照法律、行政法规的规定要求电子商务经营者提供有关电子商务数据信息的，电子商务经营者应当提供。

（三）其他方式

其他方式具体包括，浙江省规定的通过协商等方式向公民、法人和其他组织获取有关数据。贵阳市规定的行政机关直接或者通过第三方依法采集、依法授权管理和因履行职责需要依托政务信息系统形成的数据资源等。由于获取方式的不同，该类“公共数据”的应用要根据其取得时的协议来具体确定。

第三节　公共数据的法律规制路径

一、关于数据规制的相关学说

法律保护的路径取决于保护对象的特点，数据资源是一种特殊对象，学者们从既有法律资源出发提出了几种学说，比如，数据的知识产权说、数据的物权说、数据的信托学说等。

（一）数据的知识产权说

这是比较主流的学说，学者们主要有两种观点，[③]一种观点认为，数据是一

---

① 《贵阳市政府数据共享开放条例》规定，行政机关对其采集的政府数据依法享有管理权和使用权。

② 《浙江省公共数据和电子政务管理办法》规定，公共管理和服务机构应当按照法律、法规规定，管理、使用与开发公共数据，保护国家秘密、商业秘密和个人隐私；管理、使用和开发经同意后采集以及采用协商等方式获得的公共数据的，还应当履行约定的义务。

③ 王海涵：《论数据的法律属性及其保护》，黑龙江大学2019年硕士学位论文，第19、21页。

种新型的知识产权客体。持该观点的学者认为，知识产权客体的本质就是信息，数据是一种特殊的信息，所以数据应该成为知识产权的一种新型形态。同时，数据的聚合过程本身就带有一种目的性，这与人类的智慧活动密切相关。另一种观点认为，数据应纳入邻接权客体范畴。持该观点的学者认为，数据重在进行收集的特征体现了数据传播的功能，这与邻接权保护传播的理论是相契合的。保护传播实质是保护传播者的利益投入，这使数据的经营者与邻接权主体处于一样的需要保护的位置。其认为，与《反不正当竞争法》《合同法》为数据提供的保护相比，邻接权制度的保护在实践以及理论上都更具有优势。

知识产权保护说存在的问题：首先，对于新型知识产权客体说而言，数据的多样性容易导致数据内容的不确定，无法使其与知识产权客体的概念相对应。其次，知识产权强调的是创造性，但从数据的产生以及应用来看，具有创造性从来不是其主要目的。对于数据应纳入邻接权客体范畴而言，从通说来看，数据库而不是数据才可以纳入邻接权，这也是欧洲等国的规定，我国并未规定数据库纳入邻接权。同时，邻接权本身是限制未经许可的传播，对公共数据的公共性而言，也无法自圆其说。

（二）数据的物权说

在物权保护说中，学者们主要持有两种观点①：一种观点认为，将数据归属于无体物，认为物权可以在理论上将数据纳入无体物，节约立法成本。同时，数据挖掘、存储、分析、交易等流程可以与物权的四大权能衔接并有利于数据的交易与流通。另一种观点认为，根据数据所表现出的“大”和“集合”的特征，其应该属于民法上的集合物，在交易以及分享的过程中适用物权相关规定。

物权保护说存在的问题：对于将数据归属于无体物而言，即便将数据纳入物权客体，占有、使用、收益、处分这 4 项权能也无法完全适用于数据。就占有这一权能来说，由于数据可以被复制，其占有形式无法归属于现有的物权法体系来进行调整。对于数据属于集合物而言，数据这种集合形式与民法上的集合物并不一致。理论上的集合物是指具有特定功能的各种构成元素的集合，比如，遗产、私人财产等可以被称为集合物。但数据明显不符合这一要求。总之，物权保护说无法适用于数据。

---

① 王海涵：《论数据的法律属性及其保护》，黑龙江大学 2019 年硕士学位论文，第 20、22 页。

(三)数据的信托学说

在信托学说[1]里,不承认数据是一种排他性的私人财产权利,认为可以在法律上看作一种信托关系,即平台作为对其收集到的数据的信托人,对全体用户负责,承担更多的安全保护义务和社会责任。尽管这种理论只是停留在学术研究层面,但在现实中具有一定的解释力。比如,我国《网络安全法》在内的相关规则都在不断加强平台对用户个人信息的保护,也有研究者将其解释为平台企业对用户的信义义务。从公共信托理论角度理解政府对公共数据承担的有效管理与利用的职责,能够帮助我们更好地理解如何管理和使用公共数据资源。

信托保护说存在的问题:目前在我国,信义义务更多存在于公司法领域,且信托毕竟有所有权和收益的概念,与隐私保护等在法理上并不衔接,在公共资源领域尚未落实为有效的制度设计,因此也难以进行比拟。

二、公共数据需要新型的法律规制

从现有法律来看,没有可以直接对应的权利形态。公共数据的保护必须基于其自身公共性、整体性、非竞争性和非隐私性的特点,从法的功能出发,来设定法律规制的方式。同时,这种规制应该打开视野,不局限在传统民法的领域,而是要综合地用民法与行政法治共同加以规制。

一是要突出其公共资源的属性来加以规制。由于公共数据产生于得到授权的政府公务活动,政府公务活动本身代表了公共利益,其产生的数据依托这一过程形成公共数据资源。政府理所当然地成为公共数据资源的排他控制者,并可以根据公共利益的需要授权使用。从这一意义上,很多研究认为公共数据可以被定性为公共资源,并比照我国现有关于公共资源的管理方式进行研究。我国有地方立法将公共数据资源纳入公共资源或者国有资产体系进行管理,以推动数据交易实践,并试图在实施机制上予以理顺。[2] 有实务界的同志建议,采用国有土地使用权的模式来构建公共数据的权利模式,也正是同样的思路。[3]

二是要淡化“所有权”,侧重于“控制”的概念。从客观上来看,基于公共数

① 在研究期间,研究团队先后拜访了浙江省大数据管理局、贵州省大数据管理局。
② 胡凌:《论地方立法中公共数据开放的法律性质》,载《地方立法研究》2019 年第 5 期。
③ 在研究期间,研究团队先后拜访了浙江省大数据管理局、贵州省大数据管理局。

据的整体性和非竞争性特点,不能采取实体物的方式来对其作规制。特别是公共数据的公共属性决定了在法律规制方面应当以公共使用为基础。有地方[①]尽管规定了其公共资源的属性,但“坚持政务数据资源属于国家所有,实现数据资产增值”的提法,在法理上有待商榷,这种思路似乎与基于信息公开的公共数据的价值相悖,即过度强调了信息公开的资产属性而非社会属性。[②] 欧盟 2018 年数据保护通用条例(General Data Protection Regulation,GDPR)对数据控制者的概念作出了如下定义:负责决定个人数据处理目的与方式的主体。

三是要平衡好依法利用与隐私保护的关系。公共数据采集、应用遇到的一大障碍是隐私保护问题。隐私保护不能用公共数据与个人数据的权属问题去解决,而是要回到隐私保护本身。民法为隐私保护提供了基础的法理和原则,同时,公共数据的公共属性本身也要求依法为了公益目的而推进采集、应用等工作,要在既有法律规定的基础上,通过设定使用条件、限制使用目的来避免侵犯隐私。当然,这些制度设计需要法理和数据治理两者并用。

总之,要依托功能主义[③]而非传统法治视野下的权利保护思路,来构建数据相关权利制度。只有这样,才能既回应大数据的时代特色,又解决立法面临的诸多难题。要采用更为灵活的制度安排,通过多元机制,平衡好制度的价值和潜在的风险。

---

① 参见《福建省政务数据管理办法》。

② 胡凌:《论地方立法中公共数据开放的法律性质》,载《地方立法研究》2019 年第 5 期。

③ 王万华:《论政府数据开放与政府信息公开的关系》,载《财经法学》2020 年第 1 期。

第四章　公共数据的采集、共享和隐私保护[①]

第一节　公共数据的采集

一、关于公共数据采集的规定

(一)关于数据采集的基本规范和原则

我国立法规定了数据采集的基本规范和原则,但不区分公共数据采集与商业数据采集。2012 年 12 月 28 日,全国人大常委会作出《关于加强网络信息保护的决定》,奠定了我国数据采集制度的基调,其明确数据控制者采集数据应当遵循合法、正当和必要的原则。《网络安全法》规定,数据控制者采集及使用数据应当遵循合法、正当和必要原则。任何个人和组织不得以任何非法方式进行不恰当地采集。《电子商务法》中已引入了国际通行的数据保护法律基本原则。[②]

(二)关于公共数据采集的相关要求

国家关于公共数据采集的规定,主要集中在总体的工作机制建设方面。一是要建立健全政务信息数据的采集标准。比如,国务院办公厅《关于印发进一步深化"互

---

① 政府数据管理涉及一系列过程,比如,数据采集、数据描述、数据存储、数据共享、数据开放以及数据重用等。这里仅对采集和共享两个方面的问题作研究和表述。

② 在刑事规范方面,规定了非法出售、非法提供、非法窃取(获取)等行为的处罚措施。

联网＋政务服务”推进政务服务“一网、一门、一次”改革实施方案的通知》、国务院办公厅《关于印发政务信息系统整合共享实施方案的通知》等。二是要建立政府和社会互动的大数据采集形成机制。比如,国务院《关于印发促进大数据发展行动纲要的通知》等。三是要建立健全信息记录和采集制度。比如,国务院办公厅《关于运用大数据加强对市场主体服务和监管的若干意见》等。

地方关于公共数据采集的规定相对具体,但仍主要是有关工作原则以及细化工作要求的。一是采集要依职责依法依程序开展。比如,上海市、浙江省、贵州市等地规定,采集要依履职需要采集且依据法定范围和程序开展;实施目录管理,采集要在公共数据资源目录的范围内开展。二是采集要明确内容。比如,《贵阳市政府数据资源管理办法》规定,明确采集数据的目的、范围、方式、格式和流程,并附数据采集格式样本,确定采集数据的共享开放属性、类别和级别。三是采集要实现一定工作效果。比如,《上海市政务数据资源共享管理办法》规定,采集要确保数据的正确性、完整性、时效性。四是采集不能扰民。比如,《上海市公共数据和一网通办管理办法》规定,按照一数一源、一源多用的要求,实现一次采集、共享使用。可以通过共享方式获得公共数据的,不得通过其他方式重复采集。五是法律、法规未作规定的数据的采集。《上海市公共数据和一网通办管理办法》《浙江省公共数据和电子政务管理办法》规定,采集法律、法规未作规定的数据的,应当取得被采集人同意。

二、公共数据采集的特点

一是在采集性质上,公共数据的采集是履职行为,行政相对人有配合采集工作的义务。

与之对照,商业数据的采集往往适用于民事法律关系。比如,采集是通过合同约定的方式合法获得用户数据,是建立了用户和服务提供者之间的服务关系,采集是平台企业对用户数据的劳动投入过程等。[①]

二是在采集依据上,公共数据采集的是法律、法规规定的数据。比如,《行政许可法》规定,申请人网上提交材料,行政机关不得要求申请人提交与其申

---

① 这些对采集的论述往往与对采集后的数据的归属有关。胡凌:《论地方立法中公共数据开放的法律性质》,载《地方立法研究》2019年第5期。

请的行政许可事项无关的技术资料和其他材料。根据现有规定，有一部分数据即便法律、法规未规定，也可以采集。[①] 哪些数据属于此类情况，履行职责的范围究竟有哪些情形，还需要加以细化明确，以便更好地保护行政相对人的权益。

与之对照，商业数据的采集是市场主体的行为，只要符合法律规定以及约定即可。

三是在采集程序上，公共数据采集不一定要求履行告知同意程序；只在采集法律、法规未作规定的数据时，适用同意规则。欧盟同样规定，行使公权力采集数据、根据法定义务采集属于例外情形，不适用告知同意。对法律、法规未作规定的数据，依职权采集时，是否需要进行敏感数据和一般数据的划分，还需要加以明确。比如，抗疫期间各地纷纷推出“健康码”，在注册时需要用户点击同意政府运营管理机构制定的用户协议和隐私政策。深圳市专门编制《操作指引》，向用户告知“健康码”汇聚分析的数据类型和申诉渠道。

与之对照，商业数据的采集，对用户的告知同意是基本步骤。采集个人一般数据时，除非数据主体明确表示反对，否则视为数据主体作出默示同意；采集个人敏感数据时，数据控制者必须得到数据主体的明示同意，不得基于数据主体的默示同意采集个人敏感数据。

第二节　公共数据的共享

公共数据共享，是指公共数据资源在内部纵向部门和横向部门之间的流动，具体可以划分为：上级部门与下级部门之间的共享、同级部门之间的共享以及不相隶属部门间的交叉共享。

一、公共数据共享的历程

我国公共数据共享政策整体上经历了 3 个阶段，分别以 2007 年《政府信息

① 许多地方规定，公共管理和服务机构因履职需要，采集法律、法规未作规定的数据的，应当取得被采集人同意。

公开条例》与2015年国务院《促进大数据发展行动纲要》为“分水岭”。①

一是早期起步阶段(2001～2006年),特点是个别部门自发。《政府信息公开条例》出台以前,一些数据富集部门在有关政策中提出了数据共享的概念,并对数据管理或者数据质量作了不同程度的规定。从政策发布的时间来看,70%左右涉及共享的政策是在2005～2006年发布的。从政策制定主体来看,科学技术部是最早着手数据共享的政府部门,早在2001年的《国家科技计划项目管理暂行办法》中,就要求各类科技计划必须建立兼容的数据库以推进共享。从政策内容来看,对数据管理、数据共享规定较为集中的是国家海洋局、中国地震局和交通运输部。其中,2006年的《地震科学数据共享管理办法》由总则、数据产出与汇交、数据管理与服务、数据共享与使用、罚则与附则构成,该政策成为国家级政府部门数据共享政策的典范。起步阶段的政策还包括数据中心、数据平台建设、数据描述和数据目录等方面的内容。总之,在早期起步阶段,我国政府数据开放共享政策的特点是:(1)政策制定是个别数据富集部门自发的。(2)政策多为实现中央各政府部门系统内的数据共享。(3)数据共享涉及数据采集、汇交、储存、共享、应用等数据管理的整个生命周期。(4)数据共享与管理政策均以推动数据应用为目的,因此数据应用在政策中突出强调。(5)个别部门为实现本系统内的数据共享建立了数据目录体系。(6)部门数据管理政策执行机制初步建立。

二是初步发展阶段(2007～2014年),特点是主管部门推动。2008年,国务院《政府信息公开条例》施行,旨在推动不同政府机构信息的利用。从政策制定主体来看,在该阶段有更多的政府部门制定并发布了数据开放或者共享政策。其中,国家发展和改革委员会是该阶段政策制定的最主要部门。与此同时,政府部门间的合作也在加强,合作制定政策的政府部门有35个。从政策内容来看,《政府信息公开条例》施行后,政府各部门从基础设施建设、共享机制、数据开放、数据应用和开发、数据质量等多个方面推动数据共享。在共享机制上,政策以规范系统内数据共享为主,2014年国务院出台《关于促进电子政务协调发展的指导意见》,要求各政府部门梳理各自的共享需求,实施跨部门数据按需共

① 温芳芳:《我国政府数据开放的政策体系构建研究》,武汉大学2019年博士学位论文,第71～80页。

享。虽然2007年原国家林业局提出“开放数据”，但其所言及的“开放”仅限于向其他单位和地方共享。在初步发展阶段，我国政府数据开放共享政策的特点是：(1)政策制定的参与主体增多，国家发展和改革委员会与工业和信息化部起着主导作用。(2)政府各部门为实现数据共享在政策制定方面的合作加强。(3)从少数部门有限的“数据共享”转变为中央政府全面性的积极倡导。(4)系统内部的数据共享逐渐转变为跨部门跨系统的数据共享。(5)政策对数据应用和开发的重视程度逐步提高。(6)数据开放共享有了较好的基础设施。

三是快速发展阶段(2015年至今)，特点是中央政府引导。2015年国务院发布《关于印发促进大数据发展行动纲要的通知》后，国家层面关于政府数据的相关政策呈现明显增长。从政策制定主体来看，单独或者合作制定政策的政府部门共有44个，比前一阶段明显增多。该阶段，国务院大量制定政策，《中华人民共和国国民经济和社会发展第十三个五年规划纲要》也将实施大数据战略作为重要章节，着力推动数据开放共享和大数据产业发展。从政策内容来看，快速发展阶段的政策主要关注数据基础设施建设、数据管理、数据共享、数据开放、数据分析与应用、数据安全和政策实施。在数据共享方面，本阶段发布数据共享相关政策64部，其中国务院制定政策多达20部。交通运输部、原国土资源部、原国家卫计委在《促进大数据发展行动纲要》发布之前，均在政策中涉及数据共享，提出要对现有各部门的信息系统进行升级改造；夯实数据基础、按数据清单进行汇交；明确数据共享的范围、方式，建立数据共享服务体系，创新数据共享服务方式，完善数据共享机制。数据共享的工作重点是实现跨部门、跨系统、跨区域的数据共享，开始从政府部门拓展到社会组织、企业等更广的范围，并着重探索政企数据共享合作机制。在快速发展阶段，我国政府数据开放共享政策的特点是：(1)国务院在数据开放政策制定中起引领作用。(2)越来越多的政府机构参与到政策制定中。(3)政府部门之间在制定政策方面的合作加强。(4)数据共享由各部门系统内部发展为跨地区、跨部门、跨层级的数据共享，并且向政企合作共享拓展，数据共享机制成为政策发展的重点。(5)数据应用在大数据时代的重要性在政策中较为突出。(6)无论是国务院还是各部门的政策均强调了实施机制，实施有了具体的进度规划。

二、公共数据共享的基本制度设计

(一)公共数据共享的分类

对公共数据共享采取的是分类管理模式。国务院办公厅《关于印发进一步深化“互联网＋政务服务”推进政务服务“一网、一门、一次”改革实施方案的通知》提出区分无条件共享、有条件共享开展工作。各地按照国家要求,普遍建立了无条件共享、有条件共享、不予共享的分类。[①]

1. 无条件共享

“政务数据资源以共享为原则,不共享为例外”。[②] 从目前的规定来看,无条件共享包括几种类型,一是基础性信息资源普遍共享,适用于具有基础性、基准性、标识性的政务数据资源。[③] 二是资源提供方明确可以无条件共享的政务数据资源。[④] 三是经有关领导机构核定应当无条件共享的政务数据资源,[⑤]该项制度设计有利于处理,比如,抗击疫情等特殊情形下的共享问题。

2. 有条件共享

《上海市政务数据资源共享管理办法》规定,数据内容敏感、只能按特定条件提供给资源需求方的政务数据资源,应当按照相关保密管理规定,列入按需共享类。《上海市公共数据和一网通办管理办法》规定,列入授权共享类的,应当说明理由,并提供相应的法律、法规、规章依据。

3. 不予共享

《江苏省政务信息资源共享管理暂行办法》规定,凡列入不予共享类的政务信息资源,必须有法律、行政法规或者党中央、国务院政策依据。《上海市政务数据资源共享管理办法》要求,列入不予共享类的,应当有法律法规、规章政策或者其他依据。《浙江省公共数据和电子政务管理办法》规定,列入非共享类公共数据范围的,应当说明理由,并提供有关法律、法规、规章依据。

---

① 提法各地略有不同,浙江称为无条件共享类、受限共享类和非共享类。《上海市公共数据和一网通办管理办法》将公共数据分为无条件共享、授权共享和非共享三类。

② 《上海市政务数据资源共享管理办法》。

③ 《上海市政务数据资源共享管理办法》。

④ 《上海市政务数据资源共享管理办法》。

⑤ 《上海市政务数据资源共享管理办法》。

(二)法定共享与协议共享

从各地立法来看,既规定了法定共享,也规定了协议共享。推进法定共享应该是大方向,但在实践中,相对灵活的协议共享也广泛存在。

1.法定共享

《上海市公共数据和一网通办管理办法》《上海市政务数据资源共享管理办法》规定,没有法律、法规、规章依据,公共管理和服务机构不得拒绝其他机构提出的共享要求。《上海市政务数据资源共享管理办法》规定,行政机构应当通过资源管理平台,主动提供普遍共享类政务数据资源的共享服务。

法定共享是公共数据共享的主要情形。公共数据共享背后的法理是实现政府数据资源的充分利用,推动作出更加科学合理的行政决策,减少行政相对人的证明提供义务。从国家文件到地方立法都规定了共享采用目录管理制度,且规定了无条件共享、有条件共享、不予共享的分类以及相应的考核。就各部门而言,共享是义务和职责。

2.协议共享

目前,深圳、上海、贵阳等地已经在政府数据开放平台上,通过“服务条款”或者“授权许可协议”的方式来规范政府数据的开放与共享;植根于行政机关内部的“数据共享协议”也已经有实践操作。① 对于协议共享,有不同的认识。比如,有学者认为现阶段的数据共享主要是供需双方签订协议进行共享,这局限于两部门之间,其他部门无法知晓,局限了数据共享的辐射范围。② 也有学者主张大范围推进协议共享,主张要用“数据共享协议”来解释或者推进公共数据的共享。

经综合研究认为,公共数据的共享仍应以法定共享为主,在特定情形下适用“协议共享”。一方面,如果以协议共享为主,那么会导致提供公共数据成为政府部门的权利,可提供也可不提供,容易导致公共数据的部门垄断。另一方面,协议共享的范围应有严格限制。一般而言,应无条件共享的基础性数据不应协议共享。涉及个人隐私、商业秘密或者国家安全的数据,就该特定的原因开展协

---

① 张亚楠:《政府数据共享:内在要义、法治壁垒及其破解之道》,载《理论探索》2019年第5期。

② 刁生富、邓凯:《公共数据资源共享的嬗变:从粗放式管理到精细化治理》,载《探求》2017年第6期。

议共享。行政机关在对公共数据的处理中，可能会产生类似知识产权的权益。对这类公共数据的共享，可以通过协议来维护资源提供方的权益。对于通过协议取得的公共数据，也应根据原协议的内容决定是否协议共享。

三、公共数据共享与智慧政府

随着技术进步和创新社会治理理念的提出，发展智慧政务成为提升政府科学管理和社会服务水平的新举措。2015 年，国务院印发《促进大数据发展行动纲要》，提出运用大数据完善社会治理、提升政府服务和监管能力是大势所趋，要求大力推动政务大数据的发展和应用。党的十九大报告指出，要加快前沿技术创新，为数字中国、智慧社会建设提供有力支撑。习近平总书记报告强调，要运用大数据提升国家治理现代化水平，实现政府决策科学化、社会治理精准化、公共服务高效化。

公共数据与提升治理能力密切相关，这既涉及公共数据的对外开放，也涉及公共数据的对内共享。从一定意义上来看，推动公共数据的对内共享是智慧政府建设的基础。

（一）依法推进全面共享①

公共数据的共享应遵循"政务数据资源以共享为原则，不共享为例外"的要求，相关立法须对不开放的数据加以明确规定。从目前来看，各地立法也遵循了该原则，比如，《上海市政务数据资源共享管理办法》就作了规定。要有效提高数据资源的应用，优化公共资源配置，从数据共享本身的角度来看，应从法治上确立两个基准：一是公共数据呈现与传统政府信息的不同，数据共享的核心是原始数据的共享。二是共享的不仅仅是公共数据本身，还应尽可能全面共享相关信息数据，即还应包括特定背景下整个数据链的共享，比如，数据相关的事实、信息以及其他知识等。从国际来看，2005 年英国颁布《公共部门信息再利用条例》，2015 年进一步修订，要求确保信息和数据可以在政府中自由流动，在政府部门间建立起连贯的信息使用方式和信息管理方法。

---

① 俞列恩、李幼芸：《政务大数据的开放与共享：条件、障碍与基本准则研究》，载《经济社会体制比较》2016 年第 3 期。

(二)依法推进协同共享

智慧政府建设要求公共数据越来越多地在不同系统、不同层级的政府和政府部门之间实时传递,因此需要建立一个数据共享与互操作的框架,以解决公共数据在各个专业系统以及不同政府之间的有效传递。尤其需要克服数据标准、保密规定、利益纠纷等诸多技术、管理问题。从客观上看,目前公共数据的跨区域、跨部门互认还存在法律制度上的障碍,这也影响了电子证照等的有效运用。一方面,跨区域互认、跨部门互认要通过国家层面的立法予以统一规范。另一方面,跨区域互认还涉及区域法治协同的问题,可以通过区域协同立法来予以克服。丹麦的做法值得借鉴,其正在推进“数字化”立法。2018 年年初,丹麦财政部成立了预备数字化立法秘书处,对各项拟制定的新法案作数字化评估,①其重要内容就是跨部门的一致性—统一概念和数据重复利用,在可能的情况下,数据应该跨部门重复利用。

(三)依法确保数据质量

智慧政府建设需要充分使用数据,数据的可解释性,数据的准确性、可靠性、可信度、可访问性、可发现性、可处理性或者完整性与数据的使用效果密切相关。数据质量是指数据在特定条件下使用时,满足现实需求和潜在需求的能力。目前,我国尽管有《标准化法》,但尚没有数据质量管理的专门立法。散见在地方立法和文件中的也多是关于行政管理的要求,比如,提出遵循“一数一源、多源校核、动态更新”②的原则,规定数据更新、数据校核和评估检查制度③以及“谁校核谁负责”④的责任分配制度。公共数据质量应满足什么样的规范要求,公共数据与普通数据的质量区别是什么,数据质量评估维度是什么,这些都需要依托规范去解决。⑤

---

① Agency for Digitisation, https://en. digst. dk/policy-and-strategy/digital-ready-legislation/secretariat-for-digital-ready-legislation/, Dec. 20. 2019.

② 国务院办公厅《关于印发进一步深化“互联网政务服务”推进政务服务“一网、一门、一次”改革实施方案的通知》。

③ 一些政策要求数据报送应有相应信息校核对账机制,以确保数据准确性以及与其他载体数据的一致性。

④ 《上海市加快推进数据治理促进公共数据应用实施方案》。

⑤ 张群、吴东亚、赵菁华:《大数据标准体系》,载《大数据》2017 年第 7 期。

第三节　公共数据的隐私保护

一、公共数据安全问题的立法现状

一是关于数据安全问题的规定散见在信息网络和国家安全相关法律中，在具体规定上没有区别公共数据与商业数据。全国人大常委会《关于加强网络信息保护的决定》规定了数据保护的基本原则。①《网络安全法》从管理网络运营者的角度去维护个人信息安全和加强信息不当传输的监管。

二是在国家层面有关"互联网＋政务服务"的文件中，导向性地从工作机制角度作了规定。(1)建立健全保密审查制度。比如，国务院《关于加快推进"互联网＋政务服务"工作的指导意见》提出建立健全保密审查制度，加大对涉及国家秘密、商业秘密、个人隐私等重要数据的保护力度。(2)定义和设置安全属性。国务院《"互联网＋政务服务"技术体系建设指南》规定，加强平台中各类公共信息、个人隐私等重要数据的安全防护，建立数据安全规范。在系统后台对每类数据的安全属性进行必要的定义和设置，详细规定数据的开放范围和开放力度，并严格执行相应的权限管理。

三是在国家部分专业领域文件中，对特定领域的公共数据安全工作提出了要求。比如，2016年国务院发布的《促进和规范健康医疗大数据应用发展的指导意见》，要求加强健康医疗数据安全保障，对涉及患者隐私、公共安全等的重要信息进行严格保护。教育部发布《全面应用全国中等职业学校学生管理信息系统和全国学生资助管理信息系统中职子系统的通知》，要求各地教育行政部门强化数据安全保障机制，特别强调要确保学生学籍和资助信息等隐私的安全。②

四是地方立法层面。(1)既有原则性规定，也作了一定制度设计。在原则性要求上，各地普遍要求共享应当按照法律、法规规定，在保护国家秘密、商业秘密和个人隐私的情况下开展。比如，《浙江省公共数据和电子政务管理办法》规定，公共管理和服务机构在通过监测、测量、录音、录像等方式产生公共数据的过程中，应当遵守保护国家秘密、商业秘密和个人隐私的相关规定。在制度设计

---

① 在刑事规范方面，规定了非法出售、非法提供、非法窃取(获取)等行为的处罚措施。

② 田维琳：《公共大数据信息安全立法的内涵、现状与依据》，载《河南社会科学》2018年第7期。

上,各地立法着重在几个方面。比如,数据使用的合目的性。规定对共享获得的公共数据,不得用于与履行职责无关的活动,不得变相用于其他目的;不得随意更改、编造共享获得的公共数据。(2)通过保密协议保护。《上海市政务数据资源共享管理办法》规定,资源需求方和资源提供方应当签订政务数据资源共享安全保密协议,按照约定方式共享数据资源。

二、公共数据与隐私保护

(一)隐私保护[①]的法律定位

隐私保护是与个人数据相联系的。所谓个人数据,是指能直接或者间接识别出特定主体,与公民权利密切相关的数据。[②] 个人数据的具体界定可分为以美国为代表的“已识别”标准和以欧盟为代表的“可识别”标准。[③] 我国对个人数据的界定采用的是“可识别”标准。[④] 2016 年 11 月 7 日,全国人大常委会颁布《网络安全法》,该法将个人数据界定为“以电子或者其他方式记录的能够单独或者与其他数据结合识别自然人个人身份的各种数据,包括但不限于自然人的姓名、出生日期、身份证件号码、个人生物识别数据、住址、电话号码等”。

在公共数据的采集利用过程中,对可以识别出个人情况的相关数据,要给予保护。从数据的法律规制来看,其强调的是数据相关权利行使上的“控制”要素。同样,在隐私保护问题上,就是要在公共数据的采集利用中,对公共管理和服务机构“数据控制权”的行使提出特别要求。

(二)隐私保护的主要方面

一是政府以及公共管理和服务机构是个人数据保护的重要主体。从国际通

---

① 也涉及商业秘密的问题,但这里主要分析个人隐私,因为个人隐私保护是世界各国在数据治理中的重要命题。

② 目前我国对隐私的理解还比较狭窄,往往是私密性信息,但现在也逐步范围扩大,与个人信息的含义逐步接近。

③ 游通:《个人数据采集制度的立法完善》,浙江大学 2018 年经济法硕士学位论文,第 14 ~ 29 页。

④ 2012 年 11 月 5 日,国家标准化管理委员会会同原国家质量监督检验检疫总局联合发布了《信息安全技术公共及商用服务信息系统个人信息保护指南》,将个人数据界定为与特定自然人相关的、能够被信息系统处理并且能够单独或者通过与其他数据结合,从而识别出特定自然人的计算机数据。2013 年 7 月 16 日,工业和信息化部发布了《电信和互联网用户个人信息保护规定》。该规定将个人数据界定为互联网信息服务提供者以及电信业务经营者在提供服务的过程中收集的用户身份证件号码、姓名、电话号码、出生日期、家庭住址、网络账号和密码等,能够单独或者通过与其他数据相结合的方式,识别出用户使用服务的时间、地点,甚至用户身份等信息的数据。

行做法来看,政府是个人数据保护法律体系中的重要适用主体。在美国,个人数据保护立法发端于对政府机构的规制。美国第一部现代意义上的个人数据保护法——1974年《隐私法》,适用于联邦政府部级以上机构收集与处理公民个人数据的活动。① 欧盟GDPR适用主体涵盖政府部门、公共机构、司法机构以及其他任何实体。2019年9月,保加利亚国家税务局因业务流程和IT系统不能满足合规要求致使公民数据泄露,被数据保护机构处以罚款。从我国来看,全国人大常委会《关于加强网络信息保护的决定》《网络安全法》《刑法》关于个人数据保护的一般要求应当适用于公共管理和服务机构。国家标准《信息安全技术—个人信息安全规范》虽不区分适用主体,且作为推荐性技术标准无强制力,但也应适用于包括政府在内的各类主体。②

二是隐私保护贯穿公共数据采集、共享乃至向社会开放的整个过程。公民享有的隐私权是基本人格权利。在公共数据采集阶段,尽管国外和我国各地立法规定,依职权采集法律、法规规定的数据,并不适用"告知同意"制度,但是并不意味着纳入公共数据以后就没有个人隐私保护的问题。在该阶段,仍要让行政相对人明白他们在获取电子政务服务的过程中,个人信息的收集、存储和使用状况等。比如,抗疫期间在注册"健康码"时,须用户点击同意政府运营管理机构制定的用户协议和隐私政策;深圳市专门编制《操作指引》,向用户告知"健康码"汇聚分析的数据类型、申诉渠道等。在公共数据的共享阶段,即便数据仅在政府与公共管理和服务机构之间流动,但也是由"控制者"转向"使用者"的过程。从国外立法来看,从"控制者"到"使用者"的过程,是个人隐私保护的重要环节,有一系列的保护措施。比如,透明原则以及目的明确、必须、最小化等。③ 从公共数据共享来看,在制度设计上,要通过分类管理、风险评估和脱敏处理机制,规避或者减轻潜在伤害,权衡公共数据价值和公众数据隐私两者之间的关

---

① 王融:《"健康码"折射政务服务数据规则》(2020年3月25日),载腾讯研究院:https://www.tisi.org/13512,最后访问日期:2020年5月30日。

② 同上。

③ 同上。

系。这些制度在地方立法中已基本确立。比如,在共享数据[1]的评估审核机制方面,《贵州省大数据发展应用促进条例》规定,实行公共数据共享开放风险评估制度。提供公共数据的单位应当按照法律法规和保密、安全管理等规定,对公共数据进行风险评估,保证共享开放数据安全。“云上贵州”管理机构应当对通过该平台共享开放的公共数据进行风险审核,发现可能存在风险时,应当及时告知提供单位;提供单位应当及时处理并予以反馈。

---

① 随着各政府机构之间共享数据的增多,2000 年美国管理与预算办公室发布的《机构间个人数据共享指南——保护个人隐私》(Guidance on Inter-Agency Sharing of Personal Data-Protecting Personal Privacy)提出了在进行机构间数据共享时保护个人隐私的原则。2002 年《电子政务法案》(E-government Act)中的隐私条款包括了隐私影响评估、政府机构网站上的隐私政策、机器可读格式的隐私政策以及机构隐私活动/负责官员的指定等。在此基础上,管理与预算办公室于 2003 年进一步发布《关于实施 2002 年电子政务法隐私条款的指南》(OMB Guidance for Implementing the Privacy Provisions of the E-Government Act of 2002),阐明隐私条款具体实施的要求。

第三编

“一网通办”的法治保障体系

第一章　政务服务信息化的现有法治保障概览

我国“互联网＋政务服务”领域立法仍处于探索阶段。国家层面尚无规定信息化背景下政务服务以及公共数据共享开放的专门法律。各地结合改革实践，陆续开展了地方立法的探索。从国家到地方，“互联网＋政务服务”的大量规定以政策文件形式出现，政策文件与立法虽然在效力和规制内容上有差异，但方向、精神仍是一致的，[①]本章一并作概述。

第一节　国家层面的法治保障情况

一、国家层面法治保障的特点

宪法确立了“努力为人民服务”的政务服务工作定位。我国虽然没有关于“互联网＋政务服务”的专门法律，但2020年年初施行的国务院《优化营商环境条例》已初步确立了“互联网＋政务服务”的基本法治要求。此外，政务公开、信息安全等领域的立法也为“互联网＋政务服务”提供了法治支撑。

① 肖金明：《为全面法治重构政策与法律关系》，载《中国行政管理》2013年第5期。

（一）优化营商环境立法确立"互联网＋政务服务"的基本制度要求

2019年10月，国务院通过了《优化营商环境条例》，这是我国保护市场主体权益、净化市场环境、优化政务服务的一部重要立法，彰显了党中央、国务院持续优化营商环境的坚定决心。《优化营商环境条例》专设一章"政务服务"，按照政务办理的流程对优化服务作出规定。"互联网＋政务服务"作为优化服务的重要组成部分，其主要内容框架得到了表述和体现。从公众参与和社会监督的角度来看，《优化营商环境条例》规定了诉求处理机制、政务服务监督、政务服务评价等内容。从转变政府职能，特别是行政审批制度改革来看，《优化营商环境条例》对地方政府提出了分类规范投资审批程序，精简审批要件，简化技术审查事项，强化项目决策与用地、规划等建设条件落实的协同，实行在线并联办理等要求。从公共数据相关法治问题来看，《优化营商环境条例》规定了政务服务平台建设、政务服务数据共享交换、电子印章和电子证照的效力等核心内容。

（二）政务公开、信息安全等立法为"互联网＋政务服务"提供了支撑

政务公开是政务服务的重要组成部分，2007年的《政府信息公开条例》明确了各级政府加强信息工作的责任。"互联网＋政务服务"是政务服务信息化的新阶段，必须遵循信息公开的相关要求。开展"互联网＋政务服务"既面临着保守国家秘密的责任，也面临着保护用户信息的责任，必须遵循网络安全的相关规定。2000年以来，全国人大常委会陆续制定了《关于维护互联网安全的决定》《网络安全法》等立法，对维护网络安全作出了系统规定。《网络安全法》对收集个人信息，提出要"遵循合法、正当、必要的原则，明示收集、使用信息的目的、方式和范围，并经被收集者同意"，这是实践中"互联网＋政府服务"的重要遵循。此外，《电子签名法》确立了电子材料的法律地位，为"互联网＋政务服务"打下了基础。《电子商务法》则在法律上较早提出了依法利用公共数据的理念。

（三）国家立法由地方立法及实践不断丰富和充实

新的实践带来了许多新问题，国家立法对这些新的领域尚未涉及。比如，国家立法规定的是政府信息的公开、用户信息的保护，在互联网、大数据背景下，电子政务面临的是"公共数据"问题，数据是否等同于信息，数据的保护利用是否等同于信息的保护利用，其法律特征亟待界定。此外，"互联网＋电子政务"作为线上服务，在办理运作的环节、行政审批的环节，都会遇到与线下不同的须细

化解决的问题,这些都要在国家立法的总体框架下,由地方立法和实践来提炼经验、丰富完善。

二、相关法律法规概览

(一)涉及政务服务的相关法律行政法规

1. 关于政务服务的宗旨

中华人民共和国成立后历次颁布的《宪法》均明确申明我国是人民民主的国家,国家的一切权力属于人民。《宪法》规定,"一切国家机关和国家工作人员必须依靠人民的支持,经常保持与人民的密切关系,倾听人民的意见和建议,接受人民的监督,努力为人民服务"。一切国家机关和工作人员都是人民的公仆,这便是共和国的立国精神和价值所在。《宪法》的规定,为政务服务中的公众参与、公众监督提供了法理基础。

2. 关于政务信息公开的要求

政府信息公开是政务服务信息化的基石,也是保障公民、法人和其他组织依法获取政府信息,提高政府工作透明度,建设法治政府,充分发挥政府信息对人民群众生产、生活和经济社会活动的服务作用的必然要求。我国于 2007 年制定了《政府信息公开条例》,并于 2019 年作了修订。

《政府信息公开条例》[①]规定,信息服务是政府政务服务的重要方面:一是规定了政府信息公开的基本程序及相关部门、人员的责任。二是明确了各级政府加强信息工作的责任。《政府信息公开条例》规定,各级政府应当加强政府信息资源的规范化、标准化、信息化管理,加强互联网政府信息公开平台建设,推进政府信息公开平台与政务服务平台融合,提高政府信息公开在线办理水平;各级政府应当加强依托政府门户网站公开政府信息的工作,利用统一的政府信息公开平台集中发布主动公开的政府信息。政府信息公开平台应当具备信息检索、查阅、下载等功能。三是规定政府信息以公开为常态,不公开为例外,并规定涉及国家秘密的信息不予公开;涉及商业秘密和个人秘密的信息不得公开,但第三方

---

① 《政府信息公开条例》第 8 条、第 24 条。

同意或者行政机关认为不公开会对公共利益造成重大影响的除外。[①]

3. 关于政务服务的基本内容

《优化营商环境条例》专设第四章“政务服务”，围绕打造公平、公开、透明、高效的政府运行体系，按照融合线上线下服务、提升政务服务水平、诉求处理与监督评价三个方面，对政务服务数据共享交换、电子印章和电子证照，政务服务事项标准化、减证便民、优化服务流程、审批服务便民化、政务服务监督和政务服务评价等内容作了规定。《优化营商环境条例》第34条规定，政府及其有关部门应当进一步增强服务意识，切实转变工作作风，为市场主体提供规范、便利、高效的政务服务。《优化营商环境条例》[②]规定了政务服务标准化，网上办理、压缩办理时间；通过政府网站、一体化在线平台集中公布涉及市场主体的法律、法规、规章、行政规范性文件和各类政策措施，并通过多种途径和方式加强宣传解读。《优化营商环境条例》[③]规定了建立政企沟通机制，受理有关营商环境的投诉和

---

① 《政府信息公开条例》规定的是“政府信息”，即行政机关在履行行政管理职能过程中制作或者获取的，以一定形式记录、保存的信息。在“一网通办”工作中，政府要提供大量信息，但基于企业、公民提交材料所形成的公共数据是否一概为政府信息，是值得研究的问题。

② 《优化营商环境条例》第35条规定，政府及其有关部门应当推进政务服务标准化，按照减环节、减材料、减时限的要求，编制并向社会公开政务服务事项（包括行政权力事项和公共服务事项，下同）标准化工作流程和办事指南，细化量化政务服务标准，压缩自由裁量权，推进同一事项实行无差别受理、同标准办理。没有法律、法规、规章依据，不得增设政务服务事项的办理条件和环节。

第36条规定，政府及其有关部门办理政务服务事项，应当根据实际情况，推行当场办结、一次办结、限时办结等制度，实现集中办理、就近办理、网上办理、异地可办。需要市场主体补正有关材料、手续的，应当一次性告知需要补正的内容；需要进行现场踏勘、现场核查、技术审查、听证论证的，应当及时安排、限时办结。

法律、法规、规章以及国家有关规定对政务服务事项办理时限有规定的，应当在规定的时限内尽快办结；没有规定的，应当按照合理、高效的原则确定办理时限并按时办结。各地区可以在国家规定的政务服务事项办理时限内进一步压减时间，并应当向社会公开；超过办理时间的，办理单位应当公开说明理由。

地方各级人民政府已设立政务服务大厅的，本行政区域内各类政务服务事项一般应当进驻政务服务大厅统一办理。对政务服务大厅中部门分设的服务窗口，应当创造条件整合为综合窗口，提供一站式服务。

第38条规定，政府及其有关部门应当通过政府网站、一体化在线平台，集中公布涉及市场主体的法律、法规、规章、行政规范性文件和各类政策措施，并通过多种途径和方式加强宣传解读。

③ 第48条规定，政府及其有关部门应当按照构建亲清新型政商关系的要求，建立畅通有效的政企沟通机制，采取多种方式及时听取市场主体的反映和诉求，了解市场主体生产经营中遇到的困难和问题，并依法帮助其解决。

建立政企沟通机制，应当充分尊重市场主体意愿，增强针对性和有效性，不得干扰市场主体正常生产经营活动，不得增加市场主体负担。

第49条规定，政府及其有关部门应当建立便利、畅通的渠道，受理有关营商环境的投诉和举报。

举报，基本确定了电子政务条件下政务服务的基本要求。

（二）涉及行政审批的相关法律行政法规

1. 关于统一、联合、集中办理行政许可事项

全国人大常委会2003年通过了《行政许可法》，并于2019年作了修改，这是行政法治领域的基础性法律。《行政许可法》对行政许可的设定、行政许可权的行使及相应救济作了全面规定。《行政许可法》第26条规定，“行政许可需要行政机关内设的多个机构办理的，该行政机关应当确定一个机构统一受理行政许可申请，统一送达行政许可决定。行政许可依法由地方人民政府两个以上部门分别实施的，本级人民政府可以确定一个部门受理行政许可申请并转告有关部门分别提出意见后统一办理，或者组织有关部门联合办理、集中办理”。应当说，这条规定确认了统一、联合、集中办理行政许可事项的合法性，是“放管服”改革的前提和基础。

2. 关于行政审批制度改革事项

《优化营商环境条例》[①]在第四章政务服务中，规定了严格控制新设行政许

---

① 《优化营商环境条例》第39条规定，国家严格控制新设行政许可。新设行政许可应当按照行政许可法和国务院的规定严格设定标准，并进行合法性、必要性和合理性审查论证。对通过事中事后监管或者市场机制能够解决以及行政许可法和国务院规定不得设立行政许可的事项，一律不得设立行政许可，严禁以备案、登记、注册、目录、规划、年检、年报、监制、认定、认证、审定以及其他任何形式变相设定或者实施行政许可。

法律、行政法规和国务院决定对相关管理事项已作出规定，但未采取行政许可管理方式的，地方不得就该事项设定行政许可。对相关管理事项尚未制定法律、行政法规的，地方可以依法就该事项设定行政许可。

第40条规定，国家实行行政许可清单管理制度，适时调整行政许可清单并向社会公布，清单之外不得违法实施行政许可。

国家大力精简已有行政许可。对已取消的行政许可，行政机关不得继续实施或者变相实施，不得转由行业协会商会或者其他组织实施。

对实行行政许可管理的事项，行政机关应当通过整合实施、下放审批层级等多种方式，优化审批服务，提高审批效率，减轻市场主体负担。符合相关条件和要求的，可以按照有关规定采取告知承诺的方式办理。

第41条规定，县级以上地方人民政府应当深化投资审批制度改革，根据项目性质、投资规模等分类规范投资审批程序，精简审批要件，简化技术审查事项，强化项目决策与用地、规划等建设条件落实的协同，实行与相关审批在线并联办理。

第42条规定，设区的市级以上地方人民政府应当按照国家有关规定，优化工程建设项目（不包括特殊工程和交通、水利、能源等领域的重大工程）审批流程，推行并联审批、多图联审、联合竣工验收等方式，简化审批手续，提高审批效能。

在依法设立的开发区、新区和其他有条件的区域，按照国家有关规定推行区域评估，由设区的市级以上地方人民政府组织对一定区域内压覆重要矿产资源、地质灾害危险性等事项进行统一评估，不再对区域内的市场主体单独提出评估要求。区域评估的费用不得由市场主体承担。

可，实行行政许可清单管理制度，开展投资审批制度改革，优化工程建设项目审批流程。《优化营商环境条例》第三章[①]对商事制度改革、“证照分离”改革，实行全国统一的市场准入负面清单制度，持续精简涉企经营许可事项；依法采取直接取消审批、审批改为备案、实行告知承诺、优化审批服务等方式，对所有涉企经营许可事项进行分类管理等作了规定。《优化营商环境条例》基本体现了我国行政审批制度改革的要求。

（三）涉及公共数据采集运用的相关法律行政法规

1. 关于政务服务事项“一网通办”

《优化营商环境条例》[②]对建设全国一体化在线政务服务平台，推动政务服务事项在全国范围内实现“一网通办”作了规定；对推动政务信息系统整合，优化政务流程，促进政务服务跨地区、跨部门、跨层级数据共享和业务协同，加强共享数据使用全过程管理，确保共享数据安全作了规定；对国家建立电子证照共享服务系统，实现电子证照跨地区、跨部门共享和全国范围内互信互认，各地区、各

---

① 《优化营商环境条例》第19条规定，国家持续深化商事制度改革，统一企业登记业务规范，统一数据标准和平台服务接口，采用统一社会信用代码进行登记管理。

国家推进“证照分离”改革，持续精简涉企经营许可事项，依法采取直接取消审批、审批改为备案、实行告知承诺、优化审批服务等方式，对所有涉企经营许可事项进行分类管理，为企业取得营业执照后开展相关经营活动提供便利。除法律、行政法规规定的特定领域外，涉企经营许可事项不得作为企业登记的前置条件。

政府有关部门应当按照国家有关规定，简化企业从申请设立到具备一般性经营条件所需办理的手续。在国家规定的企业开办时限内，各地区应当确定并公开具体办理时间。

企业申请办理住所等相关变更登记的，有关部门应当依法及时办理，不得限制。除法律、法规、规章另有规定外，企业迁移后其持有的有效许可证件不再重复办理。

第20条规定，国家持续放宽市场准入，并实行全国统一的市场准入负面清单制度。市场准入负面清单以外的领域，各类市场主体均可以依法平等进入。

各地区、各部门不得另行制定市场准入性质的负面清单。

② 第37条规定，国家加快建设全国一体化在线政务服务平台（以下简称一体化在线平台），推动政务服务事项在全国范围内实现“一网通办”。除法律、法规另有规定或者涉及国家秘密等情形外，政务服务事项应当按照国务院确定的步骤，纳入一体化在线平台办理。

国家依托一体化在线平台，推动政务信息系统整合，优化政务流程，促进政务服务跨地区、跨部门、跨层级数据共享和业务协同。政府及其有关部门应当按照国家有关规定，提供数据共享服务，及时将有关政务服务数据上传至一体化在线平台，加强共享数据使用全过程管理，确保共享数据安全。

国家建立电子证照共享服务系统，实现电子证照跨地区、跨部门共享和全国范围内互信互认。各地区、各部门应当加强电子证照的推广应用。

各地区、各部门应当推动政务服务大厅与政务服务平台全面对接融合。市场主体有权自主选择政务服务办理渠道，行政机关不得限定办理渠道。

部门应当加强电子证照的推广应用作了规定；对线上线下对接融合作了规定。

2. 关于电子证照的效力

全国人大常委会2004年8月通过了《电子签名法》，并于2019年4月作了修改。《电子签名法》是推进信息化和依法行政的重要基础。《电子签名法》规范了电子签名行为，确立电子签名的法律效力，明确了认证机构的法律地位及认证程序，规定了电子签名的安全保障措施，明确了电子认证服务行政许可的实施机关。

3. 关于信息网络安全

全国人大常委会2016年11月通过了《网络安全法》，从网络运行安全的角度对运营者提出了各项要求。在第四章网络信息安全[①]中，对用户信息的保密作出规定，提出收集、使用个人信息，应当遵循合法、正当、必要的原则，要求公开收集、使用规则，明示收集、使用信息的目的、方式和范围，并经被收集者同意。网络运营者不得收集与其提供的服务无关的个人信息。《网络安全法》规定，网络运营者不得泄露、篡改、毁损其收集的个人信息；未经被收集者同意，不得向他

---

① 《网络安全法》第40条规定，网络运营者应当对其收集的用户信息严格保密，并建立健全用户信息保护制度。

第41条规定，网络运营者收集、使用个人信息，应当遵循合法、正当、必要的原则，公开收集、使用规则，明示收集、使用信息的目的、方式和范围，并经被收集者同意。

网络运营者不得收集与其提供的服务无关的个人信息，不得违反法律、行政法规的规定和双方的约定收集、使用个人信息，并应当依照法律、行政法规的规定和与用户的约定，处理其保存的个人信息。

第42条规定，网络运营者不得泄露、篡改、毁损其收集的个人信息；未经被收集者同意，不得向他人提供个人信息。但是，经过处理无法识别特定个人且不能复原的除外。

网络运营者应当采取技术措施和其他必要措施，确保其收集的个人信息安全，防止信息泄露、毁损、丢失。在发生或者可能发生个人信息泄露、毁损、丢失的情况时，应当立即采取补救措施，按照规定及时告知用户并向有关主管部门报告。

第43条规定，个人发现网络运营者违反法律、行政法规的规定或者双方的约定收集、使用其个人信息的，有权要求网络运营者删除其个人信息；发现网络运营者收集、存储的其个人信息有错误的，有权要求网络运营者予以更正。网络运营者应当采取措施予以删除或者更正。

第44条规定，任何个人和组织不得窃取或者以其他非法方式获取个人信息，不得非法出售或者非法向他人提供个人信息。

第45条规定，依法负有网络安全监督管理职责的部门及其工作人员，必须对在履行职责中知悉的个人信息、隐私和商业秘密严格保密，不得泄露、出售或者非法向他人提供。

第47条规定，网络运营者应当加强对其用户发布的信息的管理，发现法律、行政法规禁止发布或者传输的信息的，应当立即停止传输该信息，采取消除等处置措施，防止信息扩散，保存有关记录，并向有关主管部门报告。

人提供个人信息。但是,经过处理无法识别特定个人且不能复原的除外。①

4. 关于个人隐私的保护

2012 年 12 月,全国人大常委会通过《关于加强网络信息保护的决定》,以保护公民、法人以及其他组织的信息安全,创造良好的网络环境。该决定明确,所保护的个人信息范围包括两个方面:一是可以被识别的公民个人身份信息;二是涉及个人隐私的电子信息。收集、使用公民个人电子信息,应当遵循合法、正当、必要的原则,明示收集、使用信息的目的、方式和范围,并经被收集者同意,不得违反法律、法规的规定和双方的约定收集、使用信息。网络服务提供者和其他企业事业单位收集、使用公民个人电子信息,应当公开其收集、使用规则。该决定在对个人信息的保护上迈进了重要一步,不但从法律上明确国家对公民个人信息的保护范围,还规定了网络运营商对个人信息安全所应尽的责任和义务,以及相关行政部门的监督职责。②

5. 关于公共数据的社会化应用

2018 年 8 月,全国人大常委会通过了《电子商务法》。该法虽不直接涉及“一网通办”的内容,但其涉及了公共数据的社会化应用问题。《电子商务法》规

---

① 关于信息的保护,《统计法》等也有相应的规定,统计调查中获得的能够识别或者推断单个统计调查对象身份的资料,任何单位和个人不得对外提供、泄露,不得用于统计以外的目的。

② 《关于加强网络信息保护的决定》规定:“……三、网络服务提供者和其他企业事业单位及其工作人员对在业务活动中收集的公民个人电子信息必须严格保密,不得泄露、篡改、毁损,不得出售或者非法向他人提供。四、网络服务提供者和其他企业事业单位应当采取技术措施和其他必要措施,确保信息安全,防止在业务活动中收集的公民个人电子信息泄露、毁损、丢失。在发生或者可能发生信息泄露、毁损、丢失的情况时,应当立即采取补救措施。五、网络服务提供者应当加强对其用户发布的信息的管理,发现法律、法规禁止发布或者传输的信息的,应当立即停止传输该信息,采取消除等处置措施,保存有关记录,并向有关主管部门报告。……八、公民发现泄露个人身份、散布个人隐私等侵害其合法权益的网络信息,或者受到商业性电子信息侵扰的,有权要求网络服务提供者删除有关信息或者采取其他必要措施予以制止……九、任何组织和个人对窃取或者以其他非法方式获取、出售或者非法向他人提供公民个人电子信息的违法犯罪行为以及其他网络信息违法犯罪行为,有权向有关主管部门举报、控告;接到举报、控告的部门应当依法及时处理。被侵权人可以依法提起诉讼。十、有关主管部门应当在各自职权范围内依法履行职责,采取技术措施和其他必要措施,防范、制止和查处窃取或者以其他非法方式获取、出售或者非法向他人提供公民个人电子信息的违法犯罪行为以及其他网络信息违法犯罪行为。有关主管部门依法履行职责时,网络服务提供者应当予以配合,提供技术支持。国家机关及其工作人员对在履行职责中知悉的公民个人电子信息应当予以保密,不得泄露、篡改、毁损,不得出售或者非法向他人提供。十一、对有违反本决定行为的,依法给予警告、罚款、没收违法所得、吊销许可证或者取消备案、关闭网站、禁止有关责任人员从事网络服务业务等处罚,记入社会信用档案并予以公布;构成违反治安管理行为的,依法给予治安管理处罚。构成犯罪的,依法追究刑事责任。侵害他人民事权益的,依法承担民事责任……”

定，[①]国家采取措施推动建立公共数据共享机制，促进电子商务经营者依法利用公共数据。

三、相关政策文件概览

作为一项系统性工作，近年来，国务院层面围绕“互联网 + 政务服务”制定了系列政策以从宏观和全局作出相应指导和部署。

（一）在“互联网 + 政务服务”方面

2015 年 7 月 4 日，国务院发布《关于积极推进“互联网 + ”行动的指导意见》为加快推动互联网与各领域深入融合和创新发展，充分发挥“互联网 + ”对稳增长、促改革、调结构、惠民生、防风险的重要作用，对积极推进“互联网 + ”行动提出总体性意见。2016 年 9 月 29 日，国务院发布《关于加快推进“互联网 + 政务服务”工作的指导意见》，2018 年 6 月 22 日，国务院办公厅发布《进一步深化“互联网 + 政务服务”推进政务服务“一网、一门、一次”改革实施方案》，2019 年 4 月 30 日，国务院发布《国务院关于在线政务服务的若干规定》；这些文件明确了一体化在线平台建设的目标要求和总体架构、一体化在线平台建设管理的推进机制，明确了政务服务原则上应在线办理以及政务服务事项办理的基本要求，明确了电子签名、电子印章、电子证照、电子档案的法律效力。这些政策性文件促进和保障了一体化在线平台建设，推进了政务服务的标准化、规范化程度，对加强全国一体化的“互联网 + 政务服务”技术和服务体系整体设计，不断提升各地区各部门网上政务服务水平具有重要的指导性意义。

（二）在行政审批制度改革方面

2017 年，国务院办公厅发布《关于加快推进“多证合一”改革的指导意见》，要求坚持优化政务服务与推进“互联网 + ”相结合，优化审批流程，提高审批效率，提升透明度和可预期性。要求各地区加快一体化网上政务服务平台建设，打造“互联网 + ”模式下方便快捷、公平普惠、优质高效的政务服务体系。推进各类涉企证照事项线上并联审批，优化线上、线下办事流程，简化办事手续，减少办事环节，降低办事成本，实现“一网通办、一窗核发”。该文件要求坚持互联互通与数据共享相结合，大力推进信息共享，能向社会公开的尽量公开，打通信息孤岛。要求各地

---

① 《电子商务法》第 69 条。

区加快制定政府数据资源共享目录体系和管理办法，打破部门和行业信息壁垒。从严控制个性化信息采集，凡是能通过信息共享获取的信息和前序流程已收取的材料，不得要求企业和群众重复提交；凡是能通过网络核验的信息，不得要求其他单位和申请人重复提交；凡是应由行政机关及相关机构调查核实的信息，由部门自行核实，实现相同信息“一次采集、一档管理”，避免让企业重复登记、重复提交材料。

（三）在数据共享以及信息安全方面

“互联网＋政务服务”以各行政管理部门的数据资源共享为前提，数据流转、共享过程中的信息安全保护也至关重要。2017年5月18日，国务院办公厅发布《政务信息系统整合共享实施方案》，要求实现国务院各部门整合后的政务信息系统接入国家数据共享交换平台，各地区结合实际统筹推进本地区政务信息系统整合共享工作，初步实现国务院部门和地方政府信息系统互联互通。要求加强信息共享审计、监督和评价，推动政务信息化建设模式优化，政务数据共享和开放在重点领域取得突破性进展。2018年11月9日，国务院办公厅发布《关于印发〈政府网站集约化试点工作方案〉的通知》，要求打通信息壁垒、推进集约共享，提升政府网站管理和服务水平，努力建设整体联动、高效惠民的网上政府。①

第二节　各地相关领域的法治保障情况

一、地方层面的法治保障特点

1.“互联网＋政务服务”呈现多种立法形式

第一类是规定在电子政务相关地方性法规、规章中，一般来说，其制定时间

① 技术平台建设和体系支持是“互联网＋政务服务”发展的基石，只有基础平台和技术保障体系完善，“互联网＋政务服务”才有推进的可能，国家出台了多项政策，支持技术平台的建设。

2016年12月20日，国务院办公厅关于印发了《“互联网＋政务服务”技术体系建设指南》的通知，规定围绕构建统一、规范、多级联动的“互联网＋政务服务”技术体系，以服务驱动和技术支撑为主线，重点建设“互联网＋政务服务”业务支撑体系、基础平台体系、关键保障技术体系、评价考核体系四个方面内容。

2017年11月26日，中共中央办公厅、国务院办公厅印发了《推进互联网协议第六版（IPv6）规模部署行动计划》，要求初步完成国家电子政务外网改造，完成中央部委、省级政府门户网站改造。新建电子政务系统、信息化系统及服务平台全面支持IPv6。在社会治理、公共安全视频监控、安全生产、健康医疗、教育、社保等领域的系统建设中采用IPv6技术，加快推进信息惠民。

2018年7月23日，国务院办公厅发布关于《加快推进全国一体化在线政务服务平台建设的指导意见》，为强化顶层设计、强化整体联动、强化规范管理，加快建设全国一体化在线政务服务平台提出了意见。这些政策文件在技术规范和平台建设层面保障了“互联网＋政务服务”的顺利推进。

较早，比如，2004 年通过的《天津市电子政务管理办法》，2006 年通过的《云南省电子政务管理办法》。2015 年左右也集中出台了一批地方立法，比如，《福建省电子政务建设和应用管理办法》等。第二类是政府规章专门立法，以贵阳为代表，2017～2018 年集中制定了一批。第三类是随着近年来优化营商环境工作，在相关综合性立法中有所体现，其代表是《浙江省保障"最多跑一次"改革规定》《上海市优化营商环境条例》《广东省人大常委会关于大力推进法治化营商环境建设的决定》等。

2. "互联网＋政务服务"政府专门立法初见雏形

多地立足实践，围绕"互联网＋政务服务"的重要环节，开展积极探索，专门立法已见雏形，但其主要形式是政府规章。贵阳市在 2017～2018 年就抓住政府数据资源管理、共享开放以及大数据安全管理等核心环节，出台了《贵阳市政府数据资源管理办法》《贵阳市政府数据共享开放条例》《贵阳市大数据安全管理条例》，基本涵盖了"互联网＋政务服务"的完整工作流程。2017 年的《浙江省公共数据和电子政务管理办法》，提出了公共数据的定义，明确公共数据的共享和开放采取目录管理，明确了数据开放的审核机制，为实践操作提出了创新性的遵循。2018 年，上海出台了《上海市公共数据和一网通办管理办法》。应当说，相较于国家立法的纲领性，地方立法回应了实务上的可操作性需求，依据法理开展了有益探索。

3. "互联网＋政务服务"仍有待不断探索

一方面，对于公共数据，地方立法虽已作出界定，并对其共享开放作出规定，但其丰富的法理内涵仍有待深入挖掘。另一方面，从现有省市立法来看，地方立法中的第一类电子政务立法、第二类专门立法，相对而言，都是从行政机关的角度来规范的。在第三类优化营商环境相关综合性立法中，"互联网＋政务服务"只是其一个组成部分。就地方立法而言，还缺少从"互联网＋政务服务"本身出发，涵盖政府数据管理服务、行政审批等治理变革以及社会参与监督的专门立法。

二、相关地方性法规规章概览

（一）涉及政务服务的有关规定

1. 对电子政务作出界定

电子政务的要素包括：运用信息技术与网络技术，优化组织结构和内部管理，为社会提供透明、高效服务。比如，《浙江省公共数据和电子政务管理办法》规定，电子政务，是指各级行政机关运用信息技术与网络技术，优化内部管理，并向社会提供优质、高效、透明的公共管理和服务的活动。《天津市电子政务管理办法》规定，电子政务，是指行政机关应用信息与网络技术，将管理和服务集成，实现组织结构和工作环境的优化，向社会提供规范、透明、高效、便捷的公共管理与服务的活动。《云南省电子政务管理办法》规定，电子政务，是指各机关应用信息与网络技术，发布信息、办理业务、处理公文等管理和服务活动。《汕头经济特区电子政务建设管理办法》规定，电子政务项目，是指具备行政管理和公共服务职能的单位运用计算机通信和信息管理技术，提供行政管理和公共服务的项目，主要包括工程类、设备类、软件类和服务类等类型。

2. 将“互联网＋政务服务”贯穿整个业务办理过程

一是在办理途径方面。《浙江省保障“最多跑一次”改革规定》规定，申请人可以以线上或者线下方式提出办事申请。《浙江省公共数据和电子政务管理办法》规定，①在办理公民、法人和其他组织的申请事项时，除法律、法规规定必须以纸质或者本人到场等形式提出申请外，应当接受能够识别身份的以电子方式提出的申请；各级行政机关接受电子方式提出申请的，不得同时要求公民、法人和其他组织履行纸质或者其他形式的双重义务，法律、法规另有规定的除外。《上海市优化营商环境条例》规定，本市政务服务事项全部纳入“一网通办”平台办理，但法律、法规另有规定或者涉及国家秘密、公共安全等情形的除外。市场主体可以通过“一网通办”平台办理政务服务，并可以通过企业专属网页获得精准化政务服务。市场主体可以自主选择政务服务办理渠道，相关部门不得限定办理渠道。

二是在材料提供方面。《浙江省保障“最多跑一次”改革规定》第7条明确，行政机关、综合行政服务机构能够通过公共数据平台提取的材料，不再要求申请人提供，但可以要求申请人予以确认；申请人认为通过公共数据平台提取的材料与实际不符的，以申请人提供的材料作为申请材料。《浙江省公共数据和电子

---

① 《浙江省公共数据和电子政务管理办法》第30条规定，各级行政机关在办理公民、法人和其他组织的申请事项时，除法律、法规规定必须以纸质或者本人到场等形式提出申请外，应当接受能够识别身份的以电子方式提出的申请；各级行政机关应当公告电子方式申请的具体程序和要求。

各级行政机关接受电子方式提出申请的，不得同时要求公民、法人和其他组织履行纸质或者其他形式的双重义务，法律、法规另有规定的除外。

政务管理办法》第32条规定,各级行政机关在办理公民、法人和其他组织的申请事项时,可以通过公共数据平台提取、确认证明文件的,不再另行要求申请人提供内容相同的证明文件。《贵州省大数据发展应用促进条例》第17条、第28条规定,通过公共平台可以获得的共享数据,公共机构不得向相关单位和个人重复采集,上级部门和单位不得要求下级部门和单位重复上报,法律、法规另有规定的除外。通过共享开放获取的公共数据,与纸质文书原件具有同等效力。《上海市优化营商环境条例》规定,已在线收取规范化电子材料的,不得要求申请人再提供纸质材料。

三是在材料核实方面。《浙江省保障"最多跑一次"改革规定》第8条明确,行政机关、综合行政服务机构可以通过公共数据平台核验线上申请材料真实性的,不再要求申请人提交原件核验。

四是在签章方面。《浙江省保障"最多跑一次"改革规定》第10条明确,应当使用省人民政府电子印章系统或者经审核评估达到要求的电子签章系统进行电子签名。《上海市优化营商环境条例》规定,建立健全电子证照归集和应用机制,申请人在申请办理有关事项时,可以通过市电子证照库出示业务办理所需要的电子证照。建立统一的电子印章系统,各部门已经建立电子印章系统的,应当实现互认互通,企业电子印章与企业电子营业执照同步免费发放。企业办理政务服务事项,使用符合法律规定条件的可靠的电子签名。

五是在凭证出具方面。《浙江省保障"最多跑一次"改革规定》第13条明确,出具受理、先予受理、撤销受理或者不予受理凭证的,可以采用加盖委托机关电子印章的数据电文形式推送给申请人。这体现了"最多跑一次"的改革要求,即减少办事环节、整合办事材料、缩短办事时限、减免办事费用,优化办事流程,提高办事效率。

3. 明确接受社会监督

《浙江省保障"最多跑一次"改革规定》①明确,依托浙江政务服务网建立统

---

① 《浙江省保障"最多跑一次"改革规定》第42条规定:设区的市、县(市、区)人民政府应当依托浙江政务服务网建立统一平台负责受理各类政务咨询和投诉、举报,统一受理电话号码、网站等信息应当向社会公布。

自然人、法人和非法人组织有权通过统一受理电话号码、网站等途径对行政机关、综合行政服务机构及其工作人员不按照"最多跑一次"改革要求履行职责的行为进行投诉、举报。

一平台负责受理各类政务咨询和投诉、举报，统一受理电话号码、网站等信息应当向社会公布。《上海市优化营商环境条例》规定，各区、各部门应当加强窗口服务力量配置和窗口工作人员业务培训。服务窗口应当按照政府效能建设管理规定，综合运用效能评估、监督检查、效能问责等手段，提高服务质量和效能。

4. 保护国家秘密、商业秘密和个人隐私

《浙江省公共数据和电子政务管理办法》第27～28条规定，公共管理和服务机构应当按照法律、法规规定，管理、使用与开发公共数据，保护国家秘密、商业秘密和个人隐私；管理、使用和开发经同意后采集以及采用协商等方式获得的公共数据的，还应当履行约定的义务。该法第21条规定，公共管理和服务机构通过共享获得的公共数据，应当用于本机构履行职责需要，不得用于其他任何目的。《上海市公共数据和一网通办管理办法》规定，公共管理和服务机构采集、共享和开放公共数据，不得损害被采集人的商业秘密、个人隐私等合法权益。

（二）涉及政府治理的有关规定

1. 将“互联网＋政务服务”作为行政审批制度改革的重要内容

《浙江省保障“最多跑一次”改革规定》在第三章商事登记①中明确，商事登记实行多证合一、一照一码、证照分离、证照联办制度，推行全程电子化登记。其第四章企业投资项目②规定，除涉及国家秘密的项目外，企业通过浙江政务服务网投资项目在线审批监管平台申请办理项目核准、备案，取得项目代码，并通过在线平台填报有关基本信息；规定了信息的共享机制，即投资主管部门以及依法对项目负有监督管理职责的其他部门，应当建立项目信息共享机制，通过在线平台实现信息共享。《广东省人大常委会关于大力推进法治化营商环境建设的决定》第三部分对“依法推进‘放管服’改革，全面提升优化营商环境的政务服务效能”作出规定，明确要推动优化再造政务服务流程，推进电子政务、行政审批和服务标准化建设，简化办事流程、压缩办理时限，提高行政效率和协同办公水平。支持拓展粤省事移动政务平台服务范围，推进网上审批和服务，加快实现一网通办、异地可办，确须到现场办理的要实现“一窗受理、限时办结”“最多跑一次”。《上海市优化营商环境条例》规定，对行政许可事项实施清单管理制度，并规定

① 《浙江省保障“最多跑一次”改革规定》第16条。
② 《浙江省保障“最多跑一次”改革规定》第21条。

了行政审批告知承诺制度、证照分离以及一业一证审批模式改革等内容。

2. 将“互联网 + 政务服务”与综合监管相结合

《浙江省保障“最多跑一次”改革规定》①明确，省口岸主管部门负责推进国际贸易“单一窗口”建设，建立跨部门的综合管理服务平台，申请人可以通过综合管理服务平台一次性递交监管部门需要的标准化电子信息，监管部门通过平台反馈处理结果。

（三）涉及政务数据方面

1. 关于公共数据和电子政务的规划与建设

《浙江省公共数据和电子政务管理办法》《上海市公共数据和一网通办管理办法》对公共数据和电子政务的规划与建设、管理与应用、安全与保障等活动作出规定。《广东省人大常委会关于大力推进法治化营商环境建设的决定》第三部分“依法推进‘放管服’改革，全面提升优化营商环境的政务服务效能”作出规定，支持政府创新管理服务模式，加快数字政府建设，完善一体化在线政务服务平台，构建“互联网 + 政务服务”体系。

2. 关于公共数据的定义和管理

《浙江省公共数据和电子政务管理办法》规定，公共数据，是指各级行政机关以及具有公共管理和服务职能的事业单位，在依法履行职责过程中获得的各类数据资源。②《上海市公共数据和一网通办管理办法》③规定，本办法所称公共数据，是指本市各级行政机关以及履行公共管理和服务职能的事业单位在依法履职过程中，采集和产生的各类数据资源。两地都明确，公共数据实行统一目录管理，明确了公共数据的范围、数据提供单位、共享开放属性等内容。

《贵阳市政府数据资源管理办法》对政府数据作了规定，即政府数据是指行政机关在履行职责过程中制作或者获取的，以一定形式记录、保存的文件、资料、图表等各类数据资源，包括行政机关直接或者通过第三方依法采集、依法授权管理和因履行职责需要依托政务信息系统形成的数据资源等。《贵阳市政府数据

---

① 《浙江省保障“最多跑一次”改革规定》第 41 条。

② 《浙江省公共数据和电子政务管理办法》第 2 条规定，同时规定了电子政务的定义，即本办法所称电子政务是指各级行政机关运用信息技术与网络技术，优化内部管理，并向社会提供优质、高效、透明的公共管理和服务的活动。

③ 《上海市公共数据和一网通办管理办法》第 3 条。

资源管理办法》规定了资源的目录管理制度,政府数据目录[①]包括政府数据资源目录、共享目录和开放目录,规定了目录的动态维护。行政机关应当对本机关编制的政府数据资源目录、共享目录、开放目录和政府数据进行动态维护管理。[②]《贵阳市政府数据资源管理办法》规定了使用人的异议权以及政府的更正。[③] 即政府数据使用方对数据目录和获取的数据有疑义或者发现有错误的,应当及时通过共享平台或者开放平台反馈政府数据提供机关予以校核。

3. 关于公共数据的取得

《浙江省公共数据和电子政务管理办法》[④]规定了公共数据的取得方式,依法取得、在履行公共管理和服务职责中产生、在履行公共管理和服务职责中协商产生。[⑤] 规定了采集应遵循合法、必要、适度原则,需要采集法律、法规未作规定的数据的,应当取得被采集对象的同意。可以通过共享方式获得公共数据的,不

---

① 《贵阳市政府数据资源管理办法》第9条规定,政府数据目录包括政府数据资源目录、共享目录和开放目录。

行政机关应当按照国家政务信息资源目录编制要求和贵州省政务数据资源目录编制要求以及相关标准,在其职责范围内梳理本机关所掌握的政府数据资源,明确数据的元数据、来源业务、类别、共享开放属性、级别、使用要求、更新周期等内容,及时编制本机关政府数据资源目录、共享目录和开放目录。

② 第13条规定,行政机关应当对本机关编制的政府数据资源目录、共享目录、开放目录和政府数据进行动态维护管理,每年至少开展一次全面维护,确保数据真实、准确、完整和及时。

因法律、法规修改或者行政管理职能发生变化等因素涉及政府数据资源目录、共享目录、开放目录和政府数据调整的,相关行政机关应当在情形发生之日起10个工作日内更新。

因政治、经济、文化、社会和生态文明等情况涉及政府数据发生变化,需要调整政府数据资源目录、共享目录、开放目录和政府数据的,相关行政机关应当在情形发生之日起5个工作日内更新。

③ 第14条规定,政府数据使用方对政府数据目录和获取的政府数据有疑义或者发现有错误的,应当及时通过共享平台或者开放平台反馈政府数据提供机关予以校核。

政府数据提供机关应当自收到校核信息之日起5个工作日内完成校核,进行相应处理,并反馈政府数据使用方。校核期间,有关行政机关办理业务涉及公民、法人或者其他组织已提供合法有效证明材料的,应当照常办理,不得拒绝、推诿或者要求当事人办理数据更正手续。

④ 《浙江省公共数据和电子政务管理办法》第17条规定,公共数据可以通过下列方式获得:

(1)依照法律、法规规定采集有关数据;

(2)因履行公共管理和服务职责需要,通过监测、测量、录音、录像等方式产生有关数据;

(3)因履行公共管理和服务职责需要,通过协商等方式向公民、法人和其他组织获取有关数据。

⑤ 第18条规定,公共管理和服务机构应当遵循合法、必要、适度原则,按照法定范围和程序,采集公民、法人和其他组织的数据信息;被采集对象应当配合。

公共管理和服务机构因履行公共管理和服务职责,需要采集法律、法规未作规定的数据的,应当取得被采集对象的同意;被采集对象拒绝的,公共管理和服务机构不得采集,并不得因此拒绝履行有关公共管理和服务职责。

公共管理和服务机构可以通过共享方式获得公共数据的,不得违反规定通过其他方式重复采集。

得违反规定通过其他方式重复采集。

《上海市公共数据和一网通办管理办法》[①]规定，公共管理和服务机构在法定职责范围内，可以直接采集、委托第三方机构采集，或者通过与自然人、法人和非法人组织协商的方式，采集相关公共数据。在公共数据资源目录的范围内采集公共数据，要确保数据采集的准确性、完整性、时效性。应当按照一数一源、一源多用的要求，实现全市公共数据的一次采集、共享使用。

《贵阳市政府数据资源管理办法》对政府数据的采集作了规定：[②]一是采集要依据职权规范地开展。行政机关应当根据本机关履行职责的需要，依法采集政府数据，明确采集数据的目的、范围、方式、格式和流程，并附数据采集格式样本，确定采集数据的共享开放属性、类别和级别。行政机关采集政府数据不得侵害被采集对象的合法权益。二是采集的标识。行政机关采集政府数据，涉及公民个人数据的，以本人居民身份证号码作为标识进行采集，涉及法人和其他组织数据的，以统一社会信用代码作为标识进行采集。三是不重复采集。行政机关采集政府数据应当遵循“一数一源、一源多用”的原则，可以通过共享平台获取或者确认的政府数据，不得重复采集、多头采集。

4. 关于公共数据共享

《浙江省保障“最多跑一次”改革规定》设了专章第六章，其规定，推动政府数字化转型，[③]归档组织建设数据信息资源库，开展公共数据和电子文档的归档登记工作；[④]对行政机关之间的公共数据共享、[⑤]各级政府“一窗受理”平台建设

① 《上海市公共数据和一网通办管理办法》第 18 条、第 19 条。

② 《贵阳市政府数据资源管理办法》第 16 条、第 17 条、第 18 条。

③ 《浙江省保障“最多跑一次”改革规定》第 37 条规定：省人民政府应当组织有关部门加强公共数据平台标准化建设，制定数据汇集、数据平台、数据安全、大数据应用等标准，构建跨部门、跨层级、跨领域的标准模型，推动政府数字化转型。

④ 第 38 条规定：省公共数据工作机构负责归集、整合公共数据，组织建设人口、法人单位、自然资源和空间地理、宏观经济、公共信用信息等综合数据信息资源库。

行政机关应当按照国家和省有关规定对公共数据和电子文件进行归档和登记备份。

⑤ 第 39 条规定：除法律、行政法规另有规定的外，同级行政机关和上下级行政机关之间应当共享公共数据，公共数据共享权限按照国家和省有关规定执行。

行政机关应当确保共享获得的公共数据安全，不得用于与履行职责无关的活动，不得随意更改、编造共享获得的公共数据。

以及联通[①]提出了要求；对推进国际贸易“单一窗口”建设，建立跨部门的综合管理服务平台作出规定。《浙江省公共数据和电子政务管理办法》[②]规定，公共管理和服务机构之间无偿共享公共数据。该办法明确，[③]数据按照共享属性分为无条件共享类、受限共享类和非共享类。列入受限共享类和非共享类公共数据范围的，应当说明理由，并提供有关法律、法规、规章依据。要求使用受限共享类公共数据的，由同级公共数据和电子政务工作机构会同提供公共数据的机构进行审核；审核同意的，开通相应访问权限。受限共享类和非共享类公共数据可以经脱敏等处理后向公共管理和服务机构提供，法律、法规另有规定的除外。

《贵阳市政府数据共享开放条例》[④]将政府数据共享分为无条件共享、有条件共享。无条件共享的政府数据，应当提供给所有行政机关共享使用；有条件共享的政府数据，仅提供给相关行政机关或者部分行政机关共享使用。

《上海市公共数据和一网通办管理办法》[⑤]规定，建立以应用场景为基础的授权共享机制，即根据一网通办、城市精细化管理、社会智能化治理等需要，按照关联和最小够用原则，回应公共管理和社会服务的应用需求，明确数据共享的具体应用场景，建立以应用场景为基础的授权共享机制。公共管理和服务机构的应用需求符合具体应用场景的，可以直接获得授权，使用共享数据。

---

① 第40条规定：设区的市、县（市、区）人民政府依托浙江政务服务网建立“一窗受理”平台。“一窗受理”平台应当延伸至经济开发区管理机构、乡镇人民政府（街道办事处）；有条件的地方，延伸至村民（居民）委员会。县级以上人民政府有关部门的业务系统应当与“一窗受理”平台联通。

② 《浙江省公共数据和电子政务管理办法》第21条规定：公共管理和服务机构之间无偿共享公共数据；没有法律、法规、规章依据，公共管理和服务机构不得拒绝其他机构提出的共享要求。

公共管理和服务机构通过共享获得的公共数据，应当用于本机构履行职责需要，不得用于其他任何目的。

③ 第22条规定，公共数据资源目录中的数据按照共享属性分为无条件共享类、受限共享类和非共享类。列入受限共享类和非共享类公共数据范围的，应当说明理由，并提供有关法律、法规、规章依据。

公共管理和服务机构因履行职责需要，要求使用无条件共享类公共数据的，公共数据和电子政务工作机构应当无条件开通相应访问权限。要求使用受限共享类公共数据的，由同级公共数据和电子政务工作机构会同提供公共数据的机构进行审核；审核同意的，开通相应访问权限。

受限共享类和非共享类公共数据可以经脱敏等处理后向公共管理和服务机构提供，法律、法规另有规定的除外。公共数据脱敏等处理的具体办法，由省公共数据和电子政务主管部门会同同级有关部门制定。

④ 《贵阳市政府数据共享开放条例》第14条。

⑤ 《上海市公共数据和一网通办管理办法》第28条。

5. 关于电子证照的效力

《浙江省保障"最多跑一次"改革规定》①明确，通过公共数据平台提取的电子证照、证明等材料，与纸质材料具有同等法律效力。法律、行政法规另有规定的，从其规定。通过电子签名或者通过生物识别等技术②可以确认真实身份的其他验证方式，与本人到场签名具有同等效力。电子档案与纸质档案具有同等法律效力。③

《上海市优化营商环境条例》④规定，企业办理政务服务事项，使用符合法律规定条件的可靠的电子签名，与手写签名或者盖章具有同等法律效力；电子印章与实物印章具有同等法律效力；电子证照与纸质证照具有同等法律效力，但法律、行政法规另有规定的除外。《上海市公共数据和一网通办管理办法》⑤规定，申请人选择线上申请的，合法有效且能够识别身份的电子申请材料与纸质申请材料具有同等法律效力；除法律、法规明确要求纸质材料外，公共管理和服务机构不得要求申请人提供纸质材料。

《浙江省公共数据和电子政务管理办法》规定了电子签章，⑥即按照安全规范要求生成的电子签名，与本人到场签名具有同等效力，可以作为法定办事依据和归档材料。各级行政机关使用电子印章系统，向公民、法人和其他组织发放电子证照的，电子证照与纸质证照具有同等法律效力。通过公共数据平台提取、确

---

① 《浙江省保障"最多跑一次"改革规定》第8条。

② 第10条规定，按照安全规范要求生成的电子签名或者通过生物识别等技术可以确认真实身份的其他验证方式，与本人到场签名具有同等效力，可以作为法定办事依据和归档材料。法律、行政法规另有规定的，从其规定。

③ 第15条规定，行政机关向自然人、法人和非法人组织发放的电子证照与纸质证照具有同等法律效力。法律、行政法规另有规定的，从其规定。

自然人、法人和非法人组织可以要求行政机关同时发给电子证照和纸质证照，行政机关已取消纸质证照或者暂时无法提供电子证照的除外。

行政机关按照规范形成的电子档案与纸质档案具有同等法律效力。

④ 《上海市优化营商环境条例》第33条。

⑤ 《上海市公共数据和一网通办管理办法》第36条。

⑥ 《浙江省公共数据和电子政务管理办法》第31条规定，按照安全规范要求生成的电子签名，与本人到场签名具有同等效力，可以作为法定办事依据和归档材料。

各级行政机关应当使用省政府电子印章系统或者经审核评估达到要求的电子印章系统进行电子签名。电子印章系统使用的具体办法，按照省人民政府有关规定执行。

各级行政机关使用电子印章系统，向公民、法人和其他组织发放电子证照的，电子证照与纸质证照具有同等法律效力。

第32条、第33条对电子证明、电子归档作了规定。

认的电子证明文件，视为符合法律、法规规定的要求，法律、法规另有规定的除外。各级行政机关可以单独采用电子归档形式，法律、法规另有规定的除外。

6. 其他规定

《贵阳市政府数据资源管理办法》[①]规定了政府数据的提供、使用情况日志。行政机关应当对本机关提供和获取的政府数据建立日志记录，日志记录保存时间不得少于6个月，确保数据使用过程可追溯。

三、相关政府文件概览

（一）明确政务服务信息化目标

2019年5月17日，贵州省发布《关于印发贵州省“一网通办”暂行办法的通知》，提出以国家政务平台为枢纽，依托“云上贵州”大数据平台，融合各级网上（含移动端）业务办理、实体大厅运行系统，促进政务服务跨地区、跨部门、跨层级数据共享和业务协同，实现政务服务事项标准统一、全流程网上办理，政务服务线上线下全面融合。2019年1月4日，吉林省发布《关于印发吉林省公共数据和一网通办管理办法（试行）的通知》，提出要依托“吉林祥云”大数据平台，建设吉林省一体化在线政务服务平台和线下办事窗口，整合公共数据资源，加强业务协同办理，优化政务服务流程。2018年4月，上海市发布《全面推进“一网通办”加快建设智慧政府工作方案》，提出实现政务服务减环节、减证明、减时间、减跑动次数，真正做到从“群众跑腿”到“数据跑路”、从“找部门”到“找政府”，提升群众和企业获得感。应用大数据、人工智能、物联网等新技术，提升政府管理科学化、精细化、智能化水平。到2020年，形成整体协同、高效运行、精准服务、科学管理的智慧政府基本框架。

（二）突出服务便民的导向

2018年6月7日，山东省发布《关于深化“一次办好”改革深入推进审批服务便民化实施方案》，提出对依申请办理的政务服务事项进行全面梳理，因地制宜、因事制宜、分类施策、分批公布“一次办好”事项清单，合法合规的事项“马上办”，一般事项“网上办”，面向个人的事项“就近办”，复杂事项实行帮办（代办）“一次办”。2017年4月26日，福建省发布《关于推行“一趟不用跑”和“最多跑

---

① 《贵阳市政府数据资源管理办法》第22条。

一趟”办事清单的通知》，提出进一步规范细化形成可操作性强的办事指南，对外公布“一趟不用跑”和“最多跑一趟”办理事项，要同步在省网上办事大厅更新相关信息，主动接受社会监督，方便群众和企业办事。尤其是申请条件和申请材料，要按照“一次性告知”的要求，做到通俗易懂、翔实具体可操作。针对申请人在办事过程中容易出现的问题应予以详细说明和解答，并提供申请材料示范文本、常见错误示例以及咨询服务热线。提出建立帮办代办、“吐槽找茬”、窗口无权否决、政务服务动态优化机制，着力打通流程再造瓶颈环节，为企业群众办事提供更加高效便捷的服务。2018 年 11 月 18 日，江苏省发布《进一步推进“互联网 + 政务服务”深化“不见面审批（服务）”改革工作方案》，提出拓展深化统一公共支付平台的应用，开通江苏政务服务网“不见面审批（服务）”事项的电子缴款服务，接入全省财政部门非税收入收缴系统和教育、公安、司法、交通等主要的政务缴费专用收费系统，保障群众支付方式选择权，实现“支付通全省”。上海市《全面推进“一网通办”加快建设智慧政府工作方案》的原则之一就是，坚持整体协同、用户导向，要求注重政府管理和服务的系统性和整体性，推动“以部门为中心”向“以用户为中心”管理模式转变，以用户视角和需求，有效整合各方资源，促进线上线下融合，提升协同服务和综合管理水平。

（三）紧密结合行政审批制度改革

2017 年 5 月，浙江发布《政务办事“最多跑一次”工作规范》，这是全国第一个以落实行政审批制度改革为内容的省级地方标准。其规定了信息公开、一窗受理等制度，明确要强化网上服务，对网上预约、网上申请、网上办理、实时查询等作了规定。为加强督察、目标倒逼，推动和改进政务办事服务质量，标准要求合理设置投诉处理、监督检查、评价改进等内容，以信息公开、办理事项动态管理、办理流程梳理优化、办事效率、违规办理等指标客观评价改革成效。2018 年 11 月 18 日，江苏省发布《进一步推进“互联网 + 政务服务”深化“不见面审批（服务）”改革工作方案》，要求加快丰富“不见面审批（服务）”场景。梳理涉及多部门、多事项、多证照审批（服务）场景，制订工作方案，推进网上审批，推行一窗受理、网上运转、并行办理、限时办结，避免重复提交材料和循环证明。要按照不见面审批标准化指引要求，逐个编制不见面审批（服务）办事指南，全面、系统地在网上及时公开公示。对高频政务服务事项，要按照“一证通办”（身份证件）或者“一照通办”（统一社会信用代码）的要求，推进办事材料目录化、标准化、电子化，开展在线填报、在线提交和在线审查，实现“凡是能通过网络共享复用的材料，不得要求企业和群众重复提交；凡是能通过网络核验的信息，不得要求其他单位重复提供；凡是能实现网上办理的事项，不得要求必须到现场办理”。2018 年出台的上海市《全面推进“一网通办”加快建设智慧政府工作方案》，明确要整合优化部门审批事项业务流程，推动形成协同通办的网上办理机制，提出聚焦突破部门协同审批、并联审批事项。2019 年出台的上海市人民政府办公厅《关于以企业和群众高效办成“一件事”为目标全面推进业务流程革命性再造的指导意见》，要求以企业和群众高效办成“一件事”为目标，集成“一件事”所涉及的政务服务事项，围绕申请条件、申报方式、受理模式、审核程序、发证方式、管理架构等进行整体性再造、实施一体化办理。

（四）加强数据信息共享

2018 年 7 月 5 日发布的《北京市推进政务服务“一网通办”工作实施方案》，要求依托市大数据管理平台，推进政务服务数据共享利用。按照“谁提供、谁负责，谁管理、谁负责”的原则，建立政务服务数据交换共享责任制，推动政务服务数据交换共享标准化建设。完善政务服务数据汇聚共享长效机制，为实现网上办事提供有效支撑。2018 年 6 月 7 日，山东省发布《关于深化“一次办好”改革深入推进审批服务便民化实施方案》，提出强化“一次办好”信息支撑。按照“整合是原则、孤网是例外”的要求，进一步明确各部门（单位）信息共享的种类、标准、范围、流程，规范政务信息资源共享共用，强化政务信息资源跨地区、跨层级、跨部门（单位）按需共享、交换、互认，对政务服务事项数据进行“全打通、全归集、全共享、全对接”，实现对自然人和企业身份核验、纳税证明、不动产登记、学位学历证明、资格资质、社会保险等数据的共享应用。2018 年 9 月 26 日，云南省发布《进一步深化“互联网 + 政务服务”推进政务服务“一网、一门、一次”改革工作方案》，提出完善政务服务数据共享交换平台建设。按照“统一受理、平台授权”的原则，建立数据共享授权机制。2018 年出台的上海市《全面推进“一网通办”加快建设智慧政府工作方案》提出，建成城市数据枢纽，实现数据汇集互联和共享应用，并对深化政务信息系统整合、建设统一的数据共享交换平台、共建共用基础数据资源、健全以应用为导向的数据按需共享机制作出规定。2019 年出台的《上海市加快推进数据治理促进公共数据应用实施方案》也作了相应规定。

(五)维护数据信息安全

《广东省电子政务信息安全管理暂行办法》规定,各单位要明确信息采集、发布、维护的规范程序,确保电子政务应用系统运行的数据信息真实准确、安全可靠。各单位要按照"谁上网,谁负责"的原则,保证在电子政务外网上运行的数据信息真实可靠,且不得涉及国家秘密。2019 年 1 月 4 日,吉林省发布《关于印发吉林省公共数据和一网通办管理办法(试行)的通知》,提出省政务服务和数字化局以及各市(州)主管部门应当分别编制公共数据和电子政务安全规划,建立安全体系和标准规范,制定并督促落实安全管理制度,协调处理重大安全事件。

2019 年 5 月 17 日,贵州省发布了《关于印发贵州省"一网通办"暂行办法的通知》,提出加强网络安全保障,推进有关信息网络安全保护工作,确保平台依法使用各种数据资源,保障自然人、法人、其他组织的商业秘密、个人隐私不受侵犯。各级政务服务机构采集、共享和开放政府数据,不得损害被采集人的商业秘密、个人隐私等合法权益。2018 年 9 月 7 日,天津市发布《关于印发天津市承诺制标准化智能化便利化审批制度改革五个配套办法的通知》,提出各级政务服务部门负责本单位政务服务信息系统和数据的管理,负责本单位网络和业务系统终端的安全;负责保密检查、数据安全审核等工作。

2018 年,上海市发布的《全面推进"一网通办"加快建设智慧政府工作方案》规定,强化网络信息安全保障,加强政务信息资源采集、共享、使用的安全保障工作,加强数据共享交换平台安全防护,完善安全防护机制,提高核心设备自主可控水平。

第二章　上海市关于“一网通办”的法治保障情况

2018 年 3 月启动“一网通办”改革后，上海市通过制定规章和政府文件，迅速建立起了“1 + 3 + X”的制度规范体系。地方性法规也关注和反映了“一网通办”工作。

第一节　政府规章以及相关文件的情况

一、政府规章以及相关文件的整体情况

为保障“一网通办”的顺利、深入推进，上海市通过制定规章和政府文件，建立起了“1 + 3 + X”的制度规范体系。具体来说，“1”是《上海市公共数据和一网通办管理办法》，“3”是相配套的《上海市电子证照管理暂行办法》《上海市电子印章管理暂行办法》《上海市“一网通办”电子档案管理暂行办法》3 个规范性文件，“X”包括《上海市公共数据开放暂行办法》《建立“一网通办”政务服务“好差评”制度工作方案》等制度。

从制度整体设计和内容来看，具有以下三个特点，一是通过出台“1 + 3 + X”体系，构建立体化的法治支撑。《上海市公共数据和一网通办管理办法》是总纲，同步出台电子证照、电子印章、电子档案 3 个具体办法以及若干相关文件，既在宏观层面明确了整体工作的目标和原则，又推动了各专业领域的具体操作，形成全方位、立体化、

兼顾宏观与微观的制度体系。二是将公共数据与“一网通办”有机融合，让每一个管理环节都有章可循。从整体上来看，“一网通办”是前台，公共数据管理是后台。通过规章、规范性文件将前台与后台充分衔接、有机融合，确保对全过程、各环节的管理无死角、无盲点。三是聚焦实际工作中的难点问题，在立法层面予以探索创新。在不与上位法相抵触的前提下，力求根据实践需要作探索创新，为加强公共数据管理和“一网通办”工作提供有力的支撑，使更多的人民群众获得政务服务改革带来的便利和实惠。

二、政府规章及相关文件的概要介绍

（一）《上海市公共数据和一网通办管理办法》

《上海市公共数据和一网通办管理办法》于 2018 年 11 月 1 日起施行，是上海市第一部关于公共数据管理与“一网通办”改革的地方政府规章。立法主要思路：立足于对公共数据进行全生命周期立法，以集中统一管理为核心，打破信息壁垒，推动跨部门、跨层级、跨地区的协同办事和综合监管，最大限度实现数据价值，释放数据红利。该办法共 9 章 60 条，分为总则、规划和建设、公共数据采集和治理、公共数据共享和开放、“一网通办”、安全管理和权益保护、监督考核、法律责任和附则。主要内容包括：

1. 关于适用范围

明确了 3 类适用主体：一是上海市各级行政机关和履行公共管理和服务职能的事业单位；二是水务、电力、燃气等公用事业运营单位；三是运行经费由上海市各级财政保障的其他机关、团体等单位。对中央国家机关派驻上海市的相关管理机构，也作了参照执行的规定。

2. 关于管理体制

在市级层面，明确市政府办公厅是上海市公共数据和电子政务工作的主管部门，负责统筹规划、协调推进、指导监督全市公共数据和“一网通办”工作。上海市大数据中心具体承担上海市公共数据归集、整合、共享、开放、应用管理，组织实施“一网通办”工作。上海市经济和信息化委员会负责指导、协调、推进公共数据开放、数据开发应用和产业发展。其他相关部门按照各自职责做好有关工作。在区级层面，考虑到各区情况各不相同，要求由区政府确定的部门作为公共数据和电子政务主管部门。

3. 关于数据采集和治理

加强数据采集的源头管理，是提高公共数据质量的关键。作了以下规定：一是集中统一管理。由市大数据中心对各单位的公共数据按照应用需求进行集中统一管理，并编制全市公共数据资源目录。二是明确采集要求。各单位应当遵循合法、必要、适度原则，在目录范围内采集公共数据。三是数据归集整合。各单位将公共数据向市、区电子政务云归集，形成基础数据库和若干主题数据库。四是加强质量管理。按照“谁采集，谁负责”“谁校核，谁负责”原则，由采集单位和市级责任部门承担数据质量责任。

4. 关于数据共享和开放

在数据共享方面，着眼于破除信息孤岛，明确以共享为原则，不共享为例外，将公共数据的共享属性分为无条件共享、授权共享和非共享 3 类。同时，提出“应用场景授权”的制度设想，只要共享需求符合具体应用场景，就可以直接使用共享数据。在数据开放方面，明确数据开放属性分为无条件开放、有条件开放和非开放三类。同时，要求各单位制定数据开放清单，向社会公布；与民生紧密相关、社会迫切需要的高价值数据应当优先开放。

5. 关于“一网通办”

“一网通办”是目前电子政务工作的主要任务，也是公共数据最主要的应用场景。对“一网通办”涉及的核心要素作出明确：一是规范政务服务事项，通过编制政务服务事项清单和办事指南，确保线上与线下标准统一。二是推进业务流程再造，通过优化服务事项办理程序，实行一窗综合受理、多方协同办理，减少审批环节、审批时间、申请材料和申请人跑动次数。三是打造在线政务服务平台，将政务服务事项全部纳入在线平台办理，推进线上线下集成融合。

6. 关于安全管理和权益保护

海量公共数据的集中统一管理对系统安全提出了更高的要求。明确了各单位的安全管理职责，特别是在群众比较关心的被采集人权益保护方面，明确规定了各单位采集、共享和开放公共数据，不得损害被采集人的商业秘密、个人隐私等合法权益；因履职需要，采集法律、法规未作规定的数据的，应当取得被采集人同意。各单位应当采取充分的安全防护措施，防止被采集人信息泄露。被采集人认为数据存在错误的，可以提出异议申请。

(二)电子证照、电子印章、电子档案具体办法

《上海市电子证照管理暂行办法》《上海市电子印章管理暂行办法》《上海市“一网通办”电子档案管理暂行办法》是《上海市公共数据和一网通办管理办法》的配套性规范性文件,于 2018 年 11 月 1 日同步实施。《上海市电子证照管理暂行办法》明确了在政务服务过程中,能通过系统直接调取电子证照的,不再要求申请人提供相应实体证照;《上海市电子印章管理暂行办法》要求上海市各行政机关和相关事业单位不得拒绝电子印章的使用;《上海市“一网通办”电子档案管理暂行办法》旨在规范“一网通办”电子档案管理,确保电子档案真实完整、安全可靠、长期可用。

1.《上海市电子证照管理暂行办法》

《上海市电子证照管理暂行办法》共 5 章 32 条,分别为总则、制发与归集、应用与服务、日常管理与监督考核和附则。主要涉及 4 个方面。

(1)关于法律效力和适用范围

《上海市电子证照管理暂行办法》明确,按照市统一标准规范生成的电子证照与实体证照具有同等法律效力,可以作为公共管理和服务活动中的法定办事依据,且电子证照可作为归档材料纳入电子档案管理,与纸质档案具有同等法律效力。电子证照适用于公共管理和服务机构依法制发的各类不涉及国家秘密的证件、执(牌)照、批文、鉴定报告、证明材料等数据电文。

(2)关于制发与归集

各市级责任部门和区政府应当在各自职责范围内,按照综合管理部门要求,编制本系统、本行政区域电子证照目录,明确证照名称、制发单位、证照类型、持证主体、证照模板、照面信息等,并通过市电子证照库,对目录进行同步更新和维护。

各市级责任部门和区政府编制的电子证照目录,由综合管理部门向社会集中统一发布。制发单位应当按照“合法、必要、适度”的原则,采集证照信息,按照市统一标准规范要求制发电子证照,并同步归集到市电子证照库,确保归集入库的数据与本单位业务系统数据的一致性。

(3)关于应用与服务

凡可以通过上海市电子证照库获取业务办理所需电子证照的,用证单位不得要求办事人提供实体证照。鼓励水务、电力、燃气、通信、公共交通、民航、铁路

等公用事业运营单位以及金融、物流、文化、旅游等行业在经济社会活动中广泛应用电子证照。

(4)关于日常管理与监督考核

市级责任部门、各制发单位和用证单位专人从事电子证照管理工作;建立电子证照制发、归集、注销、更新、应用等全过程日志记录;综合管理部门负责建立全市电子证照的安全管理制度,指导有关单位落实安全管理责任;各市级责任部门和区政府应当按照各自职责,组织落实本系统、本行政区域电子证照安全管理责任,保障相关业务系统的安全运行;制发单位、用证单位应当严格执行市电子证照库的安全管理要求,保障电子证照信息合法合规使用,保护持证主体的商业秘密和个人隐私。

2.《上海市电子印章管理暂行办法》

《上海市电子印章管理暂行办法》共7章29条,分别为总则、电子印章申请、电子印章制作、电子印章使用、电子印章管理、信息安全和附则。其内容主要涉及6个方面。

(1)关于法律效力和适用范围

为推进上海市“一网通办”建设,规范和加强电子印章的管理,确保电子印章合法、安全、可靠地使用,对电子印章的法律效力和适用范围采取了分条表述的方式:一是在总则中明确基于电子印章实现的可靠电子签名与手写签名或者盖章有同等法律效力,不得因其采用电子化表现形式而否定其法律效力。二是适用范围不再局限于政务办公、公共管理和社会公共服务活动,同时鼓励自然人、法人和非法人组织在经济和社会活动领域中使用电子印章。三是考虑到涉密单位的特殊性,不应按照地方立法进行管理,故采用排除法表述,即涉及国家秘密的各类信息系统使用电子印章的,应按照国家保密管理相关规定执行。

(2)关于管理分工

明确上海市经济和信息化委员会负责电子印章的规范管理、电子印章系统运维指导和电子印章服务机构监督管理。上海市公安局负责电子印章的治安管理。上海市密码管理局负责电子印章的密码使用管理。

(3)关于规划和建设

加强统筹规划、完善建设规范,对提升电子印章互通互认水平和政务服务能力具有重要意义。作了以下规定:一是实施统一建设运营。明确电子印章服务机构负责建设运营全市统一的电子印章系统。二是加强集约建设。各类政务办公、公共管理和社会服务单位原则上不再新建电子印章系统;已建电子印章系统的,应与全市统一的电子印章系统进行对接,并实现互通互认。三是实现系统对接。全市统一的电子印章系统应与国家政务服务平台统一电子印章系统、上海市公安局公章治安管理信息系统进行对接。

(4)关于电子印章的申请、制作和使用

明确电子印章的申请、制作和使用,有助于电子印章的规范化管理,提高政务服务水平。一是实行分类申请。根据实体印章相关管理要求,将电子印章分为电子公章、电子职务章和电子私章三类;根据电子印章类型的不同,申请人应提供不同的申请材料,保证申请材料的真实性,并明确已持有数字证书可简化申请材料,直接办理电子印章。二是明确制作要求。电子印章数据格式应当遵循国家电子印章数据格式规范相关标准要求;电子印章的图形化特征,应与印模信息(包含实物印章图像)的规格、式样保持一致,电子私章如国家没有相应规定、标准的,可由申请人自行选择其名章图形化特征的规格、式样。三是明确使用审批原则。对电子公章、电子职务章以及电子私章三种类型的使用审批应当参照实物印章或者手写签名处理。四是电子印章的使用和归档。公文、证照、协议、凭据、流转单等各类电子文档加盖电子印章的,与加盖实物印章的纸质书面材料具有同等法律效力;经过打印或者其他电子格式转换的,不具备同等法律效力,视同复印件。各类电子文档,应当按照上海市电子档案的相关规定进行归档。

(5)关于电子印章管理

在电子印章保管方面,电子印章的持有人应当妥善保管其电子印章,政务类单位应当建立内部管理制度,明确电子印章保管人和使用流程。电子印章保护口令实施严格保密、定期更换制度。在电子印章更换和注销方面,单位或者机构的信息发生变更、实物印章使用情况发生变更以及发生其他应当更换、注销电子印章的情形时,申请人应当向电子印章服务机构申请换领或者注销电子印章。同时,电子印章系统应当对电子印章的制作、换领、注销提供独立审计功能,保证审计信息的真实完整性。

(6)关于信息安全保护

电子印章系统关乎海量电子数据的处理,必须建立和健全相关信息系统的安全保护制度和措施。一是建立完善的保密制度,电子印章系统运营服务机构应当采取必要措施保障信息安全,对收集的用户信息严格保密、不泄露、不篡改、不损毁、不出售、不非法提供。二是提出了数据以及系统的安全要求,电子印章系统应当建立可靠的数据存储、备份、恢复、审计等机制和完善的信息安全防护措施,至少应当符合计算机信息系统安全等级保护三级要求,且相应的系统建设应当符合国家的有关标准。

进一步明确电子印章的法律效力,规定电子印章和实体印章具有相同的法律效力,各部门不得拒绝电子印章使用。该规定旨在解决电子印章认知度、承认度较低,跨部门应用不畅,企业、群众办事中须在各部门间奔波现场签字确认、加盖公章、纸质流转的问题。同时,明确电子印章的使用领域从政务领域向社会领域扩展,鼓励电子印章在社会化各领域中广泛应用。将覆盖的类型从电子公章扩展到电子职务章和电子私章,并对三种章都有明确的定义和使用要求,方便企业广泛应用。

3.《上海市“一网通办”电子档案管理暂行办法》

《上海市“一网通办”电子档案管理暂行办法》共 6 章 25 条,包括总则、收集与采集、归档与整理、保存与利用、移交与接收以及附则。其内容主要涉及 4 个方面。

(1)关于适用范围及法律效力

适用于上海市各级行政机关、履行公共管理和服务职能的事业单位在政务服务“一网通办”中直接形成、具有保存价值的各种类型的电子档案管理。涉及国家秘密的电子档案管理,按照有关保密法律、法规的规定执行。“一网通办”电子档案应当具备法律、法规规定的原件形式,收集、归档、保存、利用、移交、接收等关键环节应当有可靠的技术保障措施,确保其信息真实、内容完整、来源可靠,能有效利用。真实、完整、可用、安全的电子档案,与纸质档案具有同等法律效力,法律、法规另有规定的除外。

(2)关于收集与采集

“一网通办”在线政务服务平台以及公共管理和服务机构政务服务业务系统有如下功能:一是收集与采集功能;二是归档与整理功能;三是保存与利用功能;四是移交与接收功能。其收集以及采集需要符合国家规定的各类标准。

(3)关于归档与整理

公共管理和服务机构应当制定本单位“一网通办”电子文件的归档范围和

电子档案保管期限表,并结合实际,予以动态调整和补充完善。公共管理和服务机构应当对“一网通办”中办结的具有保存价值的电子文件即时归档,定期导入相应的电子档案管理系统,并由本单位档案部门负责管理,在归档时需要进行真实、完整、可用、安全方面的检测。“一网通办”电子档案保管期限,一般为永久、定期(30 年、10 年)。

(4)关于保存与利用

公共管理和服务机构应当根据“一网通办”电子档案的重要程度以及利用需要,选择符合规范的在线存储和离线存储方式,存储电子档案内容数据、目录数据、元数据。公共管理和服务机构应当以权限管理为基础,提供“一网通办”电子档案的多途径、多角度利用,利用方式包括浏览、检索、复制、下载、打印、借阅、接口调用等,电子档案的利用应当严格遵守档案利用和保密安全的相关规定。

(三)“一网通办”政务服务“好差评”制度

上海市人民政府办公厅《关于印发〈建立“一网通办”政务服务“好差评”制度工作方案〉的通知》出台于 2019 年 7 月 23 日。建立政务服务绩效由企业和群众来评判的“好差评”制度,目的是持续推进“一网通办”从“以部门为中心”向“以用户为中心”转变,倒逼各级政务服务部门不断改进工作,提供优质高效的政务服务。其主要涉及以下制度。

1. 构建政务服务“好差评”评价体系

一是实现政务服务评价全覆盖。服务事项全覆盖,接入“一网通办”的所有政务服务事项全部纳入“好差评”评价范围。服务渠道全覆盖,包括线下实体窗口、线上服务门户、移动端、“12345”市民服务热线、自助终端等各类政务服务渠道,逐步将部门网站以及各区、各部门原有的满意度评价纳入“好差评”。评价对象全覆盖,提供政务服务的单位和全市各级政务服务窗口均作为“好差评”评价对象。

二是科学设置“好差评”指标。依据国家标准,强化政务服务机构、平台管理服务标准化建设。对接国家“好差评”评价标准,结合上海市“一网通办”改革目标,制定政务服务事项管理、办事流程、服务效率、服务水平、服务态度、便捷性等政务服务评价指标,构建覆盖线上、线下政务服务工作全部内容和全部过程的全方位、多角度评价指标体系。

三是开展线上政务服务评价。在“一网通办”总门户、“随申办”移动端设置“好差评”功能,企业群众可在办理各类政务服务的任何办理环节进行在线评价。

四是开展线下政务服务评价。在所有线下实体窗口配置政务服务“好差评”二维码,企业群众通过“随申办”移动端、微信、支付宝等扫码评价。实名用户自动匹配办理事项,评价内容包括实体大厅服务情况和具体事项办理情况两个方面。

五是做好评价数据归集。各区、各部门线上政务服务平台应按照“好差评”工作要求,做好相关系统配套改造工作,将评价数据统一归集到“一网通办”“好差评”平台。

2. 建立整改、反馈、监督工作机制

一是建立健全整改和反馈机制。“12345”市民服务热线负责政务服务“好差评”转办工作。“好差评”反映的问题,各承办单位应当及时回应整改。对于“差评”,能够当场解决的要当场解决。不能当场解决的,按照“1、5、15”时限要求,进行回复和整改,即在1个工作日内,先行联系反映问题的企业群众,沟通了解情况;对确实存在问题的,在5个工作日内完成整改反馈;较为复杂的,在15个工作日内办结。

二是强化综合分析整改。各区、各部门跟踪、分析本区、本部门政务服务评价情况,将“好差评”反映的问题作为优化办事流程、动态调整办事指南的重要参考依据。对企业群众反映强烈、“差评”集中的问题,及时调查,采取措施,督促限期整改,推动问题解决。

三是实施评价结果公开。坚持“公开为原则,不公开为例外”,数据统一汇聚,评价统一标准。企业群众对政务服务的评价内容,在“一网通办”总门户和“随申办”移动端公开。定期公开各区、各部门“好差评”综合排名情况,定期通报突出问题和典型案例。

四是开展差评问题整改回访。对已办结的“差评”,通过人工回访、短信和网上自助评价等途径,进行满意度测评。对应当解决而未解决、谎报瞒报等问题,随时采取抽查、调阅档案、实地察看、电话回访等方法督查。定期汇总并公开各区、各部门“差评”问题办结情况。

五是保障评价数据安全准确。建立“好差评”评价数据安全保障机制,确保企业群众信息保密、安全,统计分析结果自动生成、不可更改。及时查处弄虚作假刷“好评”和恶意“差评”的行为,确保“好差评”结果客观、真实、准确。

第二节 地方性法规的情况

一、地方性法规的整体情况

目前,上海市的地方性法规中虽没有关于“一网通办”的专门立法,但大量存在与电子政务、各类便民政务服务、行政审批制度改革相关的内容。随着“一网通办”工作的推进,自2020年起,上海市地方性法规和法律性问题决定中,也出现了对“一网通办”政务服务内容的表述。

一是近年的地方性法规反映“一网通办”工作。随着“一网通办”政务服务改革的推进,地方性法规中对其内容开始作反映和表述。《上海市优化营商环境条例》设“政务服务”专章,对“一网通办”的基本组织架构、基本内容作了规定。《上海市地方金融监督管理条例》《关于全力做好当前新型冠状病毒感染肺炎疫情防控工作的决定》都对依托“一网通办”政务服务开展工作作了规定。

二是地方性法规大量规定电子政务的内容,互联互通已有共识。大量地方性法规都规定了信息系统的建设和运行工作,比如,《上海口岸服务条例》规定了电子口岸信息平台相关内容,《上海市居民委员会工作条例》规定了居民区综合管理和服务信息平台相关内容,可见电子政务已经成为政府开展管理和服务工作的重要方式。在“一网通办”工作开展之前,政府部门已经认识到信息互通的必要性,一些部门通过立法要求其他部门提供信息数据,也有的部门提出要牵头其他部门开展本系统的数据整合。

三是政务服务相关内容已得到地方性法规关注。政府信息公开、提供信息查询以及公众参与这些政务服务的基本内容,上海市地方性法规都已关注。比如,《上海市城乡规划条例》规定,市和区规划行政管理部门应当建立统一的信息公开平台。《上海市促进电子商务发展规定》明确,根据政府信息公开的规定提供相关信息的网上查询服务。

四是行政审批相关规定是地方性法规的重要内容。行政审批是政府开展经济社会管理的重要形式。地方性法规中含有大量的行政审批相关内容,这是对政府管理工作实际情况的反映。在近年来涉及行政审批的规定中，逐渐关注简政放权、告知承诺，也开始出现无纸化申报、简化程序，以及行政审批效能评估等内容。

二、地方性法规的概要介绍

（一）直接规定“一网通办”内容的地方性法规

涉及“一网通办”基本组织架构、基本内容的《上海市优化营商环境条例》。《上海市优化营商环境条例》[①]规定，优化营商环境应当以市场主体获得感为评价标准，以政府职能转变为核心，以“一网通办”为抓手，全面深化“放管服”改革，践行“有求必应、无事不扰”的服务理念。该条例设第三章“政务服务”专章，分别对“一网通办”的含义、服务内容、组织推进，对综合窗口服务、行政许可事项实施清单管理制度、政务服务“好差评”制度，电子证照、电子印章、电子签名，工程建设项目审批，公用企事业单位在“一网通办”总门户提供服务等作了规定。

涉及“一网通办”政务服务内容的地方性法规。随着“一网通办”成为政务服务的重要抓手，自2020年以来制定的上海市地方性法规在规定政务服务内容时，都会涉及“一网通办”的内容。比如，《关于全力做好当前新型冠状病毒感染肺炎疫情防控工作的决定》规定，充分发挥“一网通办”平台的作用，加强业务协同办理，优化政务服务流程，提供线上政务事项办理服务。又如，《上海市地方金融监督管理条例》规定，地方金融监管部门应当将国家规定的设立地方金融组织的条件、程序、申请材料目录和申请书示范文本，地方金融组织设立、变更、终止和业务范围、行业运行监测等信息在官方网站、“一网通办”等政务平台上公布。再如，《上海市公共卫生应急管理条例》规定，各级政府及其有关部门应当充分发挥政务服务“一网通办”平台的作用，建立绿色通道，优化工作流程，为公共卫生事件预防与处置提供便捷服务。

（二）与电子政务相关的地方性法规

涉及“信息平台”内容的地方性法规有19部。比如，《上海口岸服务条例》规定，推进电子口岸信息平台的建设、运营和发展，市口岸服务、经济信息化等部

---

① 《上海市优化营商环境条例》第3条。

门应当会同口岸查验机构、上海市有关部门、口岸运营单位将通关业务流程和相关信息数据整合进电子口岸信息平台，推进通关信息兼容共享。比如，《上海市居民委员会工作条例》规定，市和区人民政府应当建立和完善居民区综合管理和服务信息平台，收集、整合居民区基础数据。再如，《上海市老年人权益保障条例》规定，市民政部门应当建立统一的养老服务信息平台，提供养老服务信息查询。

涉及“信息服务平台”内容的地方性法规有22部。《上海市社会信用条例》规定设立市公共信用信息服务平台，《上海市供用电条例》《上海市检验检测条例》等10余部地方性法规规定了对市公共信用信息服务平台的运用。比如，《上海市供用电条例》规定，违反本条例的受处罚信息纳入市公共信用信息服务平台；《上海市检验检测条例》规定，聘用检验检测人员之前，应当通过市公共信用信息服务平台等途径查询其信用记录。也有部分地方性法规规定了本系统的信息服务平台，比如，《上海市职业教育条例》规定了产教融合信息服务平台，《上海市旅游条例》规定了旅游监测和旅游公共信息服务平台。

涉及“信息系统”内容的地方性法规有27部。比如，《上海市绿化条例》规定，建立全市绿化管理信息系统，公布绿化建设、养护和管理的信息。房地、市政、水务等有关部门以及铁路部门应当向绿化管理信息系统提供绿化相关信息。又如，《上海市公共汽车和电车客运管理条例》规定，市和区交通行政管理部门应当建设公共汽车和电车客运服务信息系统，提供营运信息发布、出行查询、应急报警等信息服务，方便乘客出行。再如，《上海市食品安全条例》规定，食品药品监督管理、市场监督管理、质量技术监督、农业、出入境检验检疫等部门依据各自职责，建立、完善食品安全信息系统，公布食品安全日常监督管理、食品安全违法行为行政处罚等信息。

涉及“信息共享”内容的地方性法规有27部。比如《上海市城乡规划条例》规定，市规划行政管理部门应当建立规划管理信息系统，实现与有关行政管理部门之间的信息共享，提高城乡规划管理工作的效能。又如，《上海市地下空间规划建设条例》规定，完善地下空间信息系统，实现各专业系统的信息共享，并依法实行信息公开。《上海市街道办事处条例》规定，依法将人口、法人、房屋等基础信息向街道办事处开放，实现职能部门业务数据在街道层面的信息共享。

涉及“数据共享”内容的地方性法规有3部。比如,《上海市推进国际航运中心建设条例》规定,有序推进航运数据资源向社会开放,推动政府部门之间数据共享。

(三)与政务服务相关的地方性法规

涉及各类便民政务服务的地方性法规有30部。其中,涉及信息公开内容的地方性法规有11部。比如,《上海市城乡规划条例》规定,市和区规划行政管理部门应当建立统一的信息公开平台。涉及信息查询内容的地方性法规有11部。比如,《上海市促进电子商务发展规定》明确,根据政府信息公开的规定提供相关信息的网上查询服务;《中国(上海)自由贸易试验区条例》规定,提供出入境货物检验检疫信息查询服务。涉及公众参与内容的地方性法规有8部。比如,《上海市教育督导条例》规定,未按照规定吸收社会公众参与督导,影响督导公正的,法律、行政法规有处理规定的,依照法律、行政法规的规定处理,对直接负责的主管人员和其他责任人员给予批评教育;情节严重的,依法给予处分。

涉及“行政许可”[①]内容的地方性法规有66部。行政许可是政府从事管理的重要手段,在配置资源、控制风险和维护秩序3个方面发挥着重要的作用。地方性法规中大量存在行政许可条款。地方性法规规定[②]的行政许可涉及大气污染防治、公共服务、城乡规划、河道治理、各类市场管理、文物和历史遗迹保护、教育、交通、文化、对外贸易等城市治理、运行和公共服务的各个领域。重点领域是食品安全领域,其次是公共安全和住宅建工领域。从该数据来看,实现政务流程再造,意义重大、任重道远。

涉及行政审批制度改革内容的地方性法规也有多部。比如,《中国(上海)自由贸易试验区条例》规定,按照深化行政体制改革的要求,坚持简政放权、放管结合,积极推行告知承诺制等制度,在自贸试验区建立事权划分科学、管理高效统一、运行公开透明的行政管理体制;并具体规定,实施无纸化申报、签证、放行,实现风险信息的收集、分析、通报和运用。又如,《上海市预防职务犯罪工作若干规定》明确,建立各类审批事项的预警报告、效能评估和问责

---

① 这里仅是对“行政许可”的简单搜索,未包括“审批”“同意”等同义关键词。

② 地方性法规中出现的行政许可,大多数都是国家事权设定的行政许可。

机制,形成互相关联、互相制约的监管体系,针对管理中的突出问题定期进行专项检查和整治。再如,《上海市优化营商环境条例》规定,推行行政许可清单管理制度、告知承诺制度,规范审批中介服务和证明事项,大力推进“证照分离”改革。

第三章　地方人大立法引领保障“一网通办”的总体思考

第一节　地方人大立法的必要性

一、以更高的法治站位支持全市重大改革

“一网通办”是上海市立足于建设卓越的全球城市，率先实现政府治理能力现代化的目标，在公共数据管理和“互联网+政务服务”方面提出的重大改革举措。

2019 年，上海市委书记李强在调研“一网通办”工作时指出，“一网通办”是一流营商环境的“拳头产品”“上海服务”品牌的重要内容、推进政府职能转变的重要手段，要求深入贯彻落实习近平总书记考察上海重要讲话精神，以更紧迫的改革意识、更优化的业务流程、更畅通的数据共享、更便捷的政务服务，加快攻坚突破，强化工作合力，不断增强市民群众和市场主体的获得感、满意度，到 2020 年，上海要形成整体协同、高效运行、精准服务、科学管理的智慧政府基本框架。

2020 年，上海市委书记李强在全市“一网通办”“一网统管”工作推进大会上进一步强调，政务服务“一网通办”、城市运行“一网统管”是城市治理的“牛鼻子”工作，牵动着改革发展稳定全局，牵动着长远发展大局。“一网通办”要在更高效、更便捷、更精准上下功夫，为提高超大城市治理现代化水平作出更大贡献。

自2018年上海市开展“一网通办”政务服务改革时起，市人大就关注“一网通办”工作，将“一网通办”法治需求作为常委会大调研的重点题目开展研究，并在2019年继续开展了法治深化研究。地方人大应当继续在“一网通办”这一举市工作中发挥积极作用，充分发挥立法对改革的引领保障作用，以地方立法这一更高的法治站位支持全市重大改革。在目前国家层面尚没有关于“互联网+政务服务”专门立法的情况下，地方人大要在维护国家法制统一的前提下，积极发挥作用，开展“互联网+政务服务”制度规范的研究和探索。

二、以有力的法治架构推进“一网通办”改革

从地方人大立法与政府立法的权限来看，地方人大立法与政府立法各有特点。相对而言，政府规章以及规范性文件主要是对具体行政管理和服务事务的规定，地方性法规的立法权限更大、规范内容的覆盖范围更广。在既有政府规章以及规范性文件的基础上，依托地方人大立法，可以以更大的法权、以更高的法治架构来推进“一网通办”改革。

一是在动员全社会，形成社会共治的机制方面。《上海市公共数据和一网通办管理办法》规定，其他机关、团体等单位在依法履行公共管理和服务职责过程中采集和产生的各类数据资源的管理，参照本办法执行。受制于权限，规章不能直接规范法检两院以及社会组织的活动，仅能在附则中要求参照执行，地方性法规则可以对社会参与机制作出规定。二是在更好地保护公民、法人的权益方面。《上海市公共数据和一网通办管理办法》作为政府规章，侧重于规制硬件建设和政府部门间的分工，对公民、法人权益的保护比较原则。对采集、开放的数据存在错误、遗漏等情形的，规定有关当事人提出异议以及市大数据中心负有处理职责。地方性法规可以更周延地对各种可能侵害公民、法人权益的行为设置救济途径，在行政处罚以及治理措施的设定上也有更大权限。三是在完善法律责任方面。《上海市公共数据和一网通办管理办法》专设了第七章监督考核，但作为规章，只能规定政府内部上下之间的层级监督，而如果由地方人大立法，则不仅能规定政府内部上下之间的层级监督，也能规定社会对政府的民主监督，规定权力机关对行政机关的法律监督，更有利于推进“一网通办”工作。

三、以创新的法治思路形成立法的上海特色

在国务院《优化营商环境条例》中,“一网通办”是作为政务服务的一个组成部分来规定的。从兄弟省市立法来看,“互联网 + 政务服务”相关立法,或是从行政机关的角度来规范的,或是采取类似优化营商环境的综合性立法形式。上海市要打开视野,在立法工作上积极探索,立足“互联网 + 政务服务”本身,从“以人民为中心”的“需求本位”出发,从“政府职能转变”的“数字政府”变革入手,形成地方立法的新框架。

一是从群众需求出发,就是要以企业和社会公众迫切希望解决的效率低、环节多、时间长等问题为重点,形成统一的工作标准和工作要求,界定好数据应用与公民、法人权益保护的界限。建立群众参与、群众监督的工作机制,从行政管理走向公众广泛参与的社会治理,协调和规范政府与社会的互动关系,形成“一网通办”的协同创新机制。当然,地方人大的民主立法过程,本身就是广泛动员各级代表、动员社会方方面面,合力推进“一网通办”创新和完善的过程。二是从“政府职能转变”出发,就是要对标国际,着眼城市未来发展,在政务服务工作流程改造、数据共享开放机制等重点领域和关键环节加强顶层设计;就是要更大范围和力度地推进行政审批制度改革,不仅改革具体行政审批事项,而且提出协同推进行政管理体制改革等的综合性措施。此外,还要将现有的市政府规章和规范性文件组成的“1 +3 + X”制度框架的内容融入立法,通过立法为改革的推进奠定坚实的制度基础。

第二节　立法应把握的关系和工作的遵循

一、立法应把握的关系

(一)国家法权与地方法权的关系

“一网通办”所涉及的尽管是某区域的行政管理关系,但网络化运行本身会涉及许多超越区域立法权限的问题。比如,公共数据的界定及其保护运用产生的系列问题,属于国家立法的范畴。目前,各地为了支持创新,已在一些领域先行制定了地方性法规、政府规章,但这并不是从基础法律关系的角度来作的规

定,而主要是从地方政府的行政管理角度所作的规定。随着全国范围内“互联网＋政务服务”的发展,在对法理问题认识逐渐统一的基础上,国家各项立法会陆续出台。在目前阶段,地方可以从自身立法权限出发,加强请示汇报并争取授权,通过开展自主立法、先行立法,积极探索创新,为国家立法提供经验。

（二）顶层设计与基层实验的关系

“一网通办”改革要求进行整体性、系统性和全局性的法治顶层设计。但法治建设本身又必须考虑到“互联网＋政务服务”的客观发展现状,目前这项工作仍处在基层、部门的探索创新期。各基层政府、政府部门根据各自实际,根据上级部门的要求,在工作开展上有差异,也各有特点。“一网通办”的法治建设应当明确管理责任主体和基本体制,建立基本行政工作流程,明确基础统筹工作,恪守群众权益保护的底线。同时,要留有空间以发挥基层以及政府部门改革创新和实验探索的积极性,使它们能够及时发现问题和总结经验。

（三）制度刚性与分类施策的关系

“一网通办”法治保障涉及政务服务、政府职能转变和数据共享应用等多个方面,立法需要根据不同的领域,设置不同的制度。在政务服务领域,必须建立严格的制度要求,确保依法依规落实信息公开、公众参与,确保公众监督以及有效的反馈。在行政审批等政府职能转变领域,必须立足于简政放权,设计清晰的制度底线要求,同时积极鼓励开展更为便民、更为优质的服务。在数据共享应用等领域,凡是属于共享等政府内部统筹事项的,应有明确的要求,形成统一的规则;在开放应用等领域,要平衡好企业、群众权益保护与数据应用的关系。

二、立法工作的遵循

国务院《全面推进依法行政实施纲要》要求,各级行政机关实施行政管理要做到合法行政、合理行政、程序正当、高效便民、诚实守信、权责统一。“一网通办”作为“互联网＋政务服务”的新阶段,立法工作要推动依法行政各项原则的落实。

一是推动合法行政原则的贯彻。合法行政原则要求行政机关实施行政管理应当依照法律、法规、规章的规定进行;没有法律、法规、规章的规定,行政机关不得作出影响公民、法人和其他组织合法权益或者增加公民、法人和其他组织义务的决定。需要指出的是,对合法行政原则的理解要避免僵化,应当分类对待。对给公民、法人和其他组织带来利益减损或者义务增加的行政行为，称为“负担性行为”，应该严格遵照“法无授权不可为”的原则；给老百姓带来实际好处和利益的行为，称为“授益性行为”，即属于服务行政范畴的事项，则无须一定要有法律依据，只要属于本部门的法定职责即可，即遵循的是“法定职责必须为”的理念。

在“一网通办”立法工作中，要认真梳理所涉及的法律、行政法规等上位法的实体性规定，确定“负担性行为”“授益性行为”，划清行政管理部门依法行政的界限，细化相关要求，推动依法行政原则的落实。

二是推动程序正当原则的贯彻。程序正当原则要求行政机关在实施行政管理过程中，遵守法律、法规、规章中的程序性规定。程序性规定是保障实体性规定得以实现的方法和途径，但程序性规定本身也具有一定的独立性，并不完全依赖于实体性规定，其有特殊的价值追求。比如，追求科学性、效率性等。程序上的创新和优化只要没有增加行政相对人的义务，且有利于实体性规定的实现，符合科学、效率的价值取向，就应当认定为合法合理。比如，上海市《进一步深化本市社会投资项目审批改革实施办法》《关于加快企业登记流程再造推行开办企业“一窗通”服务平台的意见》，都涉及了流程优化、时限缩短等规定。

在“一网通办”立法工作中，应当本着科学、高效的目标，对行政管理和服务所涉及的流程、方式、时限等内容作出相应调整，鼓励行政机关在实践中不断改进工作程序，乃至探索承诺、约定优先，以进一步促进政府职能的转变，优化营商环境。

三是推动高效便民原则的贯彻。高效便民原则要求行政机关实施行政管理职责时，讲究办事效率、增进人民福祉。传统的消极行政，是通过制约机制防止公权力滥用，侵犯相对人的合法权益；现代的积极行政，则是通过激励机制促使公权力积极作为，为公众谋福利，维护和增进相对人的权利、自由。作为积极行政重要体现的高效便民原则，要求在管理方法以及程序设计上，形成激励行政管理主体积极作为创新的工作导向，形成激励行政管理主体主动为民、便民的工作导向。

在“一网通办”立法工作中，也要注重形成高效便民的导向。数字政府、电子政务其本身，就是提高行政管理服务效率的重要手段，就是便民的重要工作方式。在立法工作中，要强化制度引导，不断激发行政机关的工作潜力，在推进数据共享，提高办事效率，方便公众、企业方面有新作为。

四是推动权责统一原则的贯彻。权责统一原则，要求行政机关在依法履行经济、社会和文化事务管理职责的同时，享有相应的管理权限与管理手段。权责统一要求行政机关拥有的权力与其承担的责任应当是对等的，既不能拥有权力而不履行其职责，也不能只要求承担责任而不予以授权。合理授权是权责统一原则的重要方面，即必须根据行政机关所承担的责任大小授予其相应的权力。

在“一网通办”立法工作中，要按照权责统一的要求来为各部门设定权力义务，为其履职提供保障。客观上来看，在“一网通办”工作中，有不少环节需要梳理权责关系。比如，行政审批中的“收受分离”等。要通过权责一致的梳理，来理顺行政机关的关系，为其减负和赋权。

五是推动公开透明原则的贯彻。公开透明原则，要求行政机关对自己在行政管理和行政执法中制作或者获得的信息，“以公开为原则，不公开为例外”，能主动公开的应当主动公开，对符合依申请公开条件的应当及时提供。即除涉及国家秘密、商业秘密和个人隐私的信息外，都应当全面、准确、真实地向社会公开。公开透明原则作为行政法治的基本原则，在数据法治时代，应当有新的内涵和变化，这是需要作深入研究的。

在“一网通办”立法工作中，要求行政机关将行政审批和行政服务有关事项标准化并予以公开；要求推动行政审批和行政服务事项均可网上办理，即从材料提交、受理、审批，到补正、延期等，全程网上办理、网上跟踪、网上监察；要求行政机关通过信息公开，认真接受企业、群众的工作监督。

第三节　关于立法工作路径的探讨

一、立法的体例分析

（一）地方性法规

省级人大有权制定地方性法规。地方性法规可以对某项工作全面作出规定，比如，《上海市食品安全条例》《上海市消防条例》从工作原则、组织架构、工作机制等几个重要方面以及法律责任入手，作出系统规定。地方性法规也可以就某项工作中的若干问题作出规定，比如，《上海市法律援助若干规定》《上海市促进农业科技进步若干规定》，就是围绕较为关键的问题作出规定。同样，对“一网通办”的法治保障而言，既可以全面系统地进行立法，也可以选择其中的部分问题制定若干规定。

（二）法律性问题决定

法律性问题决定是我国法律规范体系的重要组成部分。作出法律性问题决定，是各级人大行使立法权的重要形式。相对而言，法律性问题决定具有站位高、条文相对较少的特点，内容可以相对抽象，也可以有具体的授权规定；特别是对一些立法目的明确但具体措施存在不确定性，需要向政府授权的立法，较多采取决定的形式。法律性问题决定是上海市人大经常采用的立法形式。比如，在推进改革创新工作中，市人大作出了《关于促进和保障浦东新区改革开放再出发实现新时代高质量发展的决定》。“一网通办”的法治保障也可以采用法律性问题决定的形式。

（三）制定地方性法规与作出法律性问题决定的利弊分析

制定地方性法规，特别是作出全面规定，其优点是体系性强，内容相对比较翔实，对具体工作的指导性比较强。若干规定则是突出关键，有几条写几条，对需要解决的问题作具体指导。对“一网通办”而言，既可以从工作原则、组织架构、政务服务、行政审批制度改革和公共数据共享开放几项重点工作入手作全面规定，也可以选取部分重要核心问题制定若干规定。制定地方性法规的弊端在于立法周期相对较长，由于涉及具体问题的规定，需要反复周密的衡量取舍。

作出法律性问题决定，其优点是立法周期相对比较短、内容比较精简。在内容上，对“一网通办”可以提出工作总体要求，在宏观上予以引领、支持与保障；可以明确应当坚持的基本原则，作为推进过程中解决各类问题的基本遵循；可以概述工作体系和协同机制，明晰各级政府及其部门的职责，创设若干工作制度；还可以在省级人大立法权限内授权市政府开展工作。但其弊端在于内容相对抽象，具体工作有赖于其他规范的支持。

二、立法与清理相结合

地方立法必须“立改废”并举，对“一网通办”法治保障而言，既要面对新问题出台新立法，也要对与“一网通办”工作要求不相符的地方性法规开展清理，并作出修改或者废止。为支持重大改革而开展地方性法规清理，是地方立法工作的通例。比如，杭州市人大对与“最多跑一次”改革不相适应、与“放管服”改革不相适应的地方性法规作了清理，废止了《杭州市预算监督条例》《杭州市蔬菜农药残留监督管理条例》等。

自2018年上海市启动“一网通办”工作以来,市人大常委会就主动依托“一网通办”法治需求大调研工作,对上海市现行有效的地方性法规开展了梳理。从梳理情况来看,上海市现行有效地方性法规中未有与“一网通办”工作本身相抵触的规定。

当然,有个别地方性法规因制定时间较早,不完全适应行政审批制度改革的要求,比如,《进一步深化本市社会投资项目审批改革实施办法》简化了施工许可办理手续,涉及《上海市建筑市场管理条例》;《关于加快企业登记流程再造推行开办企业“一窗通”服务平台的意见》将企业名称预先核准程序和企业设立登记程序合并,涉及《上海市企业名称登记管理规定》。又如,在“一窗受理”工作中,对“前台综合受理”的“受理”存在理解上的歧义。“受理”是指“材料接收”还是法律意义上的“启动办理”,这既关系到行政审批、行政服务的起算时间,也关系到行政复议、行政诉讼的主体。这也涉及了上海市个别地方性法规,比如,《上海市水路运输管理条例》①规定,“受理机关应当按照审批权限报送相关机关审批”。

就此来看,地方立法要跟进“一网通办”以及相应的政务服务、行政审批制度改革,需要常态化地分析梳理地方性法规,并适时作修改、废止或者通过有关程序暂时调整、停止适用有关规定。②

---

① 《上海市水路运输管理条例》第10条第2款。

② “暂时调整或者停止适用”是近年来常用的方式,比如,上海市人大常委会《关于开展“证照分离”改革试点在浦东新区暂时调整实施本市有关地方性法规规定的决定》规定:在浦东新区内,上海市有关地方性法规规定,凡与国务院批准的《上海市开展“证照分离”改革试点总体方案》不一致的,暂时调整实施。

第四编

全球电子政务的启示借鉴

第一章　联合国电子政务评估概述

自2001年起，联合国经社部（UNDESA）对联合国成员国的电子政务进程进行调查，并发布年度电子政务调查报告，以帮助各国更好地了解全球电子政务发展现状，了解各国电子政务相对其他国家所处的位置，为各国决策者在推动综合性、可持续性的电子政务政策和项目时提供决策参考。本章以联合国发布的年度电子政务调查报告为基础，对全球电子政务发展情况予以综述性介绍。[①]

第一节　联合国电子政务评估体系介绍

一、联合国电子政务评估基本指标

联合国电子政务发展指数（EGDI）是一项用于衡量电子政务发展水平的综合指数，是3项标准指数的加权平均数。

一是电信基础设施指数（TII）。这是在国际电信联盟数据基础上形成的指数，是以下5个指标的算术平均数：（1）每100名居民中估计的互联网用户数量；（2）每

---

① 据最新发布的《2020年联合国电子政务调查报告》，我国电子政务发展指数（EGDI）全球排名第45位，是该报告自发布以来排名最高的一次，与2018年排名第65位相比，提升了20名。上海市在全球城市排名中位列第9名。

100 名居民中固定电话线路数量;(3)每 100 名居民中移动电话用户数量;(4)每 100 名居民中无线宽带用户数量;(5)每 100 名居民中固定宽带用户数量。

二是人力资本指数(HCI)。这是在联合国教科文组织数据基础上形成的指数,由 4 个部分构成:(1)成人识字率;(2)小学、中学以及大学的毛入学率;(3)预计受教育年限;(4)平均受教育年限。

三是在线服务指数(OSI)。这是基于在线服务调查问卷形成的标准化分数,其所依据的数据来自联合国经社部(UNDESA)的独立调查问卷,该问卷评估了联合国 193 个会员国的在线服务情况和一系列与在线服务相关的内容,包括整体政府方针、开放式政府数据、电子参与、多渠道服务交付、移动服务、应用推广、数字鸿沟,以及利用信息通信技术(ICT)建立创新型伙伴关系。

二、联合国电子政务评估的主题

其历年主题分别为:2018 年“发展电子政务,支持向可持续和弹性社会转型”;2016 年“电子政务促进可持续发展”;2014 年“电子政务成就我们希望的未来”;2012 年“面向公众的电子政务”;2010 年“在金融和经济危机时期扩充电子政务”;2008 年“从电子政务到整体治理”;2005 年“从电子政务到电子包容”;2004 年“迈向机遇”;2003 年“世界公共部门报告:处于十字路口的电子政务”;2001 年“电子政务标杆管理:全球视角”。这些主题都契合当时全球电子政务发展所面对的共性难题,对于电子政务发展起到了重要的评估导向作用。①

第二节　全球电子政务的发展情况

一、总体发展水平

近 10 年来,全球的电子政务发展整体呈现向更高水平发展的积极态势。世界平均水平从 2010 年的 0.4406 提升到 2018 年的 0.55,并且自 2014 年以来,所有 193 个成员国都提供了某种形式的在线服务。这表明,从全球范围来看,各国都在稳步改善电子政务以及公共服务的在线提供。

① 最新发布的《2020 年联合国电子政务调查报告》,其主题是:“数字政府助力可持续发展十年行动”。

按照EGDI值的高低，将全球193个联合国成员国分为4个不同组别，分别是“非常高”“高”“中”“低”组别。这些年来，电子政务高发展水平国家不断增多，低发展水平国家不断减少。值得注意的是，在线服务指数OSI均值的增长速度最快，仅2014～2018年的4年，就从0.39增加到0.57。

从2010年到2018年，欧洲都凭借最高的区域EGDI值保持领先地位，其后分别是美洲、亚洲、大洋洲，最后是非洲。虽然很多国家都在技术领域进行了投资并取得了进步，电子政务鸿沟和数字鸿沟却仍然存在。

二、2018年来电子政务发展排名靠前的国家情况简介

2018年排名前十的国家为：丹麦、澳大利亚、韩国、英国、瑞典、芬兰、新加坡、新西兰、法国、日本。

近10年来，丹麦的排名一直处于前列，在关于在线服务供给的独立评估中，得分最高。2016年以来，丹麦开始执行其“2016～2020年数字战略”，为丹麦公共部门数字化发展及其与商界和产业界的互动确定了发展道路。该战略旨在为建设一个强大、安全的数字化丹麦夯实基础。丹麦还将政府与公民的数字化互动作为一项强制规定，且不把那些无法使用数字服务的群体排除在外。地方、区域和中央政府等各级公共机构都与私营部门一道利用数字化发展提供的各种机会。

澳大利亚在近10年中一直处于前十的行列，在2018年调查中排名第二，保持了2016年的名次。澳大利亚联邦政府正在努力执行“数字转型议程”。2016年发布的一份“数字转型路线图”规定了议程目标，预期可交付成果的阶段进展也定期更新。

韩国2010～2014年都排名第一，在2018年的统计中，也维持了其2016年的排名，即第三名。韩国的在线服务和基础设施表现很好，该国推动便捷、有效和透明的治理以提高公民满意度和政府效率，并在科技日新月异的今天不断改进，以便向公民提供更好的政务服务。越来越多的发展中国家请韩国政府分享其在数字政府战略方面的经验做法。在过去10年，来自其他国家的数千名政府官员接受了电子政务能力建设方面的培训。

英国在2018年调查中位列第四。英国政府正在通过其一站式平台GOV.UK提供综合性更强的在线服务。其2017年公布的“政府转型战略”为推动电子政

务发展确定了方向,具体方法包括:业务转型,培育所需人才、文化与技能,开发公务员更适用的工具、流程和治理模式,更好地利用数据,创建共享平台。

瑞典在2018年调查中位列第五。2017年,瑞典政府公布了一项战略,说明数字化政策的重点在于如何提升竞争力、全员就业以及经济、社会和环境的可持续发展。该战略的目标是使瑞典成为善用数字转型机遇的全球领袖。瑞典的移动宽带使用率很高,并且其市场对高速宽带的消费需求还在快速增加。91%的瑞典人上网,其中3/4拥有基本的数字技能。

芬兰的“国家知识社会战略”始终关注多渠道、互动性电子服务的提供以及与公共机构的信息系统进行互操作的能力。根据其“2016年战略政府计划”,公共服务将以用户为中心进行设计,并主要以数字方式提供。数字化发展是政府战略的一个主题。芬兰已经确定了以用户为中心的公共服务原则,并鼓励公共部门努力向自动化和数字化办公转型。

新加坡和美国的在线服务供给指数并列第二,仅次于丹麦。新加坡政府自20世纪80年代起就制定电子政务计划。2014年,其宣布打造“智慧国家”的目标,而“数字政府”正是不可或缺的一部分。新加坡始终将电子政务作为国家发展战略中的重要部分。新加坡人口少、国土面积小,加之人力开发水平和人均国民总收入(GNI)高,使政府能够为其公民、企业和访客开发一整套在线服务。此外,新加坡的移动电话和智能手机渗透率很高,这使政府能够通过移动政务应用程序向公民提供电子网络接入,特别是在政府对公民(G2C)和政府对企业(G2B)的相关事务中。

新西兰的在线服务和人力资本两项得分都不错,2018年EGDI排名第八,与2016年相同。新西兰政府制订了一项“数字经济工作计划”,其正在支持数字部门的发展。

法国的排名从2016年的第十位提高到2018年的第九位。促进这一提升的因素很多,其中一个就是政府关于实现公共服务数字转型的愿景,其目标是到2022年实现100%无纸化公共服务。法国于2017年10月启动了公共服务转型项目——“2022年公共行动”,主要目标是精简行政流程,推动数字化发展。法国政府还启动了“数字空间管理的协调发展计划”(DCANT),以期建立应用程序、构件、存储库和共享框架的共同基础,加快和扩大数字化转型。

日本政府积极支持各项举措,比如,开发在线行政流程、提供电子形式的政府信息、优化工作和系统、改善政府电子采购和信息安全措施。日本也制订了“数字政府战略”和“加强利用公共和私营部门数据基本计划”。

第三节　全球电子政务发展趋势与特点

一、在线服务提供水平不断提高

从全球范围来看，在线服务提供方面的进步与 EGDI 得分的整体提高呈正相关。联合国所有 193 个成员国都有国家门户网站和后台系统。在提供事务性在线服务的国家中，所有类别的服务，其覆盖面和可获得性都实现了不同程度的增长；政府部门在线服务的分布非常广泛。

越来越多的国家开始提供针对最弱势群体的在线服务。自 2016 年以来，向贫困人口提供服务的国家数量几乎达到开始时的 3 倍，提供面向青年、妇女、移民、难民、老年人和残疾人的专门服务的国家几乎翻了一番。在欧洲，针对所有弱势群体提供的在线服务都在增加，几乎实现了该区域全覆盖。向弱势群体提供服务的国家的百分比也在提高，美洲从 69% 提高到 86%、亚洲从 70% 提高到 79%、非洲从 33% 提高到 57%、大洋洲从 4% 提高到 15%。

各国政府为改善问责制、有效性、包容性、公开性和透明度所做的努力，有助于强化这些关键的治理原则。获得高 EGDI 值的国家提供了符合这些治理原则的最全面的网站和在线服务。

二、政府数据开放程度进一步深化

政务数据开放（OGD）可显著提高透明度，进而加强对政府和公共机构的问责制与信任度。许多国家都有专门的网站用以开放格式共享数据，它们通常被称为“政务数据开放门户网站”。很多国家都设立了 OGD 目录，列示了所有可获取的数据集，它们通常按主题进行组织，比如，环境、支出、医疗卫生等。各国通过政府网站、专门的门户网站和 OGD 目录向公众提供 OGD 的进展情况。2018 年，拥有 OGD 门户网站的国家数量达到 139 个，占联合国成员国的 72%，与 2014 年的 46 个国家和 2016 年的 106 个国家相比进步显著。这些门户网站中的 84% 还提供了目录或者元数据库，描述了数据的根本概念、方法和结构。

OGD 门户网站的功能性也在提升，以非机读格式提供的数据翻了一番，但机读数据集的增长相对缓慢。

三、移动服务供给持续优化

随着移动宽带覆盖面和移动数据流的不断扩大，以及全球范围内智能手机用户的增加，各国政府都在积极地根据移动平台的要求调整电子政务服务，以便在任何时间、任何地点提供公共服务。移动服务的供给方式、途径多样化。[①] 各国政府开始越来越多地使用电子邮件和丰富站点摘要（RSS）以及移动 App 和短信服务 SMS。2018 年，193 个成员国中通过电子邮件或者 RSS 推送提供更新信息的国家比 2016 年有所增加。在提供移动服务或者应用程序 App 的国家中，教育部门的占比最高，达到 46%，之后分别是就业（38%），医疗卫生和环境（36%），以及社会保护（33%）。移动服务与手机订购量的增加与遍及所有区域的固定宽带有关。全球各区域的手机和无线宽带用户显著增加，欧洲处于全球最高水平。

第四节 《2018 年联合国电子政务调查报告》的新发现

一、利用电子政务以及信息技术构建可持续和弹性社会

《2018 年联合国电子政务调查报告》发布时，正值科技发生关键、快速变革之际，与此同时，联合国成员国落实可持续发展目标（SDG）也进入第三个年头。为此，《2018 年联合国电子政务调查报告》提出了“发展电子政务，支持向可持续和弹性社会转型”的新目标。电子政务的弹性，是指在灾害风险管理的各个阶段采用电子政务的方式来降低风险和影响，以维持可持续发展的成果，以其协调性、适应性和高效性的特点来构建弹性社会。

弹性（Resilience），是指“暴露于危险中的系统、社区或者社会以及时有效的方式抵抗、吸收、适应危险和从危险效应中恢复的能力，包括维护和恢复其重要的基本结构和功能”。美国学者盖伊·彼得斯（Guy Peters）在他的著作《政府未

---

① 王益民：《全球电子政务发展现状与趋势——〈2018 年联合国电子政务调查报告〉解读之一》，载《行政管理改革》2019 年第 1 期。

来的治理模式》中，率先介绍了“弹性国家”的概念。在总结了近40年政府主导的公共管理活动和改造实践项目的经验教训基础上，他得出了政府和国家弹性化的概念，即“弹性化是指政府及其机构有能力根据环境的变化制定相应的政策，而不是用固定的方式回应新的挑战”，并指出“弹性政府”是指“政府有应变能力，能够有效回应新的挑战”。①

加强弹性就需要确保个人、社会和机构都拥有预测、减少、缓冲和适应各类冲击与风险的资源和能力。此外，还需要针对最贫困、最脆弱群体的措施，尽量通过就业以及其他政策措施增强他们的权能。因此，涵盖可持续发展所有维度的弹性包括一系列战略，而不仅限于制度和应急计划，教育、医疗、水和环境卫生以及基础设施和公用事业等基本公共服务对于维持发展、改善生活质量和促进繁荣而言至关重要。为确保弹性和可持续性，需要向所有人提供这些服务，不让任何一个人掉队，这是可持续发展的一个主要基石。新技术和ICT对于实现该目标不可或缺，即增加服务使用者的获取渠道和向他们提供重要福利，同时降低服务提供者的成本。

二、新技术在电子政务中的创新应用②

电子政务利用一些快速发展的技术，来实现善治原则和可持续发展目标。移动技术、开放数据倡议和物联网（IoT）在政府工作转型方面发挥了重要作用。同时，民众的参与也推动政府服务和运作效率的转变。

数据、智能应用程序和分析，人工智能和机器人流程自动化，智能“物件”、信息物理融合和边缘计算，虚拟现实和增强现实技术，高性能计算和量子计算，区块链和分布式账本技术，这些颠覆性技术（包括预测分析）为卫生、安全、水管理、环境等诸多政府部门创建了无法预见的机遇。迅速发展的新技术，结合各国政府原有的知识储备，为可持续发展提供了历史性机遇。

然而，技术的创新速度和发展可能会超过政府吸收这些革新的速度。在过去10年中，不断涌现出突破性的技术进步，比如，经济应用程序、区块链和简单

---

① 丁艺：《运用电子政务构建弹性社会——〈2018年联合国电子政务调查报告〉解读之二》，载《行政管理改革》2019年第2期。

② 傅建平：《新技术在电子政务中的创新应用及对中国的启示——〈2018联合国电子政务调查报告〉解读之五》，载《行政管理改革》2019年第5期。

智能手机中的面部识别等。政府不仅需要赶超技术进步,还需要确保新的数据工具用于公平分配,而非集中于少数人手中。

创新的加速以及各行各业的技术融合,对公共部门产生了巨大影响,公共服务正在不断变化。除数字转型之外,政府自身也需要进行不断转型。利用这些快速发展的技术来发展电子政务会引发如下问题:社会成员是否正在使用这些技术,以及在何种程度上使用这些技术才能产生最大的影响。政府和社会之间的联系强化了人们普遍认定的观点,即政府利用新技术可以有助于实现更广泛的社会目标。

政府在电子政务中广泛部署和使用快速发展的技术(如人工智能),会造成人权、技术和社会经济方面的挑战。这些问题不仅对电子政务而言至关重要,而且代表了当今社会面临的一些最棘手的问题。《2018 年联合国电子政务调查报告》对电子政务发展中的技术运用作了展望,对于各成员国如何更有效、安全地利用新技术作了提示。

三、全球在线政务服务模式的创新

网络基础设施是提供在线政务服务的基本保障。研究表明,宽带普及率每提升 10%,就能够推动经济发展加快 1.38%,对推动在线政务服务也同样显著。从《2018 年联合国电子政务调查报告》来看,信息通信技术基础设施不断改善,对弥补数字鸿沟发挥了重大作用。《2018 年联合国电子政务调查报告》认为,随着 5G 移动网络的问世,上述趋势将更加明显。①

2018 年的调查为在线政务服务模式创新提供了新的思路。随着公共部门提供越来越多的服务,关注的焦点不再是提供何种服务,而是如何提供这种服务。一是门户整合;二是政务服务整合;三是在线政务服务渠道整合。共享开放与公众参与对于在线政务服务也具有重要推动作用,数据的可获得性、可靠性、精确度、可用性和部门信任对于促进数据的开放至关重要;同时,让公众参与政务服务的需求分析、过程监督、评估评判有助于政府职能转变。优化法律环境是实现在线政务服务改革愿景的基本前提,据《2018 年联合国电子政务调查报告》

---

① 翟云:《全球在线政务服务模式创新及对中国的启示——〈2018 年联合国电子政务调查报告〉解读之四》,载《行政管理改革》2019 年第 4 期。

显示，1990 年全球仅有 13 个国家制定了《信息自由法》，目前联合国 193 个成员国中已有 130 多个国家制定了这类法律。《2018 年联合国电子政务调查报告》特别指出，141 个成员国已颁布关于个人信息保护的法律。

第二章　丹麦电子政务发展和法治保障情况

在2018年联合国电子政务发展指数调查中，丹麦位列第一。在UNDESA开展的关于在线服务供给的独立评估中，丹麦得分最高。[①] 丹麦整个社会对数字技术的高度接受，特别是公共部门对数字技术的广泛采用使其电子政务发展处于领先地位。

第一节　电子政务的发展战略和平台门户建设

一、电子政务发展战略

（一）信息社会阶段

1994年欧盟发布关于信息社会的报告（通常称为"班格曼报告"），该报告将"信息社会"的理念置于欧洲政策议程之首，预言信息技术的采用将引起欧洲社会的广泛变革。在这种推动下，一些欧洲国家制定了本国的信息社会国家战略，丹麦也是如此。1994年，政府指定丹麦研究部负责设计迈入信息社会的愿景，并着手开展政

① 联合国经济和社会事务部：《2018联合国电子政务调查报告》，中央党校（国家行政学院）电子政务研究中心译，第90页。

策制定。[①] 人们也乐观地期待利用信息技术改变世界，使人们生活得更好。这种理念和期待成为丹麦推进信息化和电子政务的思想基础。[②]

（二）新公共管理阶段

20 世纪 90 年代末，新公共管理（NPM）兴起，其观点成为数字化政策的核心。根据其观点，数字技术必须系统地优化工作流程，打破行政领域之间的壁垒，为形成更灵活、敏捷和创新的公共部门打下基础。新公共管理的基本目标在于以管理、业绩评估和效率为标准，在专业化公共部门中引入私营部门的管理方法，引入竞争机制；以公民客户为导向，同时强调调整政府职能，通过间接而非直接的控制方式实现私营化和外包模式的公共服务。[③]

（三）后新公共管理阶段

后新公共管理理念主要是对新公共管理改革中出现的一些消极问题的回应。其认为，整体政府以及管理专业化基础并不完善，政府必须做好协调工作，电子政务可以实行外包但政府必须把握方向。后新公共管理理念与信息社会理念的区别，是更加强调政府的绩效和评估；与新公共管理理念的区别在于对私营企业的利润目标有了新的认识，它不单纯强调专业管理的优点而更加强调预算与评估，尤其是在预算分析阶段重视政府内部专家的作用。[④]

二、平台门户建设情况

（一）获取数字自助服务和公共部门信息的单一门户——Borger. dk[⑤]

Borger. dk 是一个通用的公共门户网站。人们可以在网上找到关于丹麦公共部门的信息，可以任何时间使用公共服务。用户友好性是开发和操作 borger. dk 的关键。

Borger. dk 为公民提供大约 800 页关于公共部门的信息。在 borger. dk 上有 18 个不同的主题入口，从“工作、失业、福利和假期”到“学校和教育”以及“财政、

---

① ［丹］克劳斯·彼得森，杰尼克·休乌：《数字化时代的丹麦福利国家：政策变革与战略困境》，高静华译，载《社会保障评论》2019 年第 2 期。

② 李斌、Jasper Schlager：《理念、政策、技术的有效互动——丹麦电子政务建设对中国电子政务发展的启示》，载《电子政务》2009 年第 6 期。

③ 同上。

④ 同上。

⑤ Agency for Digitisation，https://en. digst. dk/digitisation/national-citizen-portal/，Dec. 20. 2019.

税收和学生补助金”。用户可以通过门户主页上的菜单进入各个主题。Borger. dk 展示了公共部门大约2000个在线自助服务解决方案。使用 borger. dk 可以将孩子登记在日托等待名单上，申请儿童福利，更改地址，更改家庭医生，完成纳税申报表等。数字邮政(Digital Post)是 borger. dk 上的一项数字信箱服务。市民可以通过该服务接收来自公共当局和私人企业(如银行和保险公司)的邮件。自2014年11月1日以来，公共部门一直在向所有拥有民事登记号码(CPR号码)和丹麦永久居留权的15岁以上公民发送数字邮件。在2018年12月的最新调查中，95%的公民在被问及是否知道 borger. dk 时回答“是”，93%的人对使用 borger. dk 充满信心，对门户网站的总体满意度为92.5%。

(二)电子政务系统的基础——NemLog-in[①]

NemLog-in 是一个通用的登录解决方案。使用 NemLog 登录可以访问许多不同的服务提供商和公共服务。

(三)电子政务系统的关键——NemID[②]

NemID 是许多公民和企业日常生活的一部分，NemID 既用于记录用户的身份，也用于对文档进行数字签名。公民和企业需要用 NemID 登录 borger. dk、virk. dk 和许多私人网站(如网上银行)，使用一系列数字自助服务解决方案和阅读数字邮件。大约470万丹麦公民使用 NemID，目前每月发生5500多万笔交易。[③]

丹麦《电子签名法》[④]于2000年10月1日生效，该法执行了欧盟《电子签名共同框架指令》。《电子签名法》中关于电子签名的法律界定和欧盟类似。丹麦政府制订了一个官方数字签名计划(Official digital signature scheme)。根据该计划，每个丹麦公民都可以得到一个免费的基于软件的电子签名 NemID。

此外，丹麦多年数字化努力的主要成果还在于为所有公民和企业提供一个数字信箱。《数字邮政法》规定，居住在丹麦或者在丹麦有永久居留权的年满15

---

① Agency for Digitisation, https://en. digst. dk/digitisation/nemlog-in/, Dec. 20. 2019.

② Agency for Digitisation, https://en. digst. dk/digitisation/eid/, Dec. 20. 2019.

③ Agency for Digitisation, https://en. digst. dk/digitisation/eid/next-generation-nemid/, Dec. 20. 2019.

④ 李德升:《丹麦电子政务建设的思路和措施》，载《信息化建设》2015年第11期。

岁的自然人必须使用数字邮政与丹麦公共部门进行沟通。[①]

三、法治保障情况

丹麦虽然是电子政务非常发达的国家，但一直没有制定一部统一的电子政务法。丹麦在其第一个电子政府战略《电子政府：丹麦公共部门的愿景和战略》（《Towards e-government：Vision and Strategy for the Public Sector in Denmark》）中，反复强调要创造良好的条件，包括进行法律的修正。[②] 在新的电子政府战略《2016—2020 年数字战略》[《A Stronger and More Secure Digital Denmark (2016—2020)》]中，丹麦明确提出要加强相关法律建设。

丹麦财政部于 2002 年启动了一项计划以改革政府，减少公众与企业的负担，其中一项工作就是通过简化法律来推动电子政务，消除电子政务与电子商务的法律障碍。该计划要求丹麦政府所有的部门审查其相关法律和规章，找出制约电子政务的规定。然后，相关部门对这些规定进行分析，评估是否应该作出修改。基于这些分析，各部门再提出法律现代化的行动计划。2004 年 6 月，丹麦数字工作组（Danish Digital Task Force）承担了完成计划的责任，并对已经完成的工作提出了一份报告。根据报告，共有 423 部对电子政务构成不当阻碍的法律或者规章已经被修正或者需要被修正。同时，该报告承认另外有 1106 部法律与规章无法修正，它们要么与特定的文件（如护照、驾照等）相连，这些文件要求书面形式；要么事关欧盟或者国际条约的规定。尽管有许多法律与规章至今仍没有被修改，但法律的系统修改已为电子政务的推行创造了有利条件。在 OECD 的调查中，很少的被采访者会将规则的矛盾或者不一致作为电子政务的障碍，由此可见丹麦在法律修改方面的成效是非常显著的。[③]

未来几年，丹麦的目标是数字化立法，数字化立法的核心是简化立法。有观点认为，立法中含混不清的条款或者许多程序要求，可能会妨碍高效和数字化的公共行政。数字化立法要求法律应易于理解且能与数字兼容，比如，在所有立法领域使用具有明确定义的术语和概念，规则的设计应当使所涉事务的处理实现

① Agency for Digitisation, https://en.digst.dk/about-us/, Dec. 20. 2019.

② 中国社会科学院法学研究所电子政务法研究课题组：《国外电子政府立法总结与分析报告——“电子政务法研究”课题专题报告之一》，载《电子政务》2009 年第 7 期。

③ 同上。

全部或者部分自动化。总之,立法必须以易于实现数字管理的方式起草,且必须支持和造福当今丹麦的数字社会公民。[①] 2018 年年初,丹麦财政部成立了预备数字化立法秘书处,该秘书处评估新法案在制定时是否充分考虑数字化。[②] 该评估基于 7 项原则:其一,简单明了的规则。立法必须简单明了,以便促进更统一的管理和数字支持。其二,数字通信。立法必须支持与公民和企业的数字通信。其三,自动化处理的可能性。立法应支持全部或者部分数字化管理,同时适当考虑公民和企业的合法权利。其四,跨部门的一致性,即统一概念和数据重复利用,在可能的情况下,数据应该跨部门间得以重复利用。其五,安全的数据处理。高度数字化要求对数据安全进行高度优先排序,包括安全处理数据和保护个人信息。其六,公共基础设施的使用。立法应考虑是否有可能使用现有的公共基础设施,比如,NemID,数字信箱等。其七,防止欺诈和错误。立法的措辞应当允许有效的信息技术应用。[③]

第二节　政府治理改革与数据共享保护

一、政府治理改革与数据共享

事实证明,数字化是重新思考公共部门工作流程的有效工具。在一些领域,数字化已经打破了公共部门经常采用的条块分割思维,数字化要求不断加强公共部门的合作,为公民和企业提供良好、高效和连贯的服务。[④] 数字化也强调公共部门必须与商界、利益相关组织和其他各方合作,为建设一个“灵活的、极具适应性的社会以及之后的数字化程度更高的世界”夯实基础。[⑤]

丹麦的公共当局登记了有关个人、企业、不动产、建筑物、地址等各种核心信

---

① Agency for Digitisation, https://en. digst. dk/policy-and-strategy/digital-ready-legislation/, Dec. 19. 2019.

② Agency for Digitisation, https://en. digst. dk/policy-and-strategy/digital-ready-legislation/secretariat-for-digital-ready-legislation/, Dec. 20. 2019.

③ Agency for Digitisation, https://en. digst. dk/policy-and-strategy/digital-ready-legislation/guidances-and-tools/, Dec. 20. 2019.

④ Agency for Digitisation, https://en. digst. dk/policy-and-strategy/digital-strategy/, Dec. 19. 2019.

⑤ 联合国经济和社会事务部:《2018 联合国电子政务调查报告》,中央党校(国家行政学院)电子政务研究中心译,第 141 页。

息,这些被称为基础数据的信息在整个公共部门重复使用,是公共当局适当和有效执行任务的重要基础。越来越多的任务必须以数字方式执行,而且必须跨部门、跨单位、跨行政部门执行。

二、数据安全与隐私保护

(一)数据安全

1. 安全数字身份

丹麦推行数字身份以及权利管理 NemID。① 从 2018 年起,所有欧盟成员国的公共部门数字解决方案都必须使用数字身份(如 NemID)。丹麦学生可以在申请出国留学时使用 NemID。在丹麦的外国雇员可以使用本国的数字身份解决方案登录丹麦自助服务解决方案(如申请税务卡)。②

2. 信息安全标准

2010 年,丹麦政府决定,政府机构在完成标准的更新和丹麦语翻译后,必须遵循国际标准 ISO/IEC 27001。因此 ISO/IEC 27001 现已取代 DS484 成为信息安全管理的国家标准,丹麦所有政府机构必须遵守国际信息安全标准 ISO/IEC 27001。

为支持政府各部门在信息安全方面的合作,政府资讯科技委员会成立了政府资讯安全论坛,约有 30 个政府机构参与。论坛每年举行 4 ~6 次会议,以跟踪信息安全管理的总体发展,并提出加强信息安全的联合倡议。③

3. 公共部门以及人员专业性④

丹麦的数据保护从一开始就纳入公共信息技术解决方案的设计和开发。公职人员熟悉如何收集、存储和使用数据的指导方针,尤其是敏感的个人数据和机密数据。政府建立工作流程以掌握谁有权访问公众和企业的敏感数据,通过对

① Agency for Digitisation, https://en. digst. dk/policy-and-strategy/information-security/, Dec. 21. 2019.

② Agency for Digitisation Denmark (2016). A Stronger and More Secure Digital Denmark (2016 - 2020), P48. Available at, https://digst. dk/media/16165/ds_singlepage_uk_web. pdf

③ Agency for Digitisation, https://en. digst. dk/policy-and-strategy/information-security/standard-for-information-security/, Dec. 21. 2019.

④ Agency for Digitisation Denmark (2016). A Stronger and More Secure Digital Denmark (2016 - 2020), P47. Available at, https://digst. dk/media/16165/ds_singlepage_uk_web. pdf.

数据的差异访问来实现只有相关员工能够访问公民和企业的数据。

4. 网络和信息安全战略

丹麦《丹麦网络和信息安全战略 2018 年—2021 年》将增强数字基础设施的技术弹性,将加强各国在信息安全方面的协调与合作。其发起了 25 项倡议,启动了 6 项有针对性的战略,以改善电信、金融、能源、医疗、运输和海事等关键部门的网络和信息安全。①

(二)隐私保护

丹麦数据保护局是监督个人数据保护规则遵守情况的独立机构。法规和技术的设计必须着眼于保护隐私,使公民对信息技术的使用充满信心;在确保维护公民权利的同时,又不会对利用技术潜力施加不必要的限制。②

三、相关的法律规定

丹麦《个人数据处理法案》沿用了欧洲关于个人数据处理保护以及个人数据自由移动方面的规定,该法于 2000 年开始执行,至今经过多次修正。该法允许个人查阅公共机构与私营机构所掌控的本人个人数据。该法案规定政府只能在特定情况下使用个人犯罪数据;规范了政府获取和使用个人身份号码的行为;规范了政府处理市民来电信息的行为;规范了政府将个人债务信息提供给其他机构使用的行为。总体而言,法案对不同种类的个人数据的获取、保存、传播、使用作了规范。③

《个人数据处理法案》规定,如果数据主体明确同意,私人和机构可处理与刑事犯罪、严重社会问题和其他纯私人事项有关的数据。如果为了追求合法利益而有必要,也可以进行处理。④

《个人数据处理法案》规定,(1)数据保护局可以命令私人数据控制器停止本法不允许的处理操作,并纠正、删除或者阻止正在进行这种处理的特定程序。

---

① Agency for Digitisation, https://en. digst. dk/policy-and-strategy/danish-cyber-and-information-security-strategy/about-the-danish-cyber-and-information-security-strategy/, Dec. 23. 2019.

② Agency for Digitisation, https://en. digst. dk/policy-and-strategy/information-security/privacy/, Dec. 21. 2019.

③ 黄雨婷、黄如花:《丹麦政府数据开放的政策法规保障及对我国的启示》,载《图书与情报》2017 年第 1 期。

④ The Act on Processing of Personal Data, Available at, https://rm. coe. int/16806af0e6.

(2)如果数据保护局发现所述程序存在违反本法处理数据的重大风险,可以禁止私人数据控制器使用与数据处理相关的特定程序。(3)数据保护局可命令私人数据管理员实施特定的技术和组织安全措施,以保护数据不受处理,不受意外或者非法破坏,不受意外丢失、更改,不向任何未经授权的人披露,不被滥用等。(4)在特殊情况下,数据保护局可针对数据处理机构发布禁止令或者强制禁令。①

第三节　公众参与和透明政府情况

一、电子参与的基本情况

丹麦的电子参与水平世界领先。电子参与被定义为"利用 ICT 让公民参与决策和服务的设计与供给"(联合国,2013 年)。电子参与指数(EPI)衡量电子参与情况,该指数基于以下几点:(1)电子信息——提供在线信息;(2)电子咨询——组织在线公共咨询;(3)电子决策——公民直接参与决策过程。②

(一)获取电子信息

电子信息至关重要,如果缺少了对信息的知情,参与就没有意义。丹麦在 borger. dk 上为公民提供大约 800 页关于公共部门的信息,基本数据全部无偿向公民及企业开放。

(二)开展电子咨询

征询人民的意见是草拟新政策、设计新服务或者项目流程的一部分。www. digitaliser. dk 是丹麦的社交网络工具,它为公共部门、公民和企业之间更直接的沟通铺平了道路,公众通过该网站可以与公共部门对话与共享知识。③

(三)进行电子决策

电子决策指的是公众为决策提供观点的过程。比如,借助安全系统的直接电子投票;通过社交媒体的"赞/踩"或者" +/-"功能排行榜,来识别优先(受欢

---

① The Act on Processing of Personal Data, Available at, https://rm. coe. int/16806af0e6.

② 联合国经济和社会事务部:《2018 联合国电子政务调查报告》,中央党校(国家行政学院)电子政务研究中心译,第 112 页。

③ Agency for Digitisation, https://www. digitaliser. dk/resource/4605567, Dec. 22. 2019.

迎)的选择和建议。[1]

数字化是创建连贯、无障碍、以公民为中心的公共部门的关键驱动力。丹麦公民必须使用数字解决方案(如数字信箱等)与公共部门进行交流。

二、相关的法律规定

《关于获取公共文件的法案》[2]以法律形式赋予丹麦公民获取、查阅政府数据资料的权利,与此同时也规范了个人获取公共文件的行为。该法案第二节指出个人可申请查看不涉及保密内容的政府文件;第三节对禁止开放的文件类型作了范围限定;第四节对政府处理公共文件获取申请的流程作了规范。该法案通过开放行政机构数据,从法律层面促进了政府工作的透明化。

第四节 政务服务以及智慧政府建设情况

一、政务服务的主要内容

丹麦建立了一些常见的跨部门门户网站,比如,个人健康数据的门户网站(sundhed. dk)、数字公共服务的门户网站(borger. dk)和面向企业的公共服务门户网站(virk. dk)。针对慢性病患者的远程医疗解决方案以及数字学习工具在丹麦的应用也越来越广泛。丹麦许多公共部门的基本数据现在都可以在网上免费提供给个人、企业和当局政府。[3]

二、政务服务的特点

一是数字优先。丹麦制定了“数字优先”法,通过法律强制使用电子互动方式。同时,政府向无法自行完成事务的人员提供离线帮助。[4] 截至 2015 年,

---

① 联合国经济和社会事务部:《2018 联合国电子政务调查报告》,中央党校(国家行政学院)电子政务研究中心译,第 112 页。

② 黄雨婷、黄如花:《丹麦政府数据开放的政策法规保障及对我国的启示》,载《图书与情报》2017 年第 1 期。

③ Agency for Digitisation Denmark (2016). A Stronger and More Secure Digital Denmark (2016 - 2020), P13. Available at, https://digst. dk/media/16165/ds_singlepage_uk_web. pdf.

④ 联合国经济和社会事务部:《2018 联合国电子政务调查报告》,中央党校(国家行政学院)电子政务研究中心译,第 38 页。

NemKonto(当局支付的强制性公民账户)使丹麦政府知道该向哪个账户支付福利。此外,通过安全认证解决方案——NemID,每个人都有一个安全的个人身份识别和在线认证方式。

二是个性化。Borger. dk 正与有关部门合作,为处于不同生活状况的公民提供更多关于 borger. dk 的定制内容。比如,在此之前,所有公民使用他们的 NemID 登录时,在页面上看到的是相同的内容。当局现在可以为选定的公民部分定制数据显示,borger. dk 可以提供更个性化和更有针对性的内容。比如,即将退休的人在登录 borger. dk 时将看到与他们特别相关的内容。他们将收到一条信息,解释他们应该记住在年满 65 岁之前申请国家养老金。①

三、公共数据开放

(一)基础数据与关键数据开放

基础数据对私营部门有很大的价值,其中所包含的信息可以用于全新的产品和解决方案,特别是数字产品和解决方案。简言之,私营部门免费获得良好的基础数据,是创新、增长和创造就业的潜在动力。因此,丹麦政府发起了一项基础数据倡议。在《基本数据项目》中,数字化机构提出将以下基本数据免费开放:丹麦海拔模型、丹麦行政以及地理边界在内的地理数据、地貌数据、气候数据、水资源数据;包括道路结构、地籍图、地图、水道、建筑与住房注册地址、不动产在内的地址数据;关于政府、个人和私人企业的商务注册信息、公司注册信息、公司结构信息、公司股份所有者数据、企业的财政状况、工资薪酬数据在内的商业数据;包括收入信息在内的个人数据;包括废弃物、地下基础设施、能源、GPS、电力生产和消耗、天然气和供暖、电缆在内的公共事业数据。丹麦政府的数据开放从基本数据开始,逐步扩展到关键公共数据,关键数据是指包括政府开支在内的一系列政府数据。②

(二)基础数据开放目标

基础数据开放的目标:(1)基本数据尽可能正确、完全、实时。(2)所有的公

---

① Agency for Digitisation, https://en. digst. dk/digitisation/national-citizen-portal/, Dec. 22. 2019.

② Agency for Digitisation: good basic data for everyone a driver for growth and efficiency, P21. Available at, https://en. digst. dk/media/18773/good-basic-data-for-everyone-a-driver-for-growth-and-efficiency. pdf.

共政府部门使用统一的公共基本数据。(3)除敏感性个人信息外,所有基本信息免费对企业和公众开放。(4)基础数据必须有效传递,满足用户需求。丹麦政府数据开放范围广泛全面,步骤清晰明确。从基本数据到关键数据,从确保数据免费开放到确保数据有效利用,丹麦政府的数据开放策略是层层递进的。相关政策强调数据开放的阶段性,规划安排十分具体,约每半年到一年就有一个阶段性小目标,规定在一定期限内免费开放某一领域的数据或者提高某一领域数据质量。①

四、相关的法律规定

2005 年 6 月《公共部门信息再利用法案》颁布,并在 2008 年以及 2014 年先后颁布了修正案。该法案执行了欧盟关于公共部门信息再利用的指令,目的是形成再利用公共部门文件和数据的统一规则。该法案第二节规定了公共部门信息的合法使用范围;第三节对获取再利用文件及数据的合法程序进行了规范;第七节指出政府文件和数据集必须使用现存可用的语言和格式(包括电子格式)以保证可读性;第八节对再利用信息的收费问题进行了规定。这部法案并没有将公布文件与数据作为公共部门的一项义务,而是规定在政府文件或者数据已公布的情况下,公共部门必须保证数据开放的手段是非歧视性、无限制性的。《公共部门信息再利用法案》对丹麦政府数据开放的再利用问题作了宏观把控,将政府数据开放的使用范围、获取程序、格式、费用等问题都通过法律途径作了规定。②

---

① 黄雨婷、黄如花:《丹麦政府数据开放的政策法规保障及对我国的启示》,载《图书与情报》2017 年第 1 期。

② 陈士俊、柏高原:《瑞典、丹麦和挪威电子政务立法及启示》,载《电子政务》2010 年第 5 期。

第三章　澳大利亚电子政务发展和法治保障情况

澳大利亚也是在线服务排名前十的国家之一，电子政务发展指数从2014年开始就一直排名第二。目前，澳大利亚联邦政府正在努力执行“数字化转型议程”。

第一节　电子政务的发展战略和平台门户建设

一、电子政务发展战略

（一）“数字化转型议程”以及“数字化转型路线图”

澳大利亚的数字化转型议程与更广泛的政府整体改革议程紧密结合。从2016年开始，澳大利亚联邦政府每个季度都会制订工作计划并报告工作成果。[①] 数字化转型依托强大的数字能力，对数字环境的变化作出快速反应，从根本上改变了政府服务的提供方式。

澳大利亚数字化转型的要点主要有6个方面：一是以用户为中心：采取线上线下相结合的服务模式，线上领域以用户需求为导向，设计、提供相应服务，同时继续提

① 《2018年联合国电子政务调查报告》（中文版），载联合国经济和社会事务部公共机构和数字政府司官网：https://publicadministration.un.org/egovkb/Portals/egovkb/Documents/un/2018 - Survey/E-Government% 20Survey% 202018_FINAL_PRINT_Chinese.pdf，最后访问日期：2020年1月10日。

供高质量的线下服务。二是保护数据:保障数据和信息安全并让数据变得更有价值。三是提升服务能力:加强政府员工数字化工作能力,制定数字化工具政策和使用指南。四是协同治理:为公立部门和私营部门合作创造环境和条件。五是持续创新:持续更新服务模式。六是数据共享:共享线上服务设计方法和线上服务系统,分享数据运用的方法。这些措施推动了澳大利亚电子政务的转型和发展。①

(二)《2020 年数字连续性政策》(DC2020)

《2020 年数字连续性政策》是数字信息治理的整体政策。它补充了澳大利亚联邦政府的数字化转型议程。该政策旨在将强大的数字信息管理集成到所有政府业务流程中,力求在效率、革新、互通性、信息再利用、问责制等方面取得进步和提升。《2020 年数字连续性政策》建立在《数字过渡政策》基础上,《数字过渡政策》旨在指导澳大利亚联邦政府机构转向数字信息和记录管理。

《2020 年数字连续性政策》在支持澳大利亚联邦政府的数字化转型计划和推动电子政务方面发挥着关键作用,其将信息治理原则和实践整合到机构工作及其治理中。该政策使澳大利亚联邦政府内部以及各个机构内部对信息治理有了统一方法。第三方代表澳大利亚联邦政府创建或者提供的信息、数据和记录也适用该政策。

根据 1983 年澳大利亚《档案法》的规定,《2020 年数字连续性政策》涵盖了为政府业务而创建、使用或者接收的所有数字和非数字格式信息。《2020 年数字连续性政策》具有 3 条原则:(1)重视信息:信息是必须创建、存储和管理的战略资产。(2)信息以数字方式管理:到 2020 年,代理商产生的所有信息都将以数字方式创建和管理。(3)信息是可互操作的:拥有可互操作的信息、系统和流程,可以减少重复工作以及政府结构变化的影响。

二、平台门户建设情况

(一)网站建设情况

政府网站作为政府数据资源整合的重要平台,是服务企业和公众的重要渠

---

① 潘志安、陶明、郇丹华:《国外数字政府建设经验及对我国的启示与建议》,载《科技广场》2019 年第 3 期。

道，是数据治理资源体系的组成部分，也是政府数据治理的基本途径。① 澳大利亚联邦政府网站的建设由提供简单的“在线服务”发展到个性化、智能化的“智慧服务”。2000 年，澳大利亚联邦政府实施“政府在线”（Government Online Directory）工程，2002 年 2 月实现政府上网目标。为了整合联邦、州和地方三级政府和部门的资源、提升网上服务能力，2002 年 11 月，澳大利亚联邦政府提出“更优的政府、更好的服务”的电子政务策略，以促进政府网站的资源整合。② 2004 年，澳大利亚联邦政府门户网站上线，不仅提供联邦政府各个部门的链接，也提供地方、社会组织等多个网站的链接。③

澳大利亚联邦政府门户网站将网站资源按照资讯服务、关于政府、新闻与媒体等分类，设置了媒体发布板块，及时更新政府最新动态，更新频率快、消息传递及时。联邦政府各部门还开通了包括推特、脸书、博客在内的 10 种社交媒体的官方账号，定期发布消息。④

澳大利亚联邦政府提供“我的政府”⑤（myGov）等个性化服务，用户可以通过密码登录访问政府服务，也可以及时更改用户地址和用户详细联系信息；政府可以通过邮箱向用户发送信息、通知等。

（二）myGov⑥ 功能简介

1. 提供的服务范围

myGov 是一种通过登录名和密码在线访问政府服务的安全方法。以下政府服务都可以链接到用户的 myGov 账户：求职、澳大利亚税务局、子女抚养、卫生部应用门户、退伍军人事务部、西澳洲住房部在线服务、医疗保险、老年护理、健康记录、国家残疾保险计划、国家赔偿计划、维多利亚州税收局。

---

① 刘芮、谭必勇：《数据驱动智慧服务：澳大利亚政府数据治理体系及其对我国的启示》，载《电子政务》2019 年第 10 期。

② 黄涛：《面向目标　面向顾客　面向问题——澳大利亚电子政务建设模式评述》，载《信息化建设》2006 年第 6 期。

③ Australian Government. MyGov[EB/OL]. [2019 - 12 - 30], https://my. gov. au/.

④ 刘芮、谭必勇：《数据驱动智慧服务：澳大利亚政府数据治理体系及其对我国的启示》，载《电子政务》2019 年第 10 期。

⑤ Australian Government. MyGov[EB/OL]. [2019 - 12 - 30], https://my. gov. au/.

⑥ Australian Government. MyGov[EB/OL]. [2019 - 12 - 30], https://my. gov. au/mygov/content/html/about. html.

2. 门户的便捷性

myGov 适合所有人使用，其具有屏幕阅读器、语音识别、屏幕放大镜等功能。[①] 其在国外也可访问，可以通过随身携带注册的手机号码、在澳大利亚境外接收电话服务提供商发送的短信等方式登录 myGov。

3. 应用的安全性

只有授权人员和用户才可以访问个人信息。根据 1999 年澳大利亚《公共服务法》的规定，访问账户信息的任何工作人员均受到行为守则的约束。

使用应用期间，用户会被提醒查看相关隐私声明。隐私声明阐明了如何收集、持有、使用和披露与 myGov 有关的个人信息。使用 myGov，即表示同意按照本隐私声明中的规定收集、使用和披露用户个人信息。收集的个人信息范围为：电子邮件地址、手机号码、密码、myGov PIN 码、秘密问题和答案、首选的接收 myGov 消息通知的方法、澳大利亚业务号码等。

（三）云服务

澳大利亚联邦政府财政部于 2014 年制定了《澳大利亚政府云服务政策》，随后发布了《云服务实现指南》《云计算安全考虑》等系列文件，内容包括云计算、云服务、云安全、用户隐私保护等多个方面，这些文件有益于政务信息共享、优化资源配置、提升服务能力、保障数据安全。[②]

三、法治保障情况

澳大利亚联邦政府数据治理法律体系主要涉及数据收集与整理、数据保存与获取、隐私保护和数据安全 3 个方面。法律法规的配套措施促进了政府数据治理的流程规范和法律在数据治理实践中的可操作性（见表 4－3－1）。

---

① Australian Government. MyGov[EB/OL]. [2019－12－30], https://my.gov.au/mygov/content/html/accessibility.html.

② Australian Government. Australia.gov.au, https://www.australia.gov.au/.

表 4－3－1　澳大利亚电子政务法律法规①

法　律	时间(修订指最新修订版本)	负责机构	内　容
1983 年档案法(Archives Act 1983)	1983 年颁布 2018 年修订	澳大利亚国家档案馆(National Archives of Australia,NAA)	国家档案馆监督澳大利亚联邦政府的记录保存,并规定联邦记录的保存要求;在"开放获取期"内,公众有权查阅非豁免的联邦记录
档案条例(Archives Regulations)	2018 年修订	澳大利亚国家档案馆	政府机构向档案馆提供文件或咨询,支持机构处理其记录
1988 年"隐私权法"(Privacy Act 1988)	1988 年颁布 2015 年修订	总检察长部(Attorney-General's Department, AGD);澳大利亚信息专员办公室(Office of the Australian Information Commissioner,OAIC)	对个人信息的处理作出了规定,如信息收集、使用、储存和披露
2013 年隐私条例(Privacy Regulation 2013)	2013 年颁布	澳大利亚信息专员办公室	机构需要采取合理措施,如不再需要,就销毁或取消其持有的个人信息,除非有例外情况
1982 年"信息自由法"(Freedom of Information Act 1982)	1982 年颁布 2018 年修订	总检察长部	拥有可强制执行的查阅政府持有的文件的权利,但豁免文件除外。它使个人能够要求查阅与自己利益相关的政府文件等

① 刘芮、谭必勇:《数据驱动智慧服务:澳大利亚政府数据治理体系及其对我国的启示》,载《电子政务》2019 年第 10 期。

续表

法 律	时间(修订指最新修订版本)	负责机构	内 容
1982年资讯自由(收费)规例[Freedom of Information(Charges) Regulations 1982]	1982年颁布 2010年修订	澳大利亚信息专员办公室	规定了用户检索文件的费用
1914年“犯罪法”(Crimes Act 1914)	1914年颁布 2015年修订	总检察长部	对如何保护官方信息做出规定,并规定了对未经授权的数据披露的惩罚
1990年“数据匹配方案(援助和税收)法[Data-matching Program (Assistance and Tax) Act 1990]	1991年颁布 2016年修订	公共服务部(Social Services)	规定了用户隐私保护,政府部门信息披露的原则
1999年“公务员法”(Public Service Act 1999)	1999年颁布 2018年修订	澳大利亚公共服务委员会(Australian Public Service Commission, APSC)	规定了澳大利亚公共服务价值观和行为守则,包括与记录管理直接和间接的管理守则
1999年公务员事务规例(Public Service Regulations 1999)	1999年颁布 2018年修订	总理和内阁部(Department of the Prime Minister and Cabinet)	规定了政府雇员的“行为守则”和APS雇员不披露信息的义务
澳大利亚公务员事务专员2016年指示(Australian Public Service Commissioner's Directions 2016)	2016年颁布	总理和内阁部	阐释APS的价值,扩展了APS在决策中的问责制和透明度

续表

法　律	时间(修订指最新修订版本)	负责机构	内　容
2013年“公共治理、业绩和问责法”(Public Governance, Performance and Accountability Act 2013)	2013年颁布	财政部(Department of Finance)	规定了联邦实体的治理、业绩和问责等要求,如规定了公共资源的使用和管理要求、需要保存和记录机构业绩的相关信息等
英联邦采购规定[Commonwealth Procurement Rules(CPRs)]	2018年颁布 2019年修订	财政部	确保政府机构采购活动的问责制和透明度
1995年证据法(Evidence Act 1995)	1995年颁布 2018年颁布	总检察长部	规定以书面和电子形式制作和保存的文件应作为证据提交联邦法院
1999年“电子交易法”(Electronic Transactions Act 1999)	1999年颁布 2011年修订	总检察长部	为电子交易提供便利,使企业和社区在与政府打交道时使用电子通信,也涉及电子形式的文件的制作、完整性和版权

第二节　政府治理改革与数据共享保护

一、政府治理改革与数据共享

(一)政府架构和互操作框架

澳大利亚借鉴美国政府组织架构(FEA)编制了澳大利亚联邦政府架构(Australian Government Architecture,AGA),对政府政务架构作出了总体规划。2007年6月,澳大利亚联邦政府架构参考模型1.0版发布。AGA包括5个参考模型以及原则、模式、标准、SOA知识库和服务目录。与FEA一样,AGA参考模型包括绩效参考模型、业务参考模型、服务参考模型、数据参考模型、技术参考模型。其中绩效参考模型强调了产出和要求,业务参考模型强调了业务子功能和过程,服务参考模型强调了共享的组件、共享的服务,数据参考模型强调了数据资产、交换包,技术参考模型强调了产品和标准。目前,服务参考模型 1.0 版、技术参考模型 1.0 版已经发布。

2007 年,澳大利亚联邦政府发布了《澳大利亚互操作框架》的第三部分,也是最后一个部分——《澳大利亚政府业务流程互操作框架》,前两个部分是《技术和信息互操作框架》《澳大利亚政府架构和促进服务框架》。《澳大利亚政府业务流程互操作框架》为政府部门之间的业务流程对接作了规划,提出了辨别业务流程成熟度的模型,通过一系列案例,总结本部门以及跨部门业务流程管理方法。①

(二)治理的模式

澳大利亚电子政务形成了以政府机构为主导、社会团体协同治理的模式。②政府数据种类繁多、物理基数大、类型复杂,单靠某一职能部门极难实现数据治理的任务,政府机构内部需要共同合作。多机构数据集成项目③是澳大利亚联邦政府机构之间的一项合作项目,由澳大利亚统计局、澳大利亚税务局、教育和培训部、卫生署、公共服务部、社会服务部 6 个部门合作开展,目的是将有关医疗保健、教育、政府支付、个人所得税和人口普查的信息结合起来,以便在一段时间内全面描绘澳大利亚的发展情况。

《2020 年数字连续性政策》确定了推荐给代理商的数字信息的管理原则。国家档案馆每年将各机构的数字信息管理状况向政府报告,并提出改进的建议。代理商会将信息作为资产进行管理,并确保在考虑到业务、其他需求和风险的情况下,根据需要创建和管理信息。

(三)数据的共享

澳大利亚联邦政府的开放数据门户在 2013 年正式启动,作为综合数据门

---

① 金江军、韦政君:《国外电子政务总体框架研究》,载《信息化建设》2008 年第 6 期。

② 刘芮、谭必勇:《数据驱动智慧服务:澳大利亚政府数据治理体系及其对我国的启示》,载《电子政务》2019 年第 10 期。

③ Australian of Bureau Statistics. Multi-Agency Data Integration Project(MADIP)[EB/OL].[2019-12-30],http://www.abs.gov.au/websitedbs/D3310114.nsf/home/Statistical+Data+Integration+-+MADIP.

户,它是发布、共享和获取数据的平台。① 2013 年 4 月,澳大利亚联邦政府发布了第一个数据集,截至目前 2.8 万个数据集得到开放。其中,2.2 万个为获得开放许可的数据集,6000 个可通过 API 获取,其涵盖经济、人口、地理、教育、生物、农业等各项主题。《澳大利亚政府架构》也对共享作了规定。

二、数据安全与隐私保护

(一)数据安全

《2017 年全球网络安全指数》显示,在对网络安全作出最高承诺的前十个国家中,澳大利亚排名第七。②

从保护关键基础设施、应对网络恐怖主义,到精简网络组织机构、加强公私网络安全合作,澳大利亚的网络安全战略经历了一个循序渐进、逐渐成熟的过程。③ 2013 年发布的《强大与安全:澳大利亚国家安全战略》,将"恶意网络活动"视为国家安全七大风险之一,主张精简网络行政部门并在 2014 年组建国家网络安全中心,全方位打击网络威胁,以提高数字网络的防御能力。澳大利亚原总理吉拉德在任期内创设了多部门联合的网络安全中心,并将实施网络政策的权力从总检察署转移到了总理和内阁部,这在一定程度上增强了联邦政府对网络安全政策的领导力。2016 年 4 月,政府发布新的网络安全战略《澳大利亚网络安全战略:助推创新、发展与繁荣》④(Australia's Cyber Security Strategy: Enabling Innovation, Growth Prosperity),此文件由澳大利亚、美国和英国的网络安全专家以及商业团队组成的咨询小组来规划和设计,并作为澳大利亚网络安全战略的纲领性文件,提供了清晰的公私网络安全治理模式,增强了澳大利亚对数字安全防御能力的信心。

---

① Australian Government. Total Number of Datasets [EB/OL]. [2017 - 09 - 18], http://data.gov.au/.

② Cukier, K. (2005). Ensuring (and Insuring?) Critical Information Infrastructure Protection: A Report of the 2005 Rueschlikon Conference on Information Policy. [online] Available at, http://www.rueschlikon-con- ference.org/pressdocs/56_R_05_Report_Online.pdf [Accessed 30 Dec. 2019].

③ 许善品、汪书丞:《澳大利亚网络安全战略的新内涵与新动向》,载《国际安全研究》2019 年第 6 期。

④ Attorney-General's Department, "Cyber Security Strategy 2009", 2009, https://www.ag.gov.au/RightsAnd Protections/CyberSecurity/Documents/AG%20Cyber%20Security%20Strategy%20 - %20for%20website.pdf.

2017 年 12 月，外交和贸易部发布《国际网络参与战略》(Australia's International Cyber Engagement Strategy)，对澳大利亚参与国际网络安全的目标和重点进行了全面规划，综合运用外交、经济、军事等手段保证网络空间环境的开放、自由和安全。

现阶段，澳大利亚的网络安全战略强调建立一个积极、外向、协作的宏观系统，其中最重要的是政府与私营部门通力合作，有效提高网络安全机构的透明度、执行力。澳大利亚联邦政府希望通过对网络安全数据有效加密，高效识别威胁的来源，全方位地应对网络安全威胁。①

(二)隐私保护以及法律规定

《澳大利亚隐私原则法》②规定，一切合格的实体都“必须采取明智举措，保护其所持有的个人信息免于被滥用、干扰和丢失，以及未经授权的获取、修改或者披露”。《确保个人信息安全指南》的出台为保护用户隐私和信息安全指明了方向;《数据泄露的准备和应对指南》为政府数据泄露提供对策和建议。《1988 年隐私权法》对个人信息的处理，比如，信息收集、使用、储存和披露作出了规定;《2013 年隐私条例》对具体情况作出了诠释，如机构不再需要某些信息，须采取合理措施销毁其持有的个人信息，除非有例外情况。③

第三节　公众参与和透明政府情况

一、公众参与的基本情况

网络技术和信息技术的发展为公众参与政府数据治理提供了新的途径，提升了参与的广度与深度。公众可以通过申请和认证发布数据集，对数据集中存在的问题可以及时向政府部门反馈。社会公众的深度参与和有效利用可以激发公众的创意和智慧，有利于充分挖掘并释放数据价值。

---

① 许善品、汪书丞:《澳大利亚网络安全战略的新内涵与新动向》，载《国际安全研究》2019 年第 6 期。

② Australian Government Federal Register of Legislation. Privacy Act 1988. [online] Available at, https://www. legislation. gov. au/Series/C2004A03712 [Accessed 30 Dec. 2019].

③ Australian Government. Federal of legislation[EB/OL]. [2019 - 12 - 30], https://www. legislation. gov. au/.

公众参与数据监督主要通过问责制进行。问责制不仅仅是一个与合同的惩罚和激励条款相关的运作良好的绩效衡量体系，更是一种确保公众声音在公共政策中得到体现的方法。①

二、绩效评估

澳大利亚联邦政府机构在信息和数据管理方面的绩效评估，是通过 Check-up PLUS 调查实现，其旨在收集有关澳大利亚联邦政府机构信息管理能力和行为的数据。通过每年的调查报告，可以在一定程度上了解澳大利亚联邦政府的电子政务发展情况。调查结果将根据《2020 年数字连续性政策》的要求以年度报告形式告知部长。Check-up PLUS 是一种在线自我评估工具。

《2018 年 Check-up PLUS 调查报告》提出，信息管理成熟度指数得分为 3.1 分(满分 5 分)。该调查还显示，在创建和存储信息方面成熟度最高，在信息的互操作性、处置和治理方面成熟度较低。

三、相关的法律规定

2011 年 5 月，澳大利亚发布《开放公共部门信息原则》。②（见表 4－3－2）

表 4－3－2　澳大利亚《开放公共部门信息原则》

原　则	内　容
信息开放存取	除非不得已，否则政府信息应该完全公开
与社会密切联系	与社区就部门优先公开事项进行协商；鼓励社区找出公开信息所出现的错误；以单独或公开形式的声明来回应社会意见；利用 Web2.0 工具促进社区咨询
有效的信息治理	各政府机构应具有一名高级主管负责信息管理和治理；确保部门遵守有关信息管理和信息公开方面的法律和政策要求；通过信息管理来确保信息的完整性、安全性和实用性；推动信息资源管理的战略规划；确保社区能就部门信息管理政策和公开行动进行咨询

① 刘芮、谭必勇：《数据驱动智慧服务：澳大利亚政府数据治理体系及其对我国的启示》，载《电子政务》2019 年第 10 期。

② 陈美：《澳大利亚中央政府开放数据政策研究》，载《情报杂志》2017 年第 6 期。

续表

原 则	内 容
有效的信息资产管理	维护部门信息资产库存或登记;注明每个信息保存的托管者及其责任;就信息管理来对工作人员进行培训;针对信息公开决策构建清晰的程序和流程;决定信息公开时间以及公开格式;明确文档数据质量要求;确保依照法律法规来进行数据管理;保护信息免受不当或未经授权的使用、存取或公开;对信息进行保存一段时间
信息可发现和可用	发布最新的信息资产注册;确保在线公开信息具有开放、标准格式、机器可读的特点;利用合适的元数据来描述信息资源;依照《Web 内容可用性指南》(第二版)来发布信息
明确的再用权利	默认情况下以署名许可(Attribution CC BY)方式来发布在线信息
对存取采取适当收费	部门应通过在线公开信息来减少公共存取成本;个人在信息获取上所付的费用要有所限制;部门要基于已经公开和定期审查的部门政策来对强制性收费进行详细说明
透明的投诉程序	该投诉程序应当公开,包括投诉处理时间表、投诉处理进展查询,并提供所有决策的书面理由;该程序要能处理未列入《信息自由法》规定范围内的部门信息公开投诉

第四节 政务服务以及智慧政府建设情况

一、政务服务的主要内容

为提升电子政务领域的公共服务满意度,实现政务数据平台的联通,信息专员办公室于 2013 年发布了《澳大利亚公共服务大数据战略》。为提升公众对政策的支持度,随后又发布了《澳大利亚公共服务大数据指南》以指导其他机构开展此项活动。政策的制定有利于加强公众获取数据的意识,保护公众隐私和数据安全,建立公开、透明、负责的政府文化,使政府信息更易于获取和使用,提供优质的政务服务;指南的制定增强了政策的执行力和可操作性。政策指南的互相配合使数据治理的具体实践过程清晰可见,将数据转化为服务,实现其价值。①

① 刘芮、谭必勇:《数据驱动智慧服务:澳大利亚政府数据治理体系及其对我国的启示》,载《电子政务》2019 年第 10 期。

二、公共数据开放

澳大利亚从数据开放到数据经济，再到智慧服务，数据治理政策体系逐步形成。《开放政府宣言》推动政府机构内部数据开放程度不断提高，《联盟的电子政务政策与数字经济》《2020 年数字连续性政策》等推动政府数字转型，提高数据资产的有用性、可靠性。① 依据万维网基金会发布的《开放数据晴雨表：全球报告》，澳大利亚数据开放实力位居全球第五，实施维度更是高居第三，这有赖于澳大利亚联邦政府在开放数据准备、实施与成效管理上的投入。②

（一）政务数据开放的工具性指南

1. 制定机构自身的数据战略③

主要从以下几点制定机构自身的数据战略：（1）从意识、数据管理、数据形成与分布、能力以及跨部门协作进行自我评估，明确本机构的开放数据现状。（2）制定开放数据战略，涵盖战略目的、受众、背景、成效、数据的定义、开放数据原则、目标、所掌握的数据类型、数据评估、发布战略、要发布的数据、未来的项目等内容。（3）选择要发布的数据，明确哪些数据要发布，哪些优先发布，并做好资源获取工作。（4）提供相应的工具等，以利于开放数据的利用。（5）深化国家大数据政策。

2. 发布范围

发布范围主要涵盖：（1）数据的发布流程，比如，选择要发布的数据，明确准备、发布与更新数据的责任人，开放数据的许可申请，实现数据的可用，通过数据门户网站 data. gov. au 实现数据的可查找。（2）数据的获取，主要是指新项目中要如何获取原生数据与审查未发布的数据。（3）数据集的制作，如选择怎样的开放格式。（4）发布在哪里，比如，数据门户网站、国家地图网站、空间数据网站等。（5）元数据、隐私、安全、标准等开放数据过程中应当注意的事项等。④

---

① 刘芮、谭必勇：《数据驱动智慧服务：澳大利亚政府数据治理体系及其对我国的启示》，载《电子政务》2019 年第 10 期。

② WorldWideWeb. ODB4thEdition Global Report, http://opendatabarometer. org/doc/4thEdition/ODB-4thEdition-GlobalReport. pdf.

③ AustralianGovernment. Planning. https://toolkit. data. gov. au/index. php? title = Planning.

④ Australian Government. Data. gov. au, https://toolkit. data. gov. au/index. php? title = Publishing_your_data.

3. 数据门户网站的使用

数据门户网站的使用主要包括：(1)网络账户的注册、机构信息的编辑、数据分类的设置。(2)数据发布的注意事项，包括格式、背景或者记录信息的著录，数据的自动发布方法，数据的人工发布方法，数据的更新以及数据的评论。(3)数据的相关知识，比如，数据的清洗、特定数据类型、空间数据、API的应用、数据文件类型等。[①]

(二)政府数据开放的合作形式

1. 帮助政府部门制定政策、标准以及推动政策执行

澳大利亚数据集成伙伴关系[②]是由总理和内阁部(Department of the Prime Minister and Cabinet)领导的一个项目，旨在最大限度地利用政府数据资产并使其价值最大化。目前，澳大利亚统计局和澳大利亚健康与福利研究所(AIHW)作为经过认证的综合机构，可以开展涉及敏感数据的数据集成项目。其他组织，包括非政府组织，也可以申请成为受认证的数据收集和整合机构。

2. 为政府部门数据治理提供技术支持

经澳大利亚研究理事会的研究资助，澳大利亚知识产权局与斯威本科技大学、墨尔本大学合作建立了TM—Link[③]——世界上第一个与国际接轨的商标数据库；为推动数据的获取与利用，针对不同用户开发了不同的数据分析工具，并且全部免费；针对具有专业数据背景的群体鼓励其使用IP数据平台开发数据，针对普通用户鼓励其使用“塔布洛公众”(Tableau Public)商业智能工具开发数据资源。GovHack是一个开放的数据黑客马拉松比赛，专注于挖掘政府发布的公开数据的价值。它由一个志愿者团队管理，从小型的数据开发活动发展到国际竞赛，参赛人员进行创新、合作，运用他们创造性的数据思维和数字技能来挖掘政府数据的价值。

---

① Australian Government. Data. gov. au, https://toolkit. data. gov. au/index. php? title = How_to_use_data. gov. au.

② Department of the Prime Minster and Cabinet, Australian Government. The Data Integration Partnership for Australia, https://www. pmc. gov. au/public-data/data-integration-partnership-australia.

③ Swinburne University of Technology and IP Australia. TMlink[EB/OL]. [2019 - 04 - 11], https://www. tmlink. net. au/.

3. 参与政府数据治理的国际化合作

开放数据研究所是一个全球性的数据治理机构，旨在利用数据促进政府创新，提供优质的服务和产品，促进经济增长，提高生产力，并提供数据服务满足个人、社区和社会的需要。

（三）数据开放平台

一是开放数据资源的集成入口。澳大利亚联邦政府的开放数据政策、规划、进展、讯息、工具、案例、博客等都可以通过数据门户网站获得利用通道。

二是开放数据的统计报告获取。澳大利亚每周会对开放数据的进展进行统计并发布报告，涉及开放数据的数量、每个机构的开放数据情况、数据集的编辑与更新状况、最活跃的机构识别、开放数据的历史变化、数据门户网站的访问数据等。①

（四）其他特点

澳大利亚同其他国家一样，关注开放数据的应用，即注重开放数据能够得到社会应用并形成效益。有一点不同的是，英国、加拿大、美国等国家在开放数据的应用上更多是以 App 的开发为方向和示范，相对而言，澳大利亚对开放数据的应用更具多样性。澳大利亚联邦政府对开放数据的有效应用不仅有 App，还包括论文、可视化产品乃至创意。在目前 42 项应用案例中，包括 27 个 App、6 个可视化产品、3 个 API、2 篇文章以及 4 项创意。比如，一项创意就提出借助边界数据应用 Python 脚本来优化海岸图的绘制。这大大拓展了开放数据可利用的形式与可能，使开放数据有了更广的应用范畴，有助于实现更多维度的创新。

此外，对数据门户的可视化拓展也是澳大利亚深化用户对开放数据的关注与利用的举措。国家地图是澳大利亚的重要开放数据产品，依托可视化技术，将澳大利亚的开放数据整体资源基于地理位置信息得以显示，在提高趣味度与美感的同时也揭示了获取开放数据的新维度，有助于提升用户的兴趣。②

三、相关的法律规定

2016 年，澳大利亚根据《国际开放数据宪章》，制定了《开放政府国家计

---

① Australian Government. Data. gov. Au. http://data. gov. au/stats#total-datasets.

② 周文泓：《澳大利亚政府开放数据的构建分析及启示》，载《图书馆学研究》2018 年第 1 期。

划》,这是澳大利亚第一个有针对性的开放数据国家计划。澳大利亚的政府开放数据得到了有效的政策支持,除了战略规划外,也有注意事项,以及开放政府、隐私、知识产权等方面的规范。

第四章　韩国电子政务发展和法治保障情况

韩国在2018年联合国电子政务调查的电子参与指数(EPI)中排名第一,电子政务发展指数(EGDI)中排名第三。该国推动便捷、有效和透明的治理以提高公民满意度和政府效率,并在科技日新月异的今天不断改进,以便向公民提供更好的政务服务。越来越多的发展中国家请韩国政府分享其在数字政府战略方面的经验做法,过去10年,来自其他国家的数千名政府官员在韩国接受了电子政务能力建设方面的培训。①

第一节　电子政务的发展战略和平台门户建设

一、电子政务发展战略

(一)韩国电子政务发展历程②

1. 自1997年起,建立基于G2G的高效电子政务

韩国通过修订《居民登记法》(1968年),开始发布居

---

① 联合国经济和社会事务部:《2018联合国电子政务调查报告》,中央党校(国家行政学院)电子政务研究中心译,第90页。

② Ministry of the Interior and Safety: Korea, Leading the world e-Government, pp. 8 – 9, Available at, https://mois. go. kr/eng/bbs/type002/commonSelectBoardArticle. do? bbsId = BBSMSTR _000000000022&nttId = 57628.

民登记号,这是电子政务的一个重要因素,其他措施包括:政府主导开发和销售韩国制造的计算机(20 世纪 70 年代);成立第一个与之相关的政府组织(1970 年 4 月);促进采购、通信、海关、安保、民政、司法等行政工作的计算机化(20 世纪 70 年代);建立国家计算机网络并将其与地方政府系统连接(20 世纪 90 年代)。

2.1997~2012 年,发展便捷的电子政务

韩国制定了《电子政务法》,成立“电子政务专项委员会”(2001 年);建立电子认证安全体系(2000 年);扩大电子政务服务需求的基础,比如,国家税收(2001 年)、教育行政管理(2002 年)、食品药品(2003 年)、就业(2004 年)等;建立移动政府(2011 年);考虑到电子政务的可能不利影响,颁布了《个人信息保护法》(2011 年)。

3.2012~2016 年,建立连接部门以及服务的电子政务

韩国 3 次在项联合国电子政务调查(2010 年、2012 年、2014 年)中排名第一,加强了分娩、继承、福利等“一站式”定制服务以及年终税收调整服务(2010 年);通过公开公共数据和原始行政文件提高行政服务的透明度;通过下一代技术(物联网、云计算、大数据和移动)提供先进的电子政务服务;制订韩国 2020 年电子政务总体规划(2016 年)。

4.2016~2020 年,朝着未来迈出一大步

新的信息和通信技术将创造一个无限制地连接人、物和空间的超链接社会。特别是与物联网、云、大数据和移动相融合的新技术,正在改变电子政务的未来。韩国新电子政务蓝图是一个对公民体验“敏感”的电子政务,为个人提供精心定制的服务;一个基于新技术实现先进智能管理、构建智能泛政府协作环境的电子政务;一个通过可持续数字“新政”创造新财富来源、培育新数字产业的电子政务。韩国新的电子政务 2020 是以人为中心的电子政务,通过先进的信息和通信技术实现。

韩国电子政务成功的因素在于:(1)强有力的政府领导和执行系统;(2)建立可持续的中长期规划;(3)积极持续的投资;(4)世界上最好的互联网以及信息和通信技术环境;(5)开放文化拥抱新技术和新服务。①

---

① Ministry of the Interior and Safety:Korea,Leading the world e-Government,p.7,Available at,https://mois.go.kr/eng/bbs/type002/commonSelectBoardArticle.do? bbsId = BBSMSTR_000000000022&nttId = 57628.

(二)2020 电子政务

依托“2020 电子政务”战略实现跨越式发展。2020 年战略将集中于市民体验、智能政府、数字新政 3 个方面。主要目标以及措施集中于 5 个方面:政府服务的再设计;实现基于认知和预测的智能管理;扩展基于信任、面向未来的基础设施;创造一个新的生态系统,电子政府和工业共存;引领全球电子政务。①

韩国电子政务的愿景②是成为电子政务的全球领导者,发展可持续的未来,其设立四大目标:(1)建设网络政府,一个由人民塑造的网络世界。(2)建设智慧政府,人民生活更安全、更轻松。(3)建设热情的电子政务,拥抱全民。(4)建设联结政府,联结整个国家。为实现目标,韩国政府设立了四大战略:

一是提高人民生活质量。通过扩大服务范围,区分送达渠道,确保政府服务随时随地送达群众手中;提供为用户定制的智能服务,比如,生命周期服务和自动协助。

二是创新公共服务。利用高科技,比如,基于云的移动工作系统和可穿戴设备;建立现场管理系统,随时随地及时提供解决方案;创建智能国家,利用智能信息技术解决教育、福利等地方问题。

三是建立公正和信任的透明社会。通过实时大数据分析发现和打击腐败。

四是创造更安全的环境。建立一个结合灾害监控系统、闭路电视和物联网传感器信息的智能数字网络,加强人工智能应用与网络防御。

二、平台门户建设情况

韩国的 22 个部委和 16 个政府办事处都建立了电子政务系统(大约 1300 个系统)。③ 这些系统分为 10 大类,比如,公民政府关系、行政管理、司法事务/公共秩序、陆地/运输/海洋、金融/数据、健康/福利、教育/文化、工业/程序/就业、

---

① Ministry of the Interior and Safety: Korea, Leading the world e-Government(leaflet), p. 1, Available at, https://mois.go.kr/eng/bbs/type002/commonSelectBoardArticle.do?bbsId=BBSMSTR_000000000022&nttId=57629.

② Ministry of the Interior and Safety, https://mois.go.kr/eng/sub/a03/EGovernment/screen.do, Dec. 29. 2019.

③ Ministry of the Interior and Safety: Korea, Leading the world e-Government, p. 14, Available at, https://mois.go.kr/eng/bbs/type002/commonSelectBoardArticle.do?bbsId=BBSMSTR_000000000022&nttId=57628.

安全/环境、通信/基础设施。鉴于相关系统繁多，仅选取 4 个与公民日常相关的电子系统作介绍。①

（一）人民网上请愿和讨论门户

该系统（e-People）（http://www.epeople.go.kr）是主要的政府网上沟通渠道，所有的民事申诉、建议、投诉或者报告以及政策讨论都可以方便地在网上提交和处理。该系统功能为：

1.“一站式”处理。一旦申请或者提案被提交，系统就会将其转发给最相关的机构进行“一站式”处理。它还管理一个满意度反馈评估系统，以提高服务质量。

2. 增设新的行政机构，扩大服务范围。大约 920 个机构——行政机构（中央政府各部委、地方政府办公厅、教育厅、驻外外交机构）、司法机构等汇聚在一起。

3. 大数据分析服务。该系统监测人们提出的意见建议，识别经常提出或者迅速增加的请求，然后将这些请求转交相关机构进行解决。

（二）公共信息共享系统

该系统（http://www.share.go.kr）方便行政、公共、教育和金融机构之间的信息共享和处理，以确保公民的便利和政府的工作效率。该系统的功能为：

1. 信息查询服务。允许公职人员自己查看和确认文件（行政信息）。

2. 信息发布服务。行政机关办理法律规定的事务，需要取得其他机关掌握和管理的资料的，可以通过系统共享提供。

（三）公共信息披露系统

该系统（https://www.open.go.kr）以方便快捷的方式向公民提供公共机构掌握和管理的信息，目的是扩大公民的知情权，提高公共行政的透明度。该系统的功能为：

1. 请求前信息披露。甚至在公民提出要求之前，就提前公开了与公民日常生活和大型预算项目密切相关的政策信息。

2. 原始信息披露。系统实时提供文件原件，分为需披露和经董事级以上管理人员批准的信息。

---

① Ministry of the Interior and Safety: e-Government systems of Korea - 100 acknowledged worldwide. Available at, https://mois.go.kr/eng/bbs/type002/commonSelectBoardArticle.do? bbsId = BBSMSTR_000000000022&nttId = 6282.

3.“一站式”服务。一旦提出请求,持有信息的机构将审查是否披露该信息。

4.移动服务。公民可以通过该服务不受时间和地点限制地索取信息,并查看结果(2017 年 6 月推出)。

(四)“一站式”公民门户

该系统(Government 24)(http://www.gov.kr)为中央政府各部委、公共机构和地方政府的所有政府服务和政策提供一个 24 小时/7 天的单一窗口。用户可以在门户网站上查看、申请、接收信息和证书。该系统的功能为:

1.政府服务搜索。该系统收集了 7 万项政府服务信息,按地区提供信息,并允许用户按生命周期和定制福利搜索政府服务。

2.市民服务。该系统在与政府和其他公共服务机构互联的基础上,提供 5000 种服务信息,其中 3000 种可在线申请。

3.问询处。该系统提供市民经常需要的政府新闻、政策信息、研究报告、法律信息和统计数据。

4.移动服务。为了方便用户,可通过手机提供主要服务。

三、法治保障情况

韩国电子政务突飞猛进的另一大支撑就是完备配套的法律法规。在推进电子政务过程中,韩国政府一直把完善相关立法作为根本性任务,现已形成了较为完善的电子政务法律体系,[①]具体由以下 3 个层次的法律法规构成:

一是关于建设电子政府的基础性法律法规。主要包括与政府一般信息行为相关的法律法规。比如,1996 年,韩国颁布了《信息化促进基本法》。

二是关于建设电子政府的核心性法律法规。主要包括关于政府信息网站、政府信息网络、政府无纸化办公等直接规范电子政府建设的法律法规。1996 年 12 月,韩国颁布《公共部门信息公开法》。1998 年,韩国政府制定《促进国家信息化法》,将推进信息化作为恢复受亚洲金融危机重创的国家经济的重要手段之一。1999 年,对《公共部门保护个人情报法》作了部分修订。2001 年,韩国政府正式启动电子政府建设,同年 7 月《关于推进行政部门的信息化以实现电子政府的条例》正式生效。该法专门规范及调整与电子政府有关的法律关系,主要

① 刘一威:《韩国电子政务的发展及其对我国的借鉴》,载《科技广场》2010 年第 7 期。

内容包括电子政府的建立以及运营原则、行政管理的电子化、公民服务的电子化、传统文书业务的削减、电子化项目的推进等。此外，韩国还于1999~2004年相继颁布或者修订《信息网络利用促进法》《数字内容管理条例》《信息通信基础设施保护法》《缩小数字鸿沟条例》《信息化促进框架法》《对公众机构的公众档案管理条例》《促进信息和通信网络利用及信息保护法》等一系列法律法规。

三是关于推进电子政府建设的具体运作性法律法规。主要包括2000年出台的《电子签名法》《建立与运用国家地理信息系统条例》等法律法规。①

第二节 政府治理改革与数据共享保护

一、政府治理改革与数据共享

国家信息资源服务局(NIRS)整合和管理各政府部门的数据、信息。韩国建立了国际知名的电子政务系统，主要包括：移民电子通关系统、电子税务管理系统、政府业务流程管理系统、电子专利管理系统、邮政物流信息系统、国家灾害管理信息系统等。

韩国政府的文件处理实现了全数字化，整个政府机构98%的行政信息保存于统一建立的两大数据中心(大田中心、光州中心)，并实现了各行政领域信息的互通共享，为缴税通知、证书发放、报告统计等方面提供及时的、“一站式”服务。

如果事先得到同意，大多数必要的文件都可以通过公共信息共享系统(Public Information Sharing System)在线查看。

通过政府业务流程系统(on-nara BPS)，所有任务都可以基于标准化的工作流程进行管理，而不必考虑单个任务的特性。通过实施电子审批，保证了行政任务的透明度和可追责性。对决策过程中提出的意见也可以进行系统地管理。此外，通过全国审计署，所有政府任务程序都有系统的记录和储存，以便积累经验和知识，并尽量减少错误。

韩国将原来数据和资源孤立分散的系统，转变为集成和开放系统。在面向未来的云政府中，政府官员之间可以更方便地共享信息和协作。他们在云中存储工作数据，部门或者组织的所有成员都可以无障碍地共享和使用数据，而不必

① 王一龙：《韩国推行电子政府建设及其经验与启示》，吉林大学2013年硕士学位论文，第36页。

在个人电脑上存储数据。云政府将帮助政府官员迅速作出决定，并使用平板电脑等移动设备在现场处理工作。

二、数据安全与隐私保护

（一）数据安全

韩国建立了全球首个政府综合数据中心（GIDC），首次以政府机构的身份成立大数据分析团队，整合了所有分散的 IT 基础设施，使 44 个中央政府机构的硬件、软件和网络稳定运行。

（二）隐私保护

韩国《个人信息保护法》对个人信息的含义作出了明确界定，即个人信息是关于自然人的信息，是指可以通过姓名、居民身份证号码等识别个人的信息。个人信息包含两个范围的信息：一是易于识别的自然人信息，即通过姓名、身份证号码等能够识别个人的信息。二是不易于识别的自然人信息，但是如其能与其他信息结合起来识别个人，也属于个人信息保护的范围。韩国《个人信息保护法》明确规定了个人信息保护的基本原则：（1）个人信息的收集者，应当明确信息的处理目标，并在必要且最小范围内合法、正当地收集信息。（2）个人信息的处理者应当在必要范围内，适当处理信息，不能用于目的以外的用途。（3）个人信息的处理者应当保证信息的正确性、完整性和最新性。（4）个人信息的处理者应当根据信息的处理方法以及种类等，考虑信息主体权利受侵害的可能性和危险程度，安全管理信息。（5）个人信息的处理者应当公开信息处理方针等事项，并保障信息主体的阅览请求权等权利。（6）个人信息的处理者应当以对信息主体私生活侵害最小化的方法处理信息。（7）个人信息的处理者在可能做到信息匿名处理的情况下，应当做到匿名处理。（8）个人信息的处理者应当通过恪守责任和义务，致力于得到信息主体的信赖。

三、相关的法律规定

（一）《关于推进行政部门的信息化以实现电子政府的条例》[①]

《关于推进行政部门的信息化以实现电子政府的条例》是韩国为推进电子

① 周汉华：《电子政务法研究》，载《法学研究》2017 年第 6 期。

政府而专门制定的法律，共7章52条，于2001年7月1日开始实施。

该法第1条规定，立法目的在于规定行政业务电子化处理的基本原则、步骤、推行方法等，并通过促进电子政府构建步伐，来提高行政机关的效率、透明性以及民主性，以此提高国民的生活水平。该法第二章系统规定了电子政府的构建以及运营原则，具有很强的指导性和方向性，主要内容包括：(1)在设计行政机关的业务流程时，尽可能减少业务申请人在办理相关业务过程中所需要付出的时间和努力。(2)在需要对行政机关的业务进行电子化时，应当预先对相关业务以及业务处理过程进行革新，使其符合电子化处理的要求。(3)可以以电子化方式处理的业务，在没有特殊理由的情况下应该进行电子化处理。(4)当行政机关保留和管理的行政信息对国民的生活有益时，除法律特殊规定不得公开的情况之外，应当通过互联网积极向国民公开。(5)除具备特殊理由之外，行政机关可以通过电子方式确认的事项不得要求业务申请人自行确认并提交。(6)行政机关所收集和保留的行政信息应当与需要该信息的其他行政机关共享，可以从其他行政机关获取可信赖的信息时，不得另行收集相同内容的信息。(7)行政机关所保留和管理的个人信息，除法律规定的特殊情况之外，不得违背当事人意愿随意使用。(8)行政机关在开发应用软件过程中，应当设法避免重复开发。(9)行政机关在构建电子政府的技术开发和运营问题上，除负责的业务不得转交民间部门，或者行政机关独自开发运营会更加经济有效并可以显著提高安全程度外，应当将开发和运营外包给民间部门。

《韩国电子政府法》专门规定了行政机关的信息共享，行政机关应当共享下述4类信息：(1)处理国民请愿事项所需的行政信息；(2)统计信息、文件信息等可以作为行政业务执行参考依据的行政信息；(3)根据法律规定，可以向其他机关提供的处理信息；(4)信息化促进委员会认定为行政机关之间有必要共享的行政信息。

(二)《个人信息保护法》①

韩国《个人信息保护法》共分为9章75条，由总则、个人信息保护政策地树立、个人信息的处理、个人信息的安全管理、信息主体的权利保障、个人信息纷争

① 康贞花：《韩国〈个人信息保护法〉的主要特色及对中国的立法启示》，载《延边大学学报》(社会科学版)2012年第4期。

调停委员会、个人信息团体诉讼、罚则、附则等章节组成，于 2011 年 9 月 30 日实施。

《个人信息保护法》规定了信息保护影响评价制度，但具体评价的内容规定在相配套的《个人信息保护法施行令》中。《个人信息保护法施行令》规定了影响评价的对象、影响评价时应考虑的事项、影响评价的基准、评价机关等内容。信息保护影响评价制度的评价对象主要是涉及信息主体的个人信息，比如，拟运用或者变更的涉及 100 万条以上信息主体的个人信息档案。《个人信息保护法施行令》的相关规定，为个人信息影响评价提供了具有可操作性的标准，有利于预防个人信息侵害事故。

《个人信息保护法》第三章"个人信息的处理"将个人信息保护分为收集、利用、提供和删除等环节，并分别规定了个人信息处理者应遵守的具体标准。具体包括：收集、利用或者向第三者提供个人信息时，必须征得信息主体的同意；因收集、利用个人信息目的达成，不必要保留个人信息时，应当及时删除。此外，《个人信息保护法》还规定了个人信息处理者收集、利用、提供、删除个人信息时的限制条件。

《个人信息保护法》规定了个人信息泄露时的通知以及申告制度。个人信息处理者在处理信息时，信息主体可以向行政安全部长官申告其被侵害的事实。行政安全部长官应指定专门机关受理和处理申告。为此，韩国设立了"个人信息侵害申告中心"，具体受理和处理个人信息侵害案件。个人信息侵害事实发生后，国民可以直接拨打"个人信息侵害申告中心"的电话，申告个人信息被侵害的事实。

第三节　公众参与和透明政府情况

一、电子参与的基本情况

韩国的电子政务是通过不懈努力发展起来的，目的是使人民的生活更加便利，并促进公众参与决策过程。政府允许公民在线提出政策建议，然后政府将这些建议转化为实际政策。此外，政府还必须回答公民提出的问题。一个名为"Government 24"的公共服务门户网站每天 24 小时为公民提供量身定制的公共服务。[①] 公众通过参政议政，获取政府信息，对行政公开的满意度得到显著提高。

（一）信息公开

韩国绝大多数政府机构都通过建立门户网站来提供智能化、电子化的电子政务服务。[②] 政府网站的建设为“事实上的信息公开”起到促进作用。

（二）决策监督

首尔 OPEN 系统将政府从政策制定到处理公众申请所有的流程都放在了网络上，公众可以实时监控政府对于信息处理的进度，由此韩国政府的行政效率和政务公开透明程度得到了明显提高。

（三）网上提意见建议

通过 e-People，投诉和建议可以随时随地提交，不存在被曝光的风险，也不必费心去拜访公职人员。此外，这是一个双向沟通的窗口，政府可以在这里听取人民对其政策的意见。

（四）覆盖面极广的全民培训[③]

韩国政府把提升公务员和社会公众电子应用技能的培训作为提高电子政务应用水平的重要工作。韩国政府开展了大规模的公务员培训，强化 IT 综合管理能力。从 2001 年开始，计算机作为必修课在小学一年级开设，公共图书馆和社区福利中心提供免费的个人电脑使用。韩国政府对社会上的各类人员也有培训计划，比如，对家庭主妇进行电脑培训，帮助残疾人学习信息通信技术。

二、相关的法律规定

韩国《公共部门信息公开法》[④]规定，所适用的信息是公共机关依职务编制并管理的文书（包括电子文书）、图片、照片、影像、磁带、幻灯片以及其他媒体里记载的事项。信息公开请求权人包括一切国民和外国人。《公共部门信息公开

---

① Ministry of the Interior and Safety, https://mois.go.kr/eng/sub/a03/digitalGovInnovation/screen.do, Dec. 29. 2019.

② 王克东、朱水成：《政府信息公开制度研究——以韩国信息公开制度为例》，载《新闻传播》2018 年第 10 期。

③ 刘一威：《韩国电子政务的发展及其对我国的借鉴》，载《科技广场》2010 年第 7 期。

④ 王克东、朱水成：《政府信息公开制度研究——以韩国信息公开制度为例》，载《新闻传播》2018 年第 10 期。

法》赋予每个国民信息公开请求权,对于外国人有一定的条件限制。比如,在国内有一定住所或者为学术研究的需要暂时停留人员,在国内设有事务所的法人或者团体才具有信息公开请求权。

依据韩国《公共部门信息公开法》规定,非公开信息可分为8类:

(1)依据法律或者法律授权的命令(限于国会规则、大法院规则、宪法裁判所规则、中央选举管理委员会规则、总统令及条例)规定为秘密或者非公开事项的信息。

(2)有关国家安全保障、国防、统一、外交关系等事项,如果公开会显著危及国家重大利益的信息。

(3)如果公开可能会对国民的生命、身体以及财产的保护造成显著障碍的信息。

(4)进行中的裁判信息和犯罪预防、搜查、提起公诉、刑罚执行、矫正、保安处分相关的事项,如果公开可能显著影响职务履行或者有充分理由认为会侵害刑事被告人公正接受裁判的权利的信息。

(5)监察、监督、检查、考试、规制、招标、技术开发、人事管理、意思决定过程或者内部检讨中的事项,如果公开会显著影响业务的公正履行和研究开发的信息。

(6)信息中含有姓名、身份证号码等个人有关的事项,如果公开可能侵害个人私生活秘密或者自由的信息,但是以下信息除外:依法令规定可以阅览的信息;公共机关以公布为目的编制或者取得的信息,不会造成侵害个人私生活秘密和自由的信息;公共机关编制或者取得的为公益或者个人的权利救济有必要公开的信息;履行职务的公务员的姓名、职位等。

(7)法人、团体或者个人的经营、营业上的秘密事项,如果公开会显著影响法人等的正当利益的信息,但是以下信息除外:为保护人们的生命、身体或者健康而有必要公开的信息;为保护国民的财产或者生活而有必要公开的信息。

(8)如果公开会引发房地产投机等情形,从而给特定人造成利益影响的信息。

《公共部门信息公开法》具体规定了信息定期公开与信息目录的编制和备案、信息公开程序、信息公开请求人和第三人权利保护。依据《公共部门信息公开法》的规定,公共机关认为请求公开的信息的全部或者部分跟第三人有关的时候,应当及时通知第三人,必要时还可听取他的意见。第三人可以请求公共机关不予公开与自己有关的信息,如果公共机关不顾第三人的非公开请求而作出公开决定时,应当及时书面通知公开决定的理由和公开实施日,第三人可以通过文书形式向作出该决定的公共机关提出异议,也可以提起行政复议或者行政诉讼。①

第四节　政务服务以及智慧政府建设情况

一、政务服务的主要内容

官方门户“GOV. KR”:该门户提供韩国政府服务、公民请愿服务以及政策和信息。韩国政府服务将向公众提供的 7 万种不同类型的政府服务合并为 12 类。韩国政府部门以各种方式为每个公民的生活量身定制服务。

通过 Minwon 服务可以在任何时间,不必亲自到政府机构进行访问,就可以在网上查阅有关主管部门的信息、所需文件、费用、办理期限、相关法律法规等,网上受理 5000 余种民事诉请。超过 300 项服务通过移动平台处理。除政策、数据、研究报告、法律、统计信息外,还可以从中央、地方、事业单位等政府机构获取重要的新闻和政策信息。基于云的业务流程系统使智能办公成为可能,帮助公务员跨越组织边界进行沟通和合作,而不受时间和空间的限制。

韩国“119”多媒体报告服务(Korea 119 Multimedia Report Service)系统运行后,任何人都可以轻松地拨打“119”,因为它可以通过电话、短信(SMS、MMS)、视频通话、应用程序、互联网等拨打。此外,通过与移动运营商合作,2015 年以后生产的所有手机都嵌入了“119”视频报告功能,人们可以输入“119”,然后按下视频通话按钮进行视频报告。在这个系统出现之前,人们不得不拨打“119”报警,这使语言障碍者、外国人或者多文化家庭成员很难报警。

二、政务服务的特点

(一)便捷的电子政务

自 2002 年实施电子国税系统(Home tax)后,纳税人无须到税务局就可以方

---

① 林宗浩:《韩国的信息公开法制》,载《行政法学研究》2006 年第 4 期。

便地在网上办理纳税手续;70%的居民使用 Home tax 系统进行税务办理。知识产权/工业产权办公自动化系统(KIPO net),使工业产权(IP)管理现在完全在线,电子应用程序一年 365 天,每天 24 小时可用。在全国范围内,专利管理工作的计算机化节约了成本。申请人可以提前搜索现有技术,以降低其申请的失败率。2005 年,从申请、接收、审查到登记的整个过程在世界上首次实现了计算机化。

(二)高效的电子政务

20 世纪 90 年代,韩国贸易额迅速增长,平均每年增长 15%,但没有便捷的通关制度。2006 年推出电子通关系统(UNI-PASS)后,实现了 100% 的电子通关。每年有超过 1.8 亿份电子文件被实时处理。以前平均通关时间为 1~2 天。启用 UNI-PASS 后,出口时间减少到 1.5 分钟,进口时间减少到 1.5 小时,是世界海关组织 180 个成员国中速度最快的。随着速度的提高,物流成本降低、贸易量增加、税收增加。

(三)高科技的政务服务

1. 基于物联网①的服务

在自然灾害安全领域,韩国政府提供使用物联网技术预测山体滑坡或者其他灾害的服务。开发了利用尖端传感器和闭路电视实时采集信息的系统。这个系统能探测到地球表面的任何重大变化或者有倒塌危险的建筑物。该系统还使用有线和无线通信来收集和传输数据,通过现场紧急广播、短信或者灾难警报移动应用程序将信息转发给该地区的居民。

2. 基于移动设备和平台的集成服务

国家警察局开发了“公民参与式证人信息共享系统”。通过这个系统和移动应用程序,市民可以方便地报告目击信息或者分享有关交通事故或者犯罪事件的证据视频。警方随后可以积极利用所报告的信息进行调查。所收集的照片或者视频与国家政策机构内的交警信息管理系统(TCS)和韩国刑事司法信息系统(KICS)相互连接。

---

① Ministry of the Interior and Safety, https://mois.go.kr/eng/sub/a03/digitalGovInnovation/screen.do, Jan. 5. 2020.

3. 基于个人生活方式定制的服务

政府通过预测公民需要的服务来创新服务提供方法。比如,政府预先填写失业救济金申请表、基本生活津贴申请表和年终纳税调整表,把这些信息提供给市民,这样他们只需要确认信息。通过这种方式,政府服务已经个性化到每个收入阶层,这些服务可在福利、就业、教育、税务和中小企业领域提供。

三、公共数据开放①

自2009年起,韩国推动开放数据,当时当地的高中生利用数据开发了免费的公交车动态App,但由于开发者系利用爬虫方式得到公交车动态,政府认为不合法,进而终止了App服务。公众提起抗议并成功地使该App恢复服务。

随后,韩国政府开始改变对开放数据的认知,从2013年开始推动政府组织再造与创新改革活动,强调“开放、共享、交流和协作”,向外界公开政府和公共机构所拥有的数据。在消除公共部门之间隔阂的同时,向需求者提供有针对性的服务,从而创造具有新价值的政府运作模式。

韩国的开放数据工作由以下内容组成:一是开放数据原则,公共部门应当努力让任何人便捷地利用公共数据,并采取必要措施来扩大公共数据的普遍存取;公共部门应当以公平原则来保障公民存取和利用公共数据;除非有例外情况,否则公共部门不得阻碍公民利用那些通过信息通信技术发布的公共数据;除非有例外情况,否则即使利用者以营利目的来利用公共数据,公共部门也不得禁止或者限制。二是开放数据标准,韩国公共数据采用机器可读格式,并以其他便于用户存取的技术来确保数据可获取性和可存取性。韩国开放数据平台提供《开放数据标准指南》,“开放数据门户登记”由拥有该数据的部门进行。三是开放数据流程,分为5步:(1)韩国公共部门依法盘点数据,决定提供利用的数据范围;(2)将数据盘点结果与决策提供给开放数据战略委员会检查;(3)检查后,内政部发布公共通知;(4)各个公共部门在其部门网站上公告数据目录;(5)最后,将这些数据在开放数据平台上进行发布。四是开放政府授权条款(Korea Open Government License,KOGL或者Gonggongnuri),要求韩国公共部门通过一致且明确的方式开放数据,尽量减少使用者使用时因规范不清所产生的麻烦。

---

① 陈美、江易华:《韩国开放政府数据分析及其借鉴》,载《现代情报》2017年第11期。

KOGL 适用范围为公共作品(Public Works),可分为公共部门因执行职务所产生的作品和公共部门从第三人所取得并管理的作品。设计了 4 种使用户能快速得知数据使用条件与限制的标示:署名许可、署名非商业许可、署名非演绎许可、署名非商业非演绎。公共部门应当以一般使用者能够识别的大小,将许可标示在适当位置,比如,数据标题旁边、数据下方或者其他使用者容易识别的地方。

四、相关的法律规定

2013 年 6 月,韩国以专门法的形式制定了《公共数据供给与利用促进法》(The Act on the Promotion of the Provision and Use of Public Data),奠定了韩国数据开放的法制基础。这部法律的立法目的在于,规定政府部门管理数据供给及其利用的相关事项,从而有效提升公众生活质量并促进国民经济发展。这部法律有几个方面特点:(1)将公共数据使用权(Right to Use Public Data)纳入法律,使用者可以商业营利地使用数据。(2)明确适用主体包含中央、地方政府以及公共部门。(3)构建公共数据冲突协调机制,以及公务员因数据质量而免责的规定等。所有政府部门都要遵守该法律来制订年度计划。

《公共数据供给与利用促进法》规定,公共部门应当提供数据库、电子文件以及公共部门依照各项法令而产生、获取和管理的电子格式的数据或者信息。不得开放的数据包括:《公共部门信息公开法》规定的非公开数据;根据《著作权法》(Copyright Act)以及其他法律规定,保护第三方权利且依法具有正当理由不得提供授权利用的数据。如果必须利用技术来对数据进行分离,应当将分离部分的数据去除后,进行数据开放。在韩国数据开放门户中,可供检索的数据目录有 16 种,包括教育、土地、行政、财政、工业与就业、福利、食物与健康、文化与旅游、医疗、安全、交通、环境与天气、科学与研究、农业、外交、法律。

第五章　新加坡电子政务发展和法治保障情况

新加坡自第一版《联合国电子政务调查报告》出版以来，总能获得非常高的EGDI分值。新加坡政府自20世纪80年代起就制订了电子政务计划，向公民提供先进的电子政务服务。[①] 2014年，新加坡宣布打造“智慧国家”的目标，而“数字政府”正是其不可或缺的一部分。新加坡凭借强有力的电子政务和ICT发展基础，始终在这些领域跻身世界强国之列。

第一节　电子政务的发展战略和平台门户建设

一、电子政务发展战略

将电子政务作为国家发展战略重要方面，历经6个阶段：[②]

（一）国家计算机计划阶段（1980～1985年）

新加坡从20世纪80年代初期就开始探索电子政

---

① 1980～1999年，新加坡的目标是让每张桌子上都有一台电脑；2000～2006年，提供在线服务；2006～2015年，整合数据、流程和系统，以便创建协作式的“公民共建政府”，而不是“统治政府”。2016年以来，新加坡始终在为一个“智慧的国民群体”提供数字政府，借助科技的力量改善生活方式、创造更多机会和增强社区能力。

② 沈霄，王国华：《基于整体性政府视角的新加坡“智慧国”建设研究》，载《情报杂志》2018年第1期。

务，尝试运用信息技术来改善和提高政府的公共管理，提升公共服务能力。随后制订了国家计算机计划，实行“从微小处开始，快速扩大应用范围”（Start Small, Scale Fast）的方针政策。政府为各级公务员配备计算机并进行相关信息技术培训，实行无纸化办公，并先后发展出250多套计算机管理系统，大力推行政府机构办公自动化，这为新加坡后来智慧国计划奠定了坚实基础。

（二）国家信息技术计划阶段（1986～1991年）

在国家计算机计划的实行时期，信息技术在各级政府部门乃至全社会得到了广泛运用，使其经济结构由劳动密集型向科技密集型转变。政府之间各个部门的联系空前加强，建成了一个连接23个主要部门的整体性计算机网络，实现了这些政府部门之间的互联、互通与共享，并致力于建设、推广“一站式”政务服务。企业与政府之间也可以电子数据交换（EDI），有效促进了政府电子化服务能力的提升。

（三）信息技术IT 2000——智慧岛计划阶段（1992～1999年）

随着国家计算机计划与信息技术计划的顺利完成，新加坡“一站式”政务服务模式得到了较好的推广与应用。新加坡电子政务的水平在20世纪90年代已处于世界领先地位，政府采取可持续发展的良性发展战略，制订并积极推进智慧岛计划，努力将信息技术产业打造成推动国家经济持续增长、促进国际交流的重要手段，并于1996年宣布建设覆盖全国的高速宽带多媒体网络（Singapore One），使民众可以享受高速、交互式的多媒体网上信息服务，政府依托Singapore One对公众实行1天24小时、1周7天的全天候服务。

（四）信息通信21世纪计划阶段（2001～2005年）

随着Singapore One的快速崛起，迅速确定了新加坡在数字时代的重要地位，新加坡成为全球核心技术国之一。在2000年实行信息通信21世纪计划、紧接着在2003年推出连接新加坡计划，致力于打造互联网时代的“一流经济体”。具体从提升信息通信的人力资源与资本、建设信息通信产业集群与枢纽、加强信息通信产业的合作与创新以及数字交换、创造有利于民众和企业使用信息技术的环境等几个方面持续发力，进一步连接政府、企业、民众对电子政务的开发、推广与使用。在这过程中，新加坡的国际影响力得到进一步提升。

（五）智能国2015计划（2006～2015年）

“智能国2015”计划是新加坡资讯通信发展管理局（IDA）推出的为期10年

的信息通信产业发展蓝图,也是一个实现新加坡全球都市的未来愿景。为保证其顺利完成,政府采取4项重要战略:一是努力发展具有国际竞争力的信息通信产业;二是积极建设最新的信息通信基础设施;三是开发具有竞争力的信息通信人力资源;四是实现政府、社会、关键经济领域的转型。将流程、系统与服务的整合、集成由政府内部向政府外部延伸与扩展,其主要目标是将新加坡建设成为以信息驱动的全球化都市和智能化国度。

(六)智慧国2025计划(2016~2025年)

“智慧国2025”计划是对“智能国2015”计划的完善与升级,是全球第一个智慧国家构想。政府统筹与构建“智慧国平台”,建设覆盖整个国家的数据连接、收集和分析的操作系统与基础设施,根据这些数据预测、分析、计算公民的相关需求,从而提供更优质、更及时、更完备的公共服务。政府重视信息技术的广泛推广、普及、应用,也注重数据互联、互通、共享,充分发挥人的主观能动性,实现更为科学合理的决策,从而建立一个无缝流畅、以民众为中心的整体型政府。

“智慧国2025”计划包括3个核心阶段,即连接(Connect)、收集(Collect)和理解(Comprehend),简称“3C”。智慧国平台的第一个阶段以“连接”和“收集”为核心,计划于2015年完成,这得益于“智能国2015”计划打下的基础。“连接”的目标是提供一个高速、安全、经济且具有扩展性的全国通信基础设施。“收集”则是指通过遍布全国的传感器网络获取更理想的实时数据,并对重要的传感器数据进行匿名化保护、管理以及适当进行分享。“理解”的含义,是通过收集来的数据,尤其是实时数据建立面向公众的有效共享机制,通过对数据进行分析,以更好地预测民众需求、提供更好的服务。除了上述3个核心,该计划还包括一个最终阶段,即创造(Create)阶段。该阶段鼓励技术公司利用前3个阶段收集的数据,进行技术和商业模式的创新,以提高服务水平。①

整体来看,新加坡智慧国计划经历了约40年共6个阶段的演变,政府在整个过程中都保持着对电子政务、信息化的高度重视,确立了清晰明确的发展目标,滚动式不间断地推行各个阶段的计划,始终贯彻以客户为中心的理念,采用

① 王花蕾:《新加坡:全面运用信息技术建设智慧国家》,载《智能建筑与城市信息》2016年第12期。

分权式执行与集中式指导的推进机制。①

二、平台门户建设情况

2010 年 5 月，新加坡推出了全新的政府网站，在布局和功能等方面都作了很大改进。为更好地满足不同访客的需求，新加坡将政府网站划分为政务信息、市民信息、企业信息、外国人信息四大版块，提供分类的信息和服务，以方便访客便捷使用和快速获取信息。在功能上，由信息传播平台进化为“一站式”综合服务平台。在政府服务技术框架（Service-Wide Technical Architecture，SWTA）的支持下，公众和企业通过新加坡政府网站访问不同部门，获取一系列服务，办理相关业务，真正实现“多个部门，一个政府”。②

与此同时，自 2003 年 3 月起，凡新加坡国民和永久居民都可以申请一个“电子交易密码”（SingPass），这是公民获得不同政府部门网上服务的通用密码。用户通过网络办理各项业务，只要记住这一个密码。只有拥有 SingPass 账户才能享受政府的数字在线交易服务，服务任务通常由多个部门协同完成，同时根据账户信息会得到智能化的服务。

新加坡的政务服务是按部门进行整理的，点击所需要的服务后会链接到部门网站上，可以进行下载和在线申请。在电子政务服务网站上，设有热门机构、热门服务和所有机构 3 个栏目，标注了每个政府部门的在线服务数量，可以看到部门提供的电子服务。网站建立了电子公民服务中心，围绕文化、教育、家庭、住房、交通与出游等一系列主题串联起多个服务事项，形成一体化的服务“链条”。

新加坡建立通用的数字和数据平台，开发通用、可互操作和易于使用的平台。新加坡制定数据标准，发展数据架构，确保政府数字平台和服务的数据可用性。

三、法治保障情况

新加坡是高度法治化的国家，法律体系严密完善。为建立良好的社会秩序，

---

① 沈霄、王国华：《基于整体性政府视角的新加坡“智慧国”建设研究》，载《情报杂志》2018 年第 11 期。

② 邓剑伟、张琰：《如何提升政府的透明度：新加坡的做法和启示》，载《东南亚研究》2016 年第 2 期。

政府制定了严厉的法律、法规,并以“立法全、执法严”而著称。据统计,现行法律、法规达400多种,基本上涵盖了社会生活的各个领域,大到政治体系、经济管理、商业往来、公民权利与义务,小到停车规则、公共卫生,都有相应的法律规定。新加坡政府将本国法律特色运用于电子政务立法、执法之中。

首先,在规范电子政务行为以及电子政务标准化方面,新加坡于1997年颁布了《计算机犯罪法》《远程医疗法》《数字签名法》,这3部法律分别规范了使用计算机的行为以及法律责任,远程医疗服务的程序和权利义务,数字签名要件等问题。1998年颁布《滥用计算机法修正案》,进一步规定计算机犯罪问题。新加坡正致力于颁布统一的《电子政务活动法》。

其次,除了制定一些推动国家信息化和电子政务发展的计划、项目和政策之外,新加坡还制定和出台了许多相关法律,在规范信息公开、信息共享和信息安全方面成绩斐然。《电子交易法》《信息公开法》《信息安全指南》《电子认证安全指南》和2005年制定的《个人数据保护法》等法律法规对电子政务活动和其他网络信息传递中的个人隐私权加以界定和保护。

相比其他国家,众多的政策性规划是新加坡电子政务的重要特色。这些政策对电子政务的发展目标、建设和运营规则、组织机构、协调共享、远景规划等方面都作了有效规定,再加上相关配套法律,形成了新加坡电子政务有效的政策法规体系。①

《电子交易法》②作为电子政务的基础性法律共有12章。前四章主要以“非技术特定化为基础”,原则性地描述抽象的电子签名、电子记录、电子合同的法律效力。第五章是过渡,强调了“安全电子签名”的概念,对“安全电子签名”的法律效力作出特别规定。除非有相反证据出现,应当认为,安全电子签名属于对应人的签名。第六章以后则集中围绕数字签名(以公共密钥加密技术为基础),对签名与认证作出具体规定。对于认证机构的管理,新加坡采取的是官方集中管理型,即政府并不组建或者授权安全认证机构,有能力的组织都可以进入安全认证的市场(新加坡境外的安全认证机构要进入其市场则必须经新加坡政府管

---

① 石木舟:《中国与新加坡电子政务发展模式的比较研究》,南京航空航天大学2014年硕士学位论文,第27页。

② https://baike.1688.com/doc/view-d36128292.html,Jan.10.2020.

理机构的批准)，凭借自己的市场竞争能力建立信用。

第二节　政府治理改革与数据共享保护

一、政府治理改革与数据共享

1999年，新加坡电子政务开始出现整合趋势，一些业务不再按照部门来设置，而是按照流程作打包处理。新加坡加强政策、业务和技术之间的整合，重新设计工作流程，并应用数字技术(数据科学、人工智能、物联网)改造公共服务：一是把电子政务作为提升政府管理服务效率、促进电子化经济建设的举措；二是对每一个电子政务项目从需求到流程，再到协同方式，进行综合优化。

新加坡政府推出了数字政府蓝图，提出两个原则：①一是以数字为核心：使用数据、连接性和计算技术来重新设计业务流程、重新构建技术基础设施。二是用心服务：在可能的情况下通过自动化流程，更好地为公民提供个性化服务。

二、数据安全与隐私保护

(一)数据安全

新加坡建立了运行可靠、有弹性和安全的系统，以抵御网络威胁，保护公民、企业和政府的数据，并通过《滥用计算机法修正案》《个人数据保护法》等构筑了保护数据安全的法律体系。具体内容介绍参见后文。

(二)隐私保护

新加坡政府在保护隐私方面的措施主要如下：一是使用公民身份的双重认证系统。公民在政府网站登录个人账户时，必须经过电子口令和手机密码生成器的双重认证，极大地提高了公民对于数字化业务办理的接受程度。二是注重隐私保护与数据安全的立法。②

---

① Government Technology Agency of Singapore：Digital Service Standards，Available at，https://www.smartnation.sg/docs/default-source/default-document-library/dgb_summary_june2018.pdf.

② 马玉海、张月：《新加坡电子政务管理模式的发展及其影响》，载《阜阳师范学院学报》(社会科学版)2016年第3期。

三、相关的法律规定

(一)《滥用计算机法修正案》

1998 年,新加坡通过了《滥用计算机法修正案》,明确规定了三种新型犯罪:干预或者阻碍合法使用的行为;在授权和未经授权的情况下,进入计算机系统作案;将进入网络的密码透露以非法获利和使别人受损失。此后,2003 年,新加坡再次通过《滥用计算机法修正案》,规定安全执法机构可以在对付电脑黑客时采取“先发制人”的行动。2013 年,为了防范特定情况下针对计算机系统的网络攻击,再次修订《滥用计算机法修正案》,新加坡政府可以命令任何机构或者个人采取必要措施或者遵守相关规定,以防范、检测或者打击网络威胁。①

(二)《个人数据保护法》

新加坡《2012 年个人数据保护法》(PDPA)规定了各种有关个人数据收集、使用、披露和保管的规则。它既承认个人有权保护其个人数据,包括访问和更正的权利,也承认组织有必要为合法和合理的目的收集、使用或者披露个人数据。②

《个人数据保护法》共 10 章并附有 9 则附则主要内容包括:个人数据保护委员会与管理机构,个人数据保护一般规则,个人数据的收集、使用和披露(其中关于个人数据授权,规定了需要授权、提供授权、推定同意、授权同意的撤回以及未经同意的数据收集、使用和披露),个人数据的获取和更正,个人数据的保护、执行(包括相关替代性争议解决、审查权、私力救济),数据保护上诉委员会、最高法院以及上诉法院,违法行为及处罚等。附则包括《个人数据保护委员会章程和程序》《未授权的个人数据收集》《未授权的个人数据使用》《未授权披露个人数据》《获取数据要求的例外》《更正数据要求的例外》《个人数据保护上诉小组以及上诉委员会章程和程序》《指定数据定义的例外》《委员会和检查专员的

---

① 马玉海、张月:《新加坡电子政务管理模式的发展及其影响》,载《阜阳师范学院学报》(社会科学版)2016 年第 3 期。

② The Personal Data Protection Commission (PDPC), https://www.pdpc.gov.sg/Legislation-and-Guidelines/Personal-Data-Protection-Act-Overview, Jan. 10. 2020.

调查权力》。[①]

第三节　公众参与和透明政府情况

一、电子参与的基本情况

(一)提高透明度和公众参与

新加坡是目前全球政府透明度最高的国家之一,提升政府透明度能在一定程度上预防官员的腐败行为,同时,通过数字政府建设推进公民参政议政也有利于公共政策更加合理合法的制定。

一是打造透明的对话平台。以公民需求为出发点,不断加强政务网站的优化升级,网站设有政务、市民、企业、外国人四大访问版块,同时还成立了民意反馈组织,通过开放电子信箱,收集公民的各类投诉和反馈信息并及时给予回应。二是打造公民参政议政的政策论坛。公民可以在论坛内了解政府、党派关于经济、时政、民生等多方面的政策信息,就热点话题以及相关政策广泛地发表自己的意见和看法。政府在调查研究和采纳各方建议的基础上,开展政策制定工作。[②]

《2018 年度数字政府调查(公民)报告》调查了 1500 名受访者,89% 的受访者表示,其为个人事务使用数字政府服务,剩余 11% 未使用数字政府服务的受访者至少有一半是委托其家人办理相关事宜;97% 的受访者表示会向他人推荐使用数字政府服务。《2018 年度数字政府调查(企业)报告》调查了 13 个不同行业(比如,建筑、金融和商业服务、制造、运输、仓储和通信等)的 1600 家企业,几乎 100% 的企业均在运营中使用数字政府服务,94% 的企业表示会向他人推荐使用数字政务服务。[③]

(二)开展培训和运用

新加坡政府通过推出“银发资讯通信项目”“新电脑加强方案”,帮助老年群

---

① Personal Data Protection Act 2012, Available at :https://sso. agc. gov. sg/Act/PDPA2012,《新加坡个人数据保护法(2012)》,冯文琦译,黄积严、孙文帅校,载 http://www. pkulaw. cn/fulltext_form. aspx? Db = qikan&Gid = 1d99f0b6106d4b8c645a407b08d7f339bdfb&EncodingName = 。

② 胡税根、杨竞楠:《新加坡数字政府建设的实践与经验借鉴》,载《治理研究》2019 年第 6 期。

③ Government Technology Agency of Singapore: https://www. tech. gov. sg/who-we-are/our-statistics/, Jan. 10. 2020.

体和贫困家庭掌握资讯通信技能；通过设立“资讯通信中心”为残疾人提供资讯科技服务。还推出“中小型企业资讯通信技术应用项目”，鼓励和支持中小型企业运用资讯通信技术。[①]

二、相关的法律规定

新加坡制定和颁布《信息公开法》，对政府机构信息公开的范围和内容，公众申请信息公开的流程和方式等作了规定。

第四节　政务服务以及智慧政府建设情况

一、政务服务的主要内容

新加坡人口少、国土面积小，加之人力开发水平高和人均 GNI 高，都使得政府能够为其公民、企业和访客开发一整套在线服务。新加坡的移动电话和智能手机渗透率很高，使得政府能够通过无缝移动政务应用程序向公民提供电子网络接入，更便捷和容易地使用现有的在线资源，特别是在政府对公民（G2C）和政府对企业（G2B）的相关事务中。[②] 新加坡强调围绕公民和商业需求整合服务，采取以用户为中心的方式，通过服务流程图，围绕市民和企业的需求设计、开发和集成服务。公民、企业和公共机构雇员是政府网站服务的三大目标对象。

为公民服务的电子政务主要通过“电子公民中心”（e-Citizens Center）提供，这是新加坡电子政务的最大特色。“电子公民中心”始建于 1999 年 4 月，其宗旨是“以公民为中心”，目的是将政府机构所有能以电子方式提供的服务整合在一起，并以一揽子的方式轻松便捷地提供给全体新加坡公民。“电子公民中心”是一个三维虚拟社区，它将一个人“从摇篮到坟墓”的人生过程划分为诸多阶段，在每一个阶段里，个人都可以得到相应的政府服务，政府部门就是人生旅途中的一个个“驿站”。服务任务通常由多个部门协同完成，只要年满 15 周岁的公民

---

① 马玉海、张月：《新加坡电子政务管理模式的发展及其影响》，载《阜阳师范学院学报》（社会科学版）2016 年第 3 期。

② 联合国经济和社会事务部：《2018 联合国电子政务调查报告》，中央党校（国家行政学院）电子政务研究中心译，第 91 页。

便可拥有自己的“电子公民账户”，随时通过网站获取服务。① 目前“电子公民”网站里共有7个驿站，包括税务、商务、婚姻、交通、住房、移民以及民事登记服务，共计33个在线申请服务版块。

为企业服务的电子政务主要通过政府电子商务网（GeBIZ）等项目实现。GeBIZ为买家以及供应商提供一个统一、安全、24小时不间断运作的平台，便于他们进行电子采购以及投标活动。

为公共机构雇员服务的电子政务体现在完善基础设施、技能培训等方面。通过先进的宽带互联网等基础设施，政府部门的雇员可以安全地进入政府网络，以使用机构信息以及应用程序。②

二、政务服务的特点

新加坡政府技术局发布了《数字服务标准》，规定了三大标准以及具体标准。③

一是直观性和可用性。数字服务使公民和企业能够以直观和易于使用的方式进行数字互动和交易。

二是可达性和包容性。政府数字服务设计必须惠及所有阶层，包括残疾人，采用国际无障碍标准，并与当地标准SS618（老年人用户界面设计指南）保持一致。所有基于网络的数字服务均应当向用户提供不同形式的搜索和帮助，比如，网站搜索、上下文帮助、电话、聊天机器人等，以便用户轻松完成交互或者交易。所有基于网络的数字服务应当以英语提供。如有需要，应当提供其他语言，以便更好地为目标用户服务。如提供其他语言的数字服务，完成交易所需的所有相关信息也应当以其他语言提供。

三是相关性和一致性。数字服务必须与公民和企业的需求相关，并在整个政府范围内提供一致的体验。比如，公民和企业应当能够自始至终与政府进行数字交易，而无须向机构提交书面文件或者亲自到场。

① 王璟璇、杨道玲：《国际电子政务发展趋势及经验借鉴》，载《电子政务》2015年第4期。

② 同上。

③ Government Technology Agency of Singapore, https://www.tech.gov.sg/digital-service-standards/, Jan. 10. 2020.

三、公共数据开放

(一)数据开放概况

新加坡认为,“电子政府不是一项自己动手的计划”,政府致力于核心事务,与企业建立外包等合作关系,促进产业发展。政府要与公民和企业共同创造,促进技术的采用,共同提出解决方案,与工业界合作开发新的服务。

新加坡数据开放的主要措施如下:一是重视数据平台的开发与管理。新加坡政府数据开放平台涉及经济、社会、金融、环境、交通等诸多方面,截至目前已经开放了来自70余个机构与部门的8600多个数据集,其中超过半数的数据是可机读的。二是成立政府技术局(Gov Tech),负责统筹各公共部门,整合推动数字政府建设战略,促进数字化技术向公民日常社会生活渗透,并创新与机构、部门、企业的合作机制,简化网络办事流程。三是重视大数据的收集与应用。

(二)主要数据开放平台

1. Data. gov. sg

新加坡政府从70个公共机构获得公开数据集的“一站式”门户网站。涉及的话题包括经济、教育、社会、金融、环境、交通、健康、技术、基础设施9类。

2. Data. gov. sg Developers

资源页面,支持应用程序开发人员使用data. gov. sg上的数据。这包括实时API、CKAN API和数据存储API。

3. Land Transport DataMall

为公众和社区成员提供各种与交通有关的数据集和应用程序编程接口(API),以共同创建包容性的交通解决方案。LTA陆地运输数据是新加坡所有陆地运输用户可用的一系列信息、服务和工具的一部分。

4. MAS APIs

新加坡金融管理局的应用程序编程接口(API)为金融机构和应用服务提供商提供了更多更好地服务客户的机会。用户还可以使用这些API,自动提取数据并轻松快速地说明趋势。

5. OneMap

“一站式”综合地理空间数据共享平台,共享基于位置的服务和信息。OneMap应用程序编程接口(API)允许用户在网站上嵌入交互式地图。

（三）数据开放特点

以新加坡“全国人口数据中心”的数据开放为例：第一，数量适中的共享数据项。共有个人身份号码、姓名、性别、种族、生日等应用面最广的20项数据，供公共服务机构共享。该些数据数量少、维护简便、安全隐患也少。目前支持共享的机构达40家，根据具体情况设置使用权限。第二，落到实处的更新维护机制。上述20项数据均由责任主体进行实时维护，其方法是直接更新中心数据库，然后通报各相关部门进行同步更新。第三，中心数据库与专业数据库的关系十分清晰。中心数据库只存放各部门均须使用的常用信息，由中立方统一管理，供各部门使用；专业库存放相关业务数据，由业务部门分别管理。当业务部门需要专用数据时，按部门之间的共享权限进行专项处理，依托政府交换平台进行信息传输，做到一数一源。[①]

四、相关的法律规定

新加坡的主要法律依据为《公务机密法》《信息通信媒体发展管理法》《个人数据保护法》。[②]

---

① 周成兵、薛刚：《国外电子政务信息资源整合模式及启示》，载《电子政务》2013年第12期。

② 朱宁洁：《新加坡政府开放数据政策研究》，载《管理观察》2019年第2期。

第六章　美国电子政务发展和法治保障情况

第一节　电子政务的发展战略和平台门户建设

在《2018 年联合国电子政务调查报告》[①]中，美国电子政务指数在联合国 193 个成员国中排名第十一，在美洲各国中排名第一，属于“非常高”（指数高于 0.75）的发展水平行列。日本东京早稻田大学数字政府研究所与国际 CIO 学会（IAC）联合发布的《第 14 届（2018）国际数字政府排名评价报告》[②]中，美国在亚太经合组织经济体（APEC Economies）数字政府评估中，以总分 90.3 分排名第二。[③]

一、电子政务发展战略

美国数字政府的探索与建设开始于 20 世纪 80 年

---

① 《2018 年联合国电子政务调查报告》（中文版），载联合国经济和社会事务部公共机构和数字政府司官网：https://publicadministration.un.org/egovkb/Portals/egovkb/Documents/un/2018 - Survey/E-Government% 20Survey% 202018_FINAL_PRINT_Chinese.pdf，最后访问日期：2020 年 1 月 10 日。

② The 2018 Waseda-IAC Digital Government Rankings Repor, http://e-gov.waseda.ac.jp/pdf/The _ 2018 _ Waseda-IAC _ Digital _ Gov-ernment _ Rankings _ Report.pdf, p. 16.

③ 姚水琼、齐胤植：《美国数字政府建设的实践研究与经验借鉴》，载《治理研究》2019 年第 6 期。

代，“信息高速公路”是美国数字政府建设的发端。克林顿政府时期提出了国家信息基础设施行动，小布什政府时期提出了以公民为中心的电子政务战略，奥巴马政府时期提出了开放数字政府计划，特朗普政府时期提出了数字政府技术现代化法案。[①]

第一阶段，克林顿政府时期（1993～2001 年）。充分重视互联网的重要性，敦促美国各政府机构加快官网的研发设计进程。1993 年，美国国家绩效评估委员会正式成立，首次提出构建“电子政府”（e-government），在政府中使用先进的信息网络技术。克林顿政府发布《国家信息基础设施行动》（National Information Infrastructure）、《全球信息基础设施行动计划》（Global Information Infrastructure），加大对信息基础设施的投资力度。1996 年，美国政府推行“重塑政府运动”（Reinventing Government Movement），积极推行政务电子化，应用网络技术以及通信技术推行政府的公共服务职能，实现政府机构的优化和政府行政绩效的提高。

第二阶段，小布什政府时期（2001～2009 年）。小布什政府提出了“电子政务”的概念，实现了网站从仅仅浏览信息到可以实现办事服务的转变，从“以信息技术为中心”转变为“以公民为中心”。2001 年，美国白宫管理与预算办公室（Office of Management and Budget，OMB）宣布成立“电子政务特别工作小组”（E-government Task Force），并于 2002 年公布了《电子政务战略——简化面向公民的服务》，提出以公民为中心、以结果为导向、以市场为基础三大原则，旨在提高政府的工作绩效、便于公民与联邦政府的互动、改善政府对公民的回应能力。

第三阶段，奥巴马政府时期（2009～2017 年）。奥巴马政府跟进最新的技术趋势，推出美国数字政府服务（United States Digital Service）和 Data. gov 计划，强调政务信息的公开，通过大数据以及信息技术的应用，推动公平、透明、开放的美国数字政府建设。2009 年，美国联邦政府的数字政府战略由“电子政府”转向“开放政府”。2012 年，美国白宫发布了《数字政府战略》，[②]旨在为美国公民提供更优质的公共服务，主要实现 3 个目标：一是让美国公民可以在任何时间、任

---

① 姚水琼、齐胤植：《美国数字政府建设的实践研究与经验借鉴》，载《治理研究》2019 年第 6 期。

② Obama B. Digital government. Building a 21st century platform to better serve the American people. The White House，2012.

何地点,利用任何设备获取所需的高质量的政府信息以及数字服务。二是确保美国政府适应新数字时代,抓住机遇,以智慧、安全和经济的方式来采购并管理设备、应用和数据。三是公开政府数据,激发国家创新,提升政务服务质量。奥巴马政府在此时期高度重视大数据应用,系统改造传统国家与政府治理手段以及体系,促进了美国经济的快速增长。奥巴马政府提出的数字政府战略是美国积极向数字经济、数字城市、数字治理和数字政府转型的重要标志。

第四阶段,特朗普政府时期(2017～2020年)。特朗普政府重视数字政府的发展,希望利用先进的数字技术更好地提供公共服务和智能化决策。2017年5月,特朗普签署行政命令,成立美国科技委员会(American Technology Council),旨在让政府数字化服务更加智能化,总目标包括“协调愿景、战略和方向”,在联邦政府使用信息技术方面向总统提供与政治决策有关的建议。

二、平台门户建设情况

从1999年开始,美国的数字政府建设从被动开始转向主动,标志性转变是2000年9月美国政府“第一政府”网站(www. firstgov. gov)的成立,后于2007年改名为“美国政府网站”①(www. USA. gov)。美国成立电子政府网站,目的是给公众提供跨越时空限制的服务,节省时间、提高工作效率,同时公开政府信息,公民利用互联网直接查阅相关信息,打造开放、透明政府。② 美国firstgov门户网站建立在“一站式”概念基础之上,通过该门户网站公民可更快捷地搜索到相关信息,更好地享用政府相关部门提供的服务。firstgov门户网站融合了400个左右的政府部门,包含的子网站也远超500多个。但用户查找政府发布的相关信息或者使用电子服务,仅须登录firstgov门户网站即可很快得到解决。firstgov门户网站能够为用户提供“一揽子”解决方案,网站用户只要在网站输入想要搜索的主题,便能够很快搜索到相关信息或者服务,门户网站与公众之间的互动很强。③

firstgov门户网站服务于多元社会。该门户网站以服务社会为基本目标,积

---

① Official website of the United States government. https://www. usa. gov.

② 杨菲菲:《国外政府数据开放门户网站建设研究》,燕山大学2016年硕士学位论文,第23页。

③ 楼政杰:《美国政府门户网站的建设与启示》,载《电子技术与软件工程》2019年第19期。

极为社会提供一些颇具时效且有用的服务及信息。firstgov 门户网站首页并不存在任何一条新闻,也无任何与新闻相关的栏目,但其为社会民众提供的信息却很全面。比如,firstgov 门户网站单独开辟了一栏信息咨询中心服务,该栏目可连接全美全部政府机构的信息中心,让用户通过连接获取自身想要获得的所有信息。值得一提的是,firstgov 门户网站除用英文对外发布相关政务信息外,还同时用日、汉、德、法等多国语言对外实时发布政务信息。

firstgov 门户网站致力于构建互动式的用户关系,为实现此目标,经常对用户进行满意度在线调查,根据调查反馈结果不断对门户网站进行完善。与此同时,firstgov 门户网站的工作人员还会随机对一些用户进行访谈,询问用户一些问题,并欢迎用户对网站提出建设性意见。在此基础上,firstgov 门户网站底栏还专门开设了"Suggest-A-Link",让用户随时随地对门户网站提供的服务提出批评与建议。正因如此,firstgov 门户网站才愈发趋于完善,能更好地为广大社会公众服务。firstgov 门户网站之所以能够位居世界一流水平,主要缘于其不断改革发展与进步,缘于门户网站建设基于的先进理念。

三、法治保障情况

在美国,电子政务被认为是通过推进行政机关与民众以及企业之间交流的电子化、网络化,进而提高行政效率、加强政府信息公开、提升行政服务水准的重要途径。可以说,对法律的重视成为保障美国跻身世界电子政务大国的重要因素之一。

一是《电子政务法》。美国联邦政府电子政务相关治理以《2002 年电子政务法》的制定为界划分为两个阶段。在 2002 年之前,虽然技术在美国各级政府管理中的应用已相当普遍,电子政务的概念也已讨论了 10 多年,但是电子政务未被正式法律化。2002 年 12 月 17 日,时任美国总统布什签署了美国《电子政务法》(E-Government Act of 2002)。该法是美国电子政务立法中最重要的法律,也是整个体系的核心,几乎涉及信息技术管理和规划的每一个方面,对从危机管理到电子档案以及查询索引都作了规定,该法还第一次拨专款(4 年共 3.45 亿美元)支持《电子政务计划》。

该法的立法目的:(1)通过在管理与预算办公室内设立一个新的电子政务办公室行政官,为联邦政府推进电子政务服务提供有效指导。(2)推进使用互联网及其他信息技术,为公众参与政府提供更多机会。(3)通过整合相似职能来提升对公众服务的质量并推进跨部门的业务交流与合作。(4)提升完成机构任务和实现项目绩效目标的政府能力。(5)在政府机构内部与政府机构之间推进使用互联网及其他新兴技术,提供以公众为中心的政府信息与服务。(6)降低企业以及其他政府实体的成本与负担。(7)推进政策制定者作出更科学的决策。(8)推进通过多渠道获取高质量的政府信息与服务。(9)使联邦政府更为透明和负责。(10)通过借鉴公、私营部门的成功经验,改善机构的运作。(11)促进个人隐私保护、国家安全、残疾人保障以及其他相关法律的贯彻实施。

电子政务的快速发展,与其强调法治的传统,尤其是与《2002 年电子政务法》不可分割。无论是就篇幅还是内容而言,其都是世界上迄今为止最为详细、覆盖面最广的一部法律。

二是其他相关法律。美国电子政务法律体系中除了作为电子政务基本法的《2002 年电子政务法》外,还包括推进行政机关信息化、推进行政透明度、在建设电子政务过程中保护个人权利以及确保信息安全的法律等。为促进电子政务建设,近 10 年来美国出台了一系列法律和文件,其中包括以信息为主要内容的《电子信息自由法》《个人隐私保护法》《公共信息准则》《文书削减法》《消费者与投资者获取信息法》《儿童网络隐私保护法》《电子隐私法案》等;以基础设施为主要内容的《1996 年电信法》;以计算机安全为主要内容的《计算机保护法》《网上电子安全法案》《反电子盗窃法》《计算机欺诈以及滥用法案》《网上禁赌法案》等;以电子商务为主要内容的《统一电子交易法》《国际国内电子签名法》《统一计算机信息交易法》《网上贸易免税协议》等;以知识产权为主要内容的《千禧年数字版权法》《反域名抢注消费者保护法》;还有属于政策性文件的《国家信息基础设施行动》与《全球电子商务政策框架》。这些法律和文件相互关联,从整体上构成了电子政务的法律基础和框架。信息立法是电子政务立法的主要内容,信息安全立法是电子政务立法的重点,促进基础设施建设的立法是电子政务立法的基础,电子商务与网络知识产权立法是电子政务立法的必要补充,《电子政务法》则从多个角度对电子政务作了全面规范。

第二节　政府治理改革与数据共享保护

一、政府治理改革与数据共享

2012 年 5 月，美国联邦政府发布《数字政府战略》[①]，旨在构建 21 世纪优质公共服务平台，为美国公民提供整体性电子公共服务。在政府层面，形成统一的内容管理系统（CMS）、标准化业务应用和数据交换接口，实现有线网络、移动网络环境下公共信息资源共享，为地方政府提供大量的政策数据库和最佳实践共享服务，提高政府数字服务质量。

（一）数字政府战略的目标和任务

美国数字政府战略的目标：（1）公众可以随时随地通过多种渠道访问政府信息和获取电子公共服务。（2）构建政府信息资源共享平台，实现政府部门间的信息共享和数据交换，提供低成本、高质量、多样化的公共服务。（3）建立统一的数字服务参考模型，为各级政府的电子公共服务提供统一的体系架构（FEA）和业务流程规范。

（二）数字政府战略的主要政策

数字政府战略是为确保建成透明、参与和协作的开放政府目标而制定的联邦政府信息化阶段性策略。针对公共服务供给与需求的精准性、参与性和协作性发展趋势，美国联邦政府提出了数字服务 3 层体系架构以适应未来数字政府的治理结构，凸显了信息、内容和数据在政府公共管理和公共政策当中的重要地位。

二、数据安全与隐私保护

（一）数据安全

美国联邦政府《数字政府战略》认为，政府有责任加强数字服务的组织风险管理，防止敏感数据被非正当获取、传递和存储，完善包括安全保密体系、数据安全系统、可信网络连接、不间断监控系统在内的安全和隐私保护系统。通过电子证书、电子认证、电子秘钥，基于政务云的云安全、设备安全准入，在业务流程优

---

① 朱锐勋：《英美国家电子公共服务发展战略比较及启示》，载《行政与法》2017 年第 4 期。

化中增加安全审计的内容等技术工具和手段，加强信息安全和网络安全防范。针对移动电子公共服务，建立健全无线网络安全体系架构，实现全网安全和隐私保护。

（二）隐私保护

美国是世界上最早提出并通过法律对隐私权进行保护的国家，自发展电子政务以来就实施严格的安全管理控制和隐私保护。由于移动政务发展涉及非政府机构的第三方应用平台，这也加大了隐私保护难度。1974 年颁布的《个人隐私保护法》是美国隐私保护最主要的法律依据，该法限制政府公开个人隐私数据，其保护的主要内容是政府内部存储的“个人信息记录”。法案建立了公平信息实践准则，对政府应当如何收集个人数据、何种个人数据能够储存、个人数据开放的程序等作了详细规定。①

此外，美国还出台了专门的网络技术方面的隐私保护和身份管理法规。2003 年 9 月，管理与预算办公室发布了《2002 年电子政务法隐私条款实施指南》，该指南主要涉及美国公民与政府互动时的隐私保护，指导各机构在使用信息技术收集新信息、开发或者购买新的 IT 系统来处理个人身份信息时，对个人信息的处理方式。② 2010 年 6 月 25 日，管理与预算办公室发布主题为《网络评测和技术定制》的备忘录，强调网络技术中涉及的数据安全和隐私保护，要求机构在线上隐私政策中引用适当的隐私影响评估（PIA）和系统记录通知（SORN），按照备忘录要求设定数据保留限制和访问限制。2010 年发布的备忘录提出了隐私保护的一系列建设要求，比如，使用第三方网站或者应用程序时，机构应遵守第三方隐私政策、外部链接提醒，嵌入应用提醒、机构标识等。③

三、相关的法律规定

“9 · 11 事件”后，美国总统小布什发布第 13231 号行政命令《信息时代下的

① 黄如花、李楠：《美国开放政府数据中的个人隐私保护研究》，载《图书馆》2017 年第 6 期。

② Guidance for Implementing the Privacy Provisions of the E-Government Act of 2002 [EB/OL]. [2020 - 01 - 06], https://www. whitehouse. gov/wp - content/uploads/2017/11/203 - M - 03 - 22 - OMB - Guidance - for - Implementing - the - Privacy - Provisions - of - the - E - Government - Act - of - 2002 - 1. pdf.

③ Guidance for Agency Use of Third-Party Websites and Applications, https://obamawhite house. archives. gov/sites/default/files/omb/assets/memoranda_2010/m10 - 23. pdf.

关键基础设施保护》[1][2],宣布成立"总统关键基础设施保护委员会"(PCIPB)。2014 年,奥巴马政府颁布《联邦信息安全现代化法》。2016 年,奥巴马政府又发布《网络安全行动计划》,提出"一揽子"长期和短期行动策略以提升联邦政府和全国的网络安全。[3] 关于个人隐私保护主要是《个人隐私保护法案》等一系列法律,具体内容介绍参前文。

第三节 公众参与和透明政府情况

一、电子参与的基本情况

美国在线服务的提出可以追溯至 1995 年克林顿签署的《政府信息公开法》等一系列法律法规。《2002 年电子政务法》明确了网上政府机构的建设标准,保证了公众可在互联网上获取政府信息。[4] 2009 年 1 月 21 日,奥巴马签署《开放政府备忘录》,呼吁建设一个更加透明、易于参与的协作型政府,要求"政府机构和行政部门应当充分运用新技术手段,在网上公开其决策和运行情况,以便公众随时获取相关信息"。[5]

此外,美国对移动政务开展绩效考核。考核范围覆盖移动应用以及各类社交媒体;指标设计重点突出对用户反馈和行为数据的分析,强调以绩效考核提升用户体验,改善移动政务服务水平。制定了统一的数字分析计划(DAP),通过简化联邦政府数据的收集和分析来改善公民体验。[6] 定期发布社交媒体统计数据,每月以报告的形式发布社交媒体工具的月浏览量、月访问/使用量、财政年度累计访问量等,辅以图表展现,同时提供统计数据下载。

---

① 黄璜:《美国联邦政府数据治理:政策与结构》,载《中国行政管理》2017 年第 8 期。

② George W. Bush. Executive Order 13231: Critical Infrastructure Protection in the Information Age. 2001, October 16.

③ Barack Obama. Cybersecurity National Action Plan(CNAP). February 09, 2016.

④ 谢起慧、褚建勋:《基于社交媒体的公众参与政府危机传播研究——中美案例比较视角》,载《中国软科学》2016 年第 3 期。

⑤ 英纳斯默格尔 I、郑思斯等:《公共部门的社交媒体策略》,载《中国行政管理》2012 年第 7 期。

⑥ DAP: Digital Metrics Guidance and Best Practices, https://digital.gov/services/dap/dap-digital-metrics-guidance-and-best-practices.

二、相关的法律规定

主要是行政机关信息化、行政透明度方面的法律，比如，《政府信息公开法》《2002 年电子政务法》等一系列法律法规。内容参见前文介绍。

第四节　政务服务以及智慧政府建设情况

一、政务服务的主要内容

政务服务的内容包括信息发布、在线事务处理、电子参与和在线交流互动等。为此，需要为公众提供简明的服务窗口（界面）；开展基于新兴媒体、手机客户端、App 应用等的服务，将政府门户网站“一站式”服务移植到移动网络终端。通过以上行动和措施提高政府绩效和用户满意度。

二、政务服务的特点

随着美国智能手机和平板电脑使用量的爆炸性增长，“移动优先”的思维模式也应运而生，共同驱动了包括手机短信服务（SMS）、政府网站移动门户、政务移动客户端（App）以及政府部门应用的第三方社会化移动平台（如 Twitter，Facebook，Google + 等）在内的移动政务体系的形成和持续发展。[①] 2008 年美国大选期间，奥巴马团队热衷应用 SNS 和 Twitter 同选民沟通，并在大选后引入 Web2.0 与 regulations. gov 来促进公众参与，通过推行“开放政府行动”提高执政透明度，移动政务由此拉开帷幕。

美国推动移动政务发展的关键性战略性文件有 3 份，分别是 2012 年的《数字政府战略》、2016 年 OMB 发布的备忘录《联邦政府公共网站和数字服务的政策》和 OMB 通函《联邦政府信息资源管理通告》。此外，针对社交媒体应用，OMB 于 2010 年 4 月 7 日颁布了《社交媒体、网络互动技术和文书削减法》，旨在促进联邦机构移动政务的灵活、开放、互动，各机构可以利用社交媒体、网站和应

① 易兰丽、黄梅银、田红红：《美国移动政务建设及其对我国的启示》，载《电子政务》2019 年第 3 期。

用程序等多种方式促进开放政府建设。①

三、公共数据开放

美国积极引导社会各界共同参与开发公共信息资源。政府职责除了信息公开、数据开放之外，还包括建立国家级战略数据库，通过元数据和机读格式数据应用、数据集成化管理、基于标准化的 APIs 服务，提升国家整体数字化水平。

在数据开放平台建设方面②，2004 年美国建立了第一个民间的数据开放门户网站 TrackGov. us；2006 年，时任民主党参议员的奥巴马就提出了《联邦资金责任透明法案》，要求联邦政府向全社会开放所有公共财政支出的原始数据，并要求在 2007 年正式上线公布公共财政支出的数据门户网站（USAspending. gov）。2009 年 1 月，新上任的美国总统奥巴马发布《透明和开放政府备忘录》（Memorandum on Transparency and Open Government），呼吁建立一个更加透明的、合作的、协调的、高参与性的政府。同年 5 月，联邦政府总务署（General Service Administration，GSA）创设了国家数据门户网站（www. Data. gov），成为全球第一个国家级数据门户网站。该网站旨在实现公众对联邦政府各机构形成的高价值、机器可读数据集的便捷存取，进而鼓励社会各界在海量数据基础上进行创新性应用。③ Data. Gov 上线时，11 个机构提供了最早的 76 项数据集，而后数据集的数量不断增加。2009 年 12 月，总统办公室和管理与预算办公室又联合发布《开放政府指令》，这一指令的出台，大大促进了 Data. Gov 的发展，白宫把政府以前专用的数十万数据在互联网上公开，扩大了数据开放程度。随后白宫建立了专门的“开放政府计划”网站，供公民在此网站搜索所需数据。Data. Gov 网站加入了数据的评定、高级搜索、用户交流、社交互动等功能，按照主题进行分类，通过在线浏览、分析挖掘数据，为开发人员提供帮助。同时将政府部门网站系统数据和联邦政府数据实现实时关联，保证数据获取的及时性。④

---

① Social Media，Web-Based Interactive Technologies，and the paperwork Reduction Act，https://www.whitehouse. gov/sites/whitehouse. gov/files/omb/assets/inforeg/SocialMediaGuidance_ 04072010. pdf.

② 杨菲菲：《国外政府数据开放门户网站建设研究》，燕山大学 2016 年硕士学位论文，第 28 页。

③ 王璟璇、杨道玲：《国际电子政务发展趋势及经验借鉴》，载《电子政务》2015 年第 4 期。

④ 朱春奎、李燕：《政府 2.0、开放式政府与服务型政府建设》，载《上海行政学院学报》2014 年第 5 期。

一些州、市、县建立了自己的数据开放平台。此外，其他各政府部门也开始制订自己的开放数据计划，比如，美国国家航空和宇宙航行局（National Aeronautics and Space Administration，NASA）和教育部的开放政府计划等。①

四、相关的法律规定

美国政府的数据开放政策有3份基础文件，即奥巴马总统备忘录《透明和开放政府》②（TOG）、OMB备忘录《开放政府指令》③（OGD）、《开放数据政策》④（ODP）。其中，《透明和开放政府》要求由"联邦首席技术官"（FCTO）牵头，与OMB和总务局（GSA）一同协调其他相关部门，根据《电子信息自由法》（FOIA）制定《开放政府指令》。⑤ 此外，先后发布的《简化服务交付和改善客户服务》（第13571号行政命令）、《建设高效、勤政的责任政府》（第13576号行政命令）、《联邦政府25项IT项目管理改革办法》等政策法规或者行政文件，也为开放政府建设和公共服务供给提供了保障（见表4-6-1）。⑥

表4-6-1　美国政府数据信息开放主要政策和法规

发布时间	名　称	主要内容
1985年	联邦政府信息资源管理政策（The federal govenment information resources management policies）	首次提出政府信息资源开放的有关要求
2000年	A-130号通知《OMB Circular A-130》，即《联邦政府信息资源管理通告》（The Management of Federal Information Resources）	提出一切由联邦政府创造、收集、处理、传播、处置的信息向所有人免费开放，以实现便利使用和再利用

① 罗博：《国外开放政府数据计划：进展与启示》，载《情报理论与实践》2014年第12期。

② Barack H. Obama. Memorandum on Transparency and Open Government. January 21，2009.

③ OMB. Open Government Directive，Memorandum For the Heads of Executive Departments and Agencies，M-10-06，2010.

④ OMB. OpenDataPolicy—ManagingInformationas an Asset. Memorandum For the Heads of Executive Departments and Agencies，M-13-13，2013.

⑤ 黄璜：《美国联邦政府数据治理：政策与结构》，载《中国行政管理》2017年第8期。

⑥ 朱锐勋：《英美国家电子公共服务发展战略比较及启示》，载《行政与法》2017年第4期。

续表

发布时间	名　称	主要内容
2000 年	在《2011 年度拨款法案》(Consolidated Appropriations Act,2011)第 515 条附件条款中,加入《数据质量法》(Data Quality Act)	从数据质量的角度提出了客观性、实用性、公正性的要求,规范政府发布数据质量
2009 年	透明和开放的政府备忘录(Memorandum on Transpatency and Open Govemment)	要求联邦政府各部门改善其透明度(transparency)、公众参与度(participation),强调全社会协同合作(collaboration),提出政府部门之间、政府部门与企业、个人、非政府组织之间合作的具体步骤,奠定了开放政府数据信息的基调
2009 年	开放政府指令(Open Government Directive)	推出国家政府数据开放平台 Data.gov;要求各行政部门和机构发布政府数据信息开放网站,把政府信息按有关开放格式要求在网上公开,要确保其符合管理与预算局(Office of Management and Budget,OMB)所出台的信息质量指南中的条款
2013 年	13642 号总统令“将公开与机器可读作为政府信息的新标准”	要求政府各部门发布可机读的、标准化数据
2013 年	政府数据开放倡议(Open Government Initiative)	倡导政府数据信息开放,要求开放数据符合可机读的、标准化格式
2013 年	开放数据政策——将数据当作资产管理备忘录	设立开放数据项目(Project Open Data),规范开放数据政策中对技术的要求,规定数据格式、标准化、开放协议、元数据、数据目录等内容,作出责任分工
2014 年	开放数据行动计划(U. S. Open Data Action Plan)	对政府数据开放实践进行总结,并提出进一步改进和完善的措施
2016 年	开放政府数据法案(Open Government Data Act)	规定除法律禁止外,对于不论采用何种形式和媒介被记录下的信息,政府须主动以可机读、可搜索的形式完全公开;除涉及国家安全和其他特殊原因外,所有的政府机构应公开其拥有的公共数据

续表

发布时间	名 称	主要内容
2016 年	联邦大数据研究和发展战略规划（The Federal Big Data Research and Development Strategic Plan）	对大数据项目和投资进行指导；提出通过促进数据共享和管理政策来提高数据价值；创建和加强大数据创新生态系统，建立持续机制来提高联邦机构在大数据领域的合作能力，如建立跨机构“开发沙盒”或测试平台，帮助开发新技术，实现研发成果产业化

资料来源：孙彦明、赵树宽、张福俊、李霞：《中美英政府数据信息开放共享保障机制比较研究》，载《图书情报工作》2018 年第 21 期。

附　录

中华人民共和国政府信息公开条例

（2007年4月5日中华人民共和国国务院令
第492号公布　2019年4月3日中华人民共和国
国务院令第711号修订）

第一章　总　　则

第一条　为了保障公民、法人和其他组织依法获取政府信息，提高政府工作的透明度，建设法治政府，充分发挥政府信息对人民群众生产、生活和经济社会活动的服务作用，制定本条例。

第二条　本条例所称政府信息，是指行政机关在履行行政管理职能过程中制作或者获取的，以一定形式记录、保存的信息。

第三条　各级人民政府应当加强对政府信息公开工作的组织领导。

国务院办公厅是全国政府信息公开工作的主管部门，负责推进、指导、协调、监督全国的政府信息公开工作。

县级以上地方人民政府办公厅（室）是本行政区域的政府信息公开工作主管部门，负责推进、指导、协调、监督本行政区域的政府信息公开工作。

实行垂直领导的部门的办公厅(室)主管本系统的政府信息公开工作。

第四条 各级人民政府及县级以上人民政府部门应当建立健全本行政机关的政府信息公开工作制度,并指定机构(以下统称政府信息公开工作机构)负责本行政机关政府信息公开的日常工作。

政府信息公开工作机构的具体职能是:

(一)办理本行政机关的政府信息公开事宜;

(二)维护和更新本行政机关公开的政府信息;

(三)组织编制本行政机关的政府信息公开指南、政府信息公开目录和政府信息公开工作年度报告;

(四)组织开展对拟公开政府信息的审查;

(五)本行政机关规定的与政府信息公开有关的其他职能。

第五条 行政机关公开政府信息,应当坚持以公开为常态、不公开为例外,遵循公正、公平、合法、便民的原则。

第六条 行政机关应当及时、准确地公开政府信息。

行政机关发现影响或者可能影响社会稳定、扰乱社会和经济管理秩序的虚假或者不完整信息的,应当发布准确的政府信息予以澄清。

第七条 各级人民政府应当积极推进政府信息公开工作,逐步增加政府信息公开的内容。

第八条 各级人民政府应当加强政府信息资源的规范化、标准化、信息化管理,加强互联网政府信息公开平台建设,推进政府信息公开平台与政务服务平台融合,提高政府信息公开在线办理水平。

第九条 公民、法人和其他组织有权对行政机关的政府信息公开工作进行监督,并提出批评和建议。

第二章 公开的主体和范围

第十条 行政机关制作的政府信息,由制作该政府信息的行政机关负责公开。行政机关从公民、法人和其他组织获取的政府信息,由保存该政府信息的行政机关负责公开;行政机关获取的其他行政机关的政府信息,由制作或者最初获取该政府信息的行政机关负责公开。法律、法规对政府信息公开的权限另有规定的,从其规定。

行政机关设立的派出机构、内设机构依照法律、法规对外以自己名义履行行政管理职能的，可以由该派出机构、内设机构负责与所履行行政管理职能有关的政府信息公开工作。

两个以上行政机关共同制作的政府信息，由牵头制作的行政机关负责公开。

第十一条　行政机关应当建立健全政府信息公开协调机制。行政机关公开政府信息涉及其他机关的，应当与有关机关协商、确认，保证行政机关公开的政府信息准确一致。

行政机关公开政府信息依照法律、行政法规和国家有关规定需要批准的，经批准予以公开。

第十二条　行政机关编制、公布的政府信息公开指南和政府信息公开目录应当及时更新。

政府信息公开指南包括政府信息的分类、编排体系、获取方式和政府信息公开工作机构的名称、办公地址、办公时间、联系电话、传真号码、互联网联系方式等内容。

政府信息公开目录包括政府信息的索引、名称、内容概述、生成日期等内容。

第十三条　除本条例第十四条、第十五条、第十六条规定的政府信息外，政府信息应当公开。

行政机关公开政府信息，采取主动公开和依申请公开的方式。

第十四条　依法确定为国家秘密的政府信息，法律、行政法规禁止公开的政府信息，以及公开后可能危及国家安全、公共安全、经济安全、社会稳定的政府信息，不予公开。

第十五条　涉及商业秘密、个人隐私等公开会对第三方合法权益造成损害的政府信息，行政机关不得公开。但是，第三方同意公开或者行政机关认为不公开会对公共利益造成重大影响的，予以公开。

第十六条　行政机关的内部事务信息，包括人事管理、后勤管理、内部工作流程等方面的信息，可以不予公开。

行政机关在履行行政管理职能过程中形成的讨论记录、过程稿、磋商信函、请示报告等过程性信息以及行政执法案卷信息，可以不予公开。法律、法规、规章规定上述信息应当公开的，从其规定。

第十七条　行政机关应当建立健全政府信息公开审查机制，明确审查的程序和责任。

行政机关应当依照《中华人民共和国保守国家秘密法》以及其他法律、法规和国家有关规定对拟公开的政府信息进行审查。

行政机关不能确定政府信息是否可以公开的,应当依照法律、法规和国家有关规定报有关主管部门或者保密行政管理部门确定。

第十八条 行政机关应当建立健全政府信息管理动态调整机制,对本行政机关不予公开的政府信息进行定期评估审查,对因情势变化可以公开的政府信息应当公开。

第三章 主动公开

第十九条 对涉及公众利益调整、需要公众广泛知晓或者需要公众参与决策的政府信息,行政机关应当主动公开。

第二十条 行政机关应当依照本条例第十九条的规定,主动公开本行政机关的下列政府信息:

(一)行政法规、规章和规范性文件;

(二)机关职能、机构设置、办公地址、办公时间、联系方式、负责人姓名;

(三)国民经济和社会发展规划、专项规划、区域规划及相关政策;

(四)国民经济和社会发展统计信息;

(五)办理行政许可和其他对外管理服务事项的依据、条件、程序以及办理结果;

(六)实施行政处罚、行政强制的依据、条件、程序以及本行政机关认为具有一定社会影响的行政处罚决定;

(七)财政预算、决算信息;

(八)行政事业性收费项目及其依据、标准;

(九)政府集中采购项目的目录、标准及实施情况;

(十)重大建设项目的批准和实施情况;

(十一)扶贫、教育、医疗、社会保障、促进就业等方面的政策、措施及其实施情况;

(十二)突发公共事件的应急预案、预警信息及应对情况;

(十三)环境保护、公共卫生、安全生产、食品药品、产品质量的监督检查情况;

(十四)公务员招考的职位、名额、报考条件等事项以及录用结果;

(十五)法律、法规、规章和国家有关规定应当主动公开的其他政府信息。

第二十一条 除本条例第二十条规定的政府信息外,设区的市级、县级人民政府及其部门还应当根据本地方的具体情况,主动公开涉及市政建设、公共服务、公益事业、土地征收、房屋征收、治安管理、社会救助等方面的政府信息;乡(镇)人民政府还应当根据本地方的具体情况,主动公开贯彻落实农业农村政策、农田水利工程建设运营、农村土地承包经营权流转、宅基地使用情况审核、土地征收、房屋征收、筹资筹劳、社会救助等方面的政府信息。

第二十二条 行政机关应当依照本条例第二十条、第二十一条的规定,确定主动公开政府信息的具体内容,并按照上级行政机关的部署,不断增加主动公开的内容。

第二十三条 行政机关应当建立健全政府信息发布机制,将主动公开的政府信息通过政府公报、政府网站或者其他互联网政务媒体、新闻发布会以及报刊、广播、电视等途径予以公开。

第二十四条 各级人民政府应当加强依托政府门户网站公开政府信息的工作,利用统一的政府信息公开平台集中发布主动公开的政府信息。政府信息公开平台应当具备信息检索、查阅、下载等功能。

第二十五条 各级人民政府应当在国家档案馆、公共图书馆、政务服务场所设置政府信息查阅场所,并配备相应的设施、设备,为公民、法人和其他组织获取政府信息提供便利。

行政机关可以根据需要设立公共查阅室、资料索取点、信息公告栏、电子信息屏等场所、设施,公开政府信息。

行政机关应当及时向国家档案馆、公共图书馆提供主动公开的政府信息。

第二十六条 属于主动公开范围的政府信息,应当自该政府信息形成或者变更之日起 20 个工作日内及时公开。法律、法规对政府信息公开的期限另有规定的,从其规定。

第四章 依申请公开

第二十七条 除行政机关主动公开的政府信息外,公民、法人或者其他组织可以向地方各级人民政府、对外以自己名义履行行政管理职能的县级以上人民政府部门(含本条例第十条第二款规定的派出机构、内设机构)申请获取相关政府信息。

第二十八条 本条例第二十七条规定的行政机关应当建立完善政府信息公开申请渠道,为申请人依法申请获取政府信息提供便利。

第二十九条 公民、法人或者其他组织申请获取政府信息的,应当向行政机关的政府信息公开工作机构提出,并采用包括信件、数据电文在内的书面形式;采用书面形式确有困难的,申请人可以口头提出,由受理该申请的政府信息公开工作机构代为填写政府信息公开申请。

政府信息公开申请应当包括下列内容:

(一)申请人的姓名或者名称、身份证明、联系方式;

(二)申请公开的政府信息的名称、文号或者便于行政机关查询的其他特征性描述;

(三)申请公开的政府信息的形式要求,包括获取信息的方式、途径。

第三十条 政府信息公开申请内容不明确的,行政机关应当给予指导和释明,并自收到申请之日起7个工作日内一次性告知申请人作出补正,说明需要补正的事项和合理的补正期限。答复期限自行政机关收到补正的申请之日起计算。申请人无正当理由逾期不补正的,视为放弃申请,行政机关不再处理该政府信息公开申请。

第三十一条 行政机关收到政府信息公开申请的时间,按照下列规定确定:

(一)申请人当面提交政府信息公开申请的,以提交之日为收到申请之日;

(二)申请人以邮寄方式提交政府信息公开申请的,以行政机关签收之日为收到申请之日;以平常信函等无需签收的邮寄方式提交政府信息公开申请的,政府信息公开工作机构应当于收到申请的当日与申请人确认,确认之日为收到申请之日;

(三)申请人通过互联网渠道或者政府信息公开工作机构的传真提交政府信息公开申请的,以双方确认之日为收到申请之日。

第三十二条 依申请公开的政府信息公开会损害第三方合法权益的,行政机关应当书面征求第三方的意见。第三方应当自收到征求意见书之日起15个工作日内提出意见。第三方逾期未提出意见的,由行政机关依照本条例的规定决定是否公开。第三方不同意公开且有合理理由的,行政机关不予公开。行政机关认为不公开可能对公共利益造成重大影响的，可以决定予以公开，并将决定公开的政府信息内容和理由书面告知第三方。

第三十三条　行政机关收到政府信息公开申请，能够当场答复的，应当当场予以答复。

行政机关不能当场答复的，应当自收到申请之日起 20 个工作日内予以答复；需要延长答复期限的，应当经政府信息公开工作机构负责人同意并告知申请人，延长的期限最长不得超过 20 个工作日。

行政机关征求第三方和其他机关意见所需时间不计算在前款规定的期限内。

第三十四条　申请公开的政府信息由两个以上行政机关共同制作的，牵头制作的行政机关收到政府信息公开申请后可以征求相关行政机关的意见，被征求意见机关应当自收到征求意见书之日起 15 个工作日内提出意见，逾期未提出意见的视为同意公开。

第三十五条　申请人申请公开政府信息的数量、频次明显超过合理范围，行政机关可以要求申请人说明理由。行政机关认为申请理由不合理的，告知申请人不予处理；行政机关认为申请理由合理，但是无法在本条例第三十三条规定的期限内答复申请人的，可以确定延迟答复的合理期限并告知申请人。

第三十六条　对政府信息公开申请，行政机关根据下列情况分别作出答复：

（一）所申请公开信息已经主动公开的，告知申请人获取该政府信息的方式、途径；

（二）所申请公开信息可以公开的，向申请人提供该政府信息，或者告知申请人获取该政府信息的方式、途径和时间；

（三）行政机关依据本条例的规定决定不予公开的，告知申请人不予公开并说明理由；

（四）经检索没有所申请公开信息的，告知申请人该政府信息不存在；

（五）所申请公开信息不属于本行政机关负责公开的，告知申请人并说明理由；能够确定负责公开该政府信息的行政机关的，告知申请人该行政机关的名称、联系方式；

（六）行政机关已就申请人提出的政府信息公开申请作出答复、申请人重复申请公开相同政府信息的，告知申请人不予重复处理；

（七）所申请公开信息属于工商、不动产登记资料等信息，有关法律、行政法规对信息的获取有特别规定的，告知申请人依照有关法律、行政法规的规定办理。

第三十七条 申请公开的信息中含有不应当公开或者不属于政府信息的内容，但是能够作区分处理的，行政机关应当向申请人提供可以公开的政府信息内容，并对不予公开的内容说明理由。

第三十八条 行政机关向申请人提供的信息，应当是已制作或者获取的政府信息。除依照本条例第三十七条的规定能够作区分处理的外，需要行政机关对现有政府信息进行加工、分析的，行政机关可以不予提供。

第三十九条 申请人以政府信息公开申请的形式进行信访、投诉、举报等活动，行政机关应当告知申请人不作为政府信息公开申请处理并可以告知通过相应渠道提出。

申请人提出的申请内容为要求行政机关提供政府公报、报刊、书籍等公开出版物的，行政机关可以告知获取的途径。

第四十条 行政机关依申请公开政府信息，应当根据申请人的要求及行政机关保存政府信息的实际情况，确定提供政府信息的具体形式；按照申请人要求的形式提供政府信息，可能危及政府信息载体安全或者公开成本过高的，可以通过电子数据以及其他适当形式提供，或者安排申请人查阅、抄录相关政府信息。

第四十一条 公民、法人或者其他组织有证据证明行政机关提供的与其自身相关的政府信息记录不准确的，可以要求行政机关更正。有权更正的行政机关审核属实的，应当予以更正并告知申请人；不属于本行政机关职能范围的，行政机关可以转送有权更正的行政机关处理并告知申请人，或者告知申请人向有权更正的行政机关提出。

第四十二条 行政机关依申请提供政府信息，不收取费用。但是，申请人申请公开政府信息的数量、频次明显超过合理范围的，行政机关可以收取信息处理费。

行政机关收取信息处理费的具体办法由国务院价格主管部门会同国务院财政部门、全国政府信息公开工作主管部门制定。

第四十三条 申请公开政府信息的公民存在阅读困难或者视听障碍的，行政机关应当为其提供必要的帮助。

第四十四条　多个申请人就相同政府信息向同一行政机关提出公开申请，且该政府信息属于可以公开的，行政机关可以纳入主动公开的范围。

对行政机关依申请公开的政府信息，申请人认为涉及公众利益调整、需要公众广泛知晓或者需要公众参与决策的，可以建议行政机关将该信息纳入主动公开的范围。行政机关经审核认为属于主动公开范围的，应当及时主动公开。

第四十五条　行政机关应当建立健全政府信息公开申请登记、审核、办理、答复、归档的工作制度，加强工作规范。

第五章　监督和保障

第四十六条　各级人民政府应当建立健全政府信息公开工作考核制度、社会评议制度和责任追究制度，定期对政府信息公开工作进行考核、评议。

第四十七条　政府信息公开工作主管部门应当加强对政府信息公开工作的日常指导和监督检查，对行政机关未按照要求开展政府信息公开工作的，予以督促整改或者通报批评；需要对负有责任的领导人员和直接责任人员追究责任的，依法向有权机关提出处理建议。

公民、法人或者其他组织认为行政机关未按照要求主动公开政府信息或者对政府信息公开申请不依法答复处理的，可以向政府信息公开工作主管部门提出。政府信息公开工作主管部门查证属实的，应当予以督促整改或者通报批评。

第四十八条　政府信息公开工作主管部门应当对行政机关的政府信息公开工作人员定期进行培训。

第四十九条　县级以上人民政府部门应当在每年 1 月 31 日前向本级政府信息公开工作主管部门提交本行政机关上一年度政府信息公开工作年度报告并向社会公布。

县级以上地方人民政府的政府信息公开工作主管部门应当在每年 3 月 31 日前向社会公布本级政府上一年度政府信息公开工作年度报告。

第五十条　政府信息公开工作年度报告应当包括下列内容：

（一）行政机关主动公开政府信息的情况；

（二）行政机关收到和处理政府信息公开申请的情况；

（三）因政府信息公开工作被申请行政复议、提起行政诉讼的情况；

（四）政府信息公开工作存在的主要问题及改进情况，各级人民政府的政府信息公开工作年度报告还应当包括工作考核、社会评议和责任追究结果情况；

（五）其他需要报告的事项。

全国政府信息公开工作主管部门应当公布政府信息公开工作年度报告统一格式，并适时更新。

第五十一条 公民、法人或者其他组织认为行政机关在政府信息公开工作中侵犯其合法权益的，可以向上一级行政机关或者政府信息公开工作主管部门投诉、举报，也可以依法申请行政复议或者提起行政诉讼。

第五十二条 行政机关违反本条例的规定，未建立健全政府信息公开有关制度、机制的，由上一级行政机关责令改正；情节严重的，对负有责任的领导人员和直接责任人员依法给予处分。

第五十三条 行政机关违反本条例的规定，有下列情形之一的，由上一级行政机关责令改正；情节严重的，对负有责任的领导人员和直接责任人员依法给予处分；构成犯罪的，依法追究刑事责任：

（一）不依法履行政府信息公开职能；

（二）不及时更新公开的政府信息内容、政府信息公开指南和政府信息公开目录；

（三）违反本条例规定的其他情形。

第六章 附　则

第五十四条 法律、法规授权的具有管理公共事务职能的组织公开政府信息的活动，适用本条例。

第五十五条 教育、卫生健康、供水、供电、供气、供热、环境保护、公共交通等与人民群众利益密切相关的公共企事业单位，公开在提供社会公共服务过程中制作、获取的信息，依照相关法律、法规和国务院有关主管部门或者机构的规定执行。全国政府信息公开工作主管部门根据实际需要可以制定专门的规定。

前款规定的公共企事业单位未依照相关法律、法规和国务院有关主管部门或者机构的规定公开在提供社会公共服务过程中制作、获取的信息，公民、法人或者其他组织可以向有关主管部门或者机构申诉，接受申诉的部门或者机构应当及时调查处理并将处理结果告知申诉人。

第五十六条 本条例自 2019 年 5 月 15 日起施行。

国务院关于在线政务服务的若干规定

（2019年4月26日中华人民共和国国务院令第716号）

第一条 为了全面提升政务服务规范化、便利化水平，为企业和群众（以下称行政相对人）提供高效、便捷的政务服务，优化营商环境，制定本规定。

第二条 国家加快建设全国一体化在线政务服务平台（以下简称一体化在线平台），推进各地区、各部门政务服务平台规范化、标准化、集约化建设和互联互通，推动实现政务服务事项全国标准统一、全流程网上办理，促进政务服务跨地区、跨部门、跨层级数据共享和业务协同，并依托一体化在线平台推进政务服务线上线下深度融合。

一体化在线平台由国家政务服务平台、国务院有关部门政务服务平台和各地区政务服务平台组成。

第三条 国务院办公厅负责牵头推进国家政务服务平台建设，推动建设一体化在线平台标准规范体系、安全保障体系和运营管理体系。

省、自治区、直辖市人民政府和国务院有关部门负责本地区、本部门政务服务平台建设、安全保障和运营管理，做好与国家政务服务平台对接工作。

第四条 除法律、法规另有规定或者涉及国家秘密等情形外，政务服务事项应当按照国务院确定的步骤，纳入一体化在线平台办理。

政务服务事项包括行政权力事项和公共服务事项。

第五条 国家政务服务平台基于自然人身份信息、法人单位信息等资源，建设全国统一身份认证系统，为各地区、各部门政务服务平台提供统一身份认证服务，实现一次认证、全网通办。

第六条 行政机关和其他负有政务服务职责的机构（以下统称政务服务机构）应当按照规范化、标准化要求编制办事指南，明确政务服务事项的受理条件、办事材料、办理流程等信息。办事指南应当在政务服务平台公布。

第七条 行政相对人在线办理政务服务事项，应当提交真实、有效的办事材料；政务服务机构通过数据共享能够获得的信息，不得要求行政相对人另行提供。

政务服务机构不得将行政相对人提交的办事材料用于与政务服务无关的用途。

第八条 政务服务中使用的符合《中华人民共和国电子签名法》规定条件的可靠的电子签名，与手写签名或者盖章具有同等法律效力。

第九条 国家建立权威、规范、可信的统一电子印章系统。国务院有关部门、地方人民政府及其有关部门使用国家统一电子印章系统制发的电子印章。

电子印章与实物印章具有同等法律效力，加盖电子印章的电子材料合法有效。

第十条 国家建立电子证照共享服务系统，实现电子证照跨地区、跨部门共享和全国范围内互信互认。

国务院有关部门、地方人民政府及其有关部门按照电子证照国家标准、技术规范制作和管理电子证照，电子证照采用标准版式文档格式。

电子证照与纸质证照具有同等法律效力。

第十一条 除法律、行政法规另有规定外，电子证照和加盖电子印章的电子材料可以作为办理政务服务事项的依据。

第十二条 政务服务机构应当对履行职责过程中形成的电子文件进行规范管理，按照档案管理要求及时以电子形式归档并向档案部门移交。除法律、行政法规另有规定外，电子文件不再以纸质形式归档和移交。

符合档案管理要求的电子档案与纸质档案具有同等法律效力。

第十三条 电子签名、电子印章、电子证照以及政务服务数据安全涉及电子认证、密码应用的，按照法律、行政法规和国家有关规定执行。

第十四条 政务服务机构及其工作人员泄露、出售或者非法向他人提供履行职责过程中知悉的个人信息、隐私和商业秘密，或者不依法履行职责，玩忽职守、滥用职权、徇私舞弊的，依法追究法律责任。

第十五条 本规定下列用语的含义：

（一）电子签名，是指数据电文中以电子形式所含、所附用于识别签名人身份并表明签名人认可其中内容的数据。

（二）电子印章，是指基于可信密码技术生成身份标识，以电子数据图形表现的印章。

（三）电子证照，是指由计算机等电子设备形成、传输和存储的证件、执照等电子文件。

(四)电子档案,是指具有凭证、查考和保存价值并归档保存的电子文件。

第十六条　本规定自公布之日起施行。

(2019年4月26日公布)

优化营商环境条例

（中华人民共和国国务院令第722号）

第一章　总　　则

第一条　为了持续优化营商环境，不断解放和发展社会生产力，加快建设现代化经济体系，推动高质量发展，制定本条例。

第二条　本条例所称营商环境，是指企业等市场主体在市场经济活动中所涉及的体制机制性因素和条件。

第三条　国家持续深化简政放权、放管结合、优化服务改革，最大限度减少政府对市场资源的直接配置，最大限度减少政府对市场活动的直接干预，加强和规范事中事后监管，着力提升政务服务能力和水平，切实降低制度性交易成本，更大激发市场活力和社会创造力，增强发展动力。

各级人民政府及其部门应当坚持政务公开透明，以公开为常态、不公开为例外，全面推进决策、执行、管理、服务、结果公开。

第四条　优化营商环境应当坚持市场化、法治化、国际化原则，以市场主体需求为导向，以深刻转变政府职能为核心，创新体制机制、强化协同联动、完善法治保障，对标国际先进水平，为各类市场主体投资兴业营造稳定、公平、透明、可预期的良好环境。

第五条　国家加快建立统一开放、竞争有序的现代市场体系，依法促进各类生产要素自由流动，保障各类市场主体公平参与市场竞争。

第六条　国家鼓励、支持、引导非公有制经济发展，激发非公有制经济活力和创造力。

国家进一步扩大对外开放，积极促进外商投资，平等对待内资企业、外商投资企业等各类市场主体。

第七条　各级人民政府应当加强对优化营商环境工作的组织领导，完善优化营商环境的政策措施，建立健全统筹推进、督促落实优化营商环境工作的相关机制，及时协调、解决优化营商环境工作中的重大问题。

县级以上人民政府有关部门应当按照职责分工，做好优化营商环境的相关工作。县级以上地方人民政府根据实际情况，可以明确优化营商环境工作的主管部门。

国家鼓励和支持各地区、各部门结合实际情况，在法治框架内积极探索原创性、差异化的优化营商环境具体措施；对探索中出现失误或者偏差，符合规定条件的，可以予以免责或者减轻责任。

第八条　国家建立和完善以市场主体和社会公众满意度为导向的营商环境评价体系，发挥营商环境评价对优化营商环境的引领和督促作用。

开展营商环境评价，不得影响各地区、各部门正常工作，不得影响市场主体正常生产经营活动或者增加市场主体负担。

任何单位不得利用营商环境评价谋取利益。

第九条　市场主体应当遵守法律法规，恪守社会公德和商业道德，诚实守信、公平竞争，履行安全、质量、劳动者权益保护、消费者权益保护等方面的法定义务，在国际经贸活动中遵循国际通行规则。

第二章　市场主体保护

第十条　国家坚持权利平等、机会平等、规则平等，保障各种所有制经济平等受到法律保护。

第十一条　市场主体依法享有经营自主权。对依法应当由市场主体自主决策的各类事项，任何单位和个人不得干预。

第十二条　国家保障各类市场主体依法平等使用资金、技术、人力资源、土地使用权及其他自然资源等各类生产要素和公共服务资源。

各类市场主体依法平等适用国家支持发展的政策。政府及其有关部门在政府资金安排、土地供应、税费减免、资质许可、标准制定、项目申报、职称评定、人力资源政策等方面，应当依法平等对待各类市场主体，不得制定或者实施歧视性政策措施。

第十三条　招标投标和政府采购应当公开透明、公平公正，依法平等对待各类所有制和不同地区的市场主体，不得以不合理条件或者产品产地来源等进行限制或者排斥。

政府有关部门应当加强招标投标和政府采购监管，依法纠正和查处违法违规行为。

第十四条 国家依法保护市场主体的财产权和其他合法权益，保护企业经营者人身和财产安全。

严禁违反法定权限、条件、程序对市场主体的财产和企业经营者个人财产实施查封、冻结和扣押等行政强制措施；依法确需实施前述行政强制措施的，应当限定在所必需的范围内。

禁止在法律、法规规定之外要求市场主体提供财力、物力或者人力的摊派行为。市场主体有权拒绝任何形式的摊派。

第十五条 国家建立知识产权侵权惩罚性赔偿制度，推动建立知识产权快速协同保护机制，健全知识产权纠纷多元化解决机制和知识产权维权援助机制，加大对知识产权的保护力度。

国家持续深化商标注册、专利申请便利化改革，提高商标注册、专利申请审查效率。

第十六条 国家加大中小投资者权益保护力度，完善中小投资者权益保护机制，保障中小投资者的知情权、参与权，提升中小投资者维护合法权益的便利度。

第十七条 除法律、法规另有规定外，市场主体有权自主决定加入或者退出行业协会商会等社会组织，任何单位和个人不得干预。

除法律、法规另有规定外，任何单位和个人不得强制或者变相强制市场主体参加评比、达标、表彰、培训、考核、考试以及类似活动，不得借前述活动向市场主体收费或者变相收费。

第十八条 国家推动建立全国统一的市场主体维权服务平台，为市场主体提供高效、便捷的维权服务。

第三章 市场环境

第十九条 国家持续深化商事制度改革，统一企业登记业务规范，统一数据标准和平台服务接口，采用统一社会信用代码进行登记管理。

国家推进“证照分离”改革，持续精简涉企经营许可事项，依法采取直接取消审批、审批改为备案、实行告知承诺、优化审批服务等方式，对所有涉企经营许可事项进行分类管理，为企业取得营业执照后开展相关经营活动提供便利。除法律、行政法规规定的特定领域外，涉企经营许可事项不得作为企业登记的前置条件。

政府有关部门应当按照国家有关规定，简化企业从申请设立到具备一般性经营条件所需办理的手续。在国家规定的企业开办时限内，各地区应当确定并公开具体办理时间。

企业申请办理住所等相关变更登记的，有关部门应当依法及时办理，不得限制。除法律、法规、规章另有规定外，企业迁移后其持有的有效许可证件不再重复办理。

第二十条　国家持续放宽市场准入，并实行全国统一的市场准入负面清单制度。市场准入负面清单以外的领域，各类市场主体均可以依法平等进入。

各地区、各部门不得另行制定市场准入性质的负面清单。

第二十一条　政府有关部门应当加大反垄断和反不正当竞争执法力度，有效预防和制止市场经济活动中的垄断行为、不正当竞争行为以及滥用行政权力排除、限制竞争的行为，营造公平竞争的市场环境。

第二十二条　国家建立健全统一开放、竞争有序的人力资源市场体系，打破城乡、地区、行业分割和身份、性别等歧视，促进人力资源有序社会性流动和合理配置。

第二十三条　政府及其有关部门应当完善政策措施、强化创新服务，鼓励和支持市场主体拓展创新空间，持续推进产品、技术、商业模式、管理等创新，充分发挥市场主体在推动科技成果转化中的作用。

第二十四条　政府及其有关部门应当严格落实国家各项减税降费政策，及时研究解决政策落实中的具体问题，确保减税降费政策全面、及时惠及市场主体。

第二十五条　设立政府性基金、涉企行政事业性收费、涉企保证金，应当有法律、行政法规依据或者经国务院批准。对政府性基金、涉企行政事业性收费、涉企保证金以及实行政府定价的经营服务性收费，实行目录清单管理并向社会公开，目录清单之外的前述收费和保证金一律不得执行。推广以金融机构保函替代现金缴纳涉企保证金。

第二十六条　国家鼓励和支持金融机构加大对民营企业、中小企业的支持力度，降低民营企业、中小企业综合融资成本。

金融监督管理部门应当完善对商业银行等金融机构的监管考核和激励机制，鼓励、引导其增加对民营企业、中小企业的信贷投放，并合理增加中长期贷款和信用贷款支持，提高贷款审批效率。

商业银行等金融机构在授信中不得设置不合理条件，不得对民营企业、中小企业设置歧视性要求。商业银行等金融机构应当按照国家有关规定规范收费行为，不得违规向服务对象收取不合理费用。商业银行应当向社会公开开设企业账户的服务标准、资费标准和办理时限。

第二十七条 国家促进多层次资本市场规范健康发展，拓宽市场主体融资渠道，支持符合条件的民营企业、中小企业依法发行股票、债券以及其他融资工具，扩大直接融资规模。

第二十八条 供水、供电、供气、供热等公用企事业单位应当向社会公开服务标准、资费标准等信息，为市场主体提供安全、便捷、稳定和价格合理的服务，不得强迫市场主体接受不合理的服务条件，不得以任何名义收取不合理费用。各地区应当优化报装流程，在国家规定的报装办理时限内确定并公开具体办理时间。

政府有关部门应当加强对公用企事业单位运营的监督管理。

第二十九条 行业协会商会应当依照法律、法规和章程，加强行业自律，及时反映行业诉求，为市场主体提供信息咨询、宣传培训、市场拓展、权益保护、纠纷处理等方面的服务。

国家依法严格规范行业协会商会的收费、评比、认证等行为。

第三十条 国家加强社会信用体系建设，持续推进政务诚信、商务诚信、社会诚信和司法公信建设，提高全社会诚信意识和信用水平，维护信用信息安全，严格保护商业秘密和个人隐私。

第三十一条 地方各级人民政府及其有关部门应当履行向市场主体依法作出的政策承诺以及依法订立的各类合同，不得以行政区划调整、政府换届、机构或者职能调整以及相关责任人更替等为由违约毁约。因国家利益、社会公共利益需要改变政策承诺、合同约定的，应当依照法定权限和程序进行，并依法对市场主体因此受到的损失予以补偿。

第三十二条 国家机关、事业单位不得违约拖欠市场主体的货物、工程、服务等账款，大型企业不得利用优势地位拖欠中小企业账款。

县级以上人民政府及其有关部门应当加大对国家机关、事业单位拖欠市场主体账款的清理力度，并通过加强预算管理、严格责任追究等措施，建立防范和治理国家机关、事业单位拖欠市场主体账款的长效机制。

第三十三条 政府有关部门应当优化市场主体注销办理流程，精简申请材料、压缩办理时间、降低注销成本。对设立后未开展生产经营活动或者无债权债务的市场主体，可以按照简易程序办理注销。对有债权债务的市场主体，在债权债务依法解决后及时办理注销。

县级以上地方人民政府应当根据需要建立企业破产工作协调机制，协调解决企业破产过程中涉及的有关问题。

第四章 政务服务

第三十四条 政府及其有关部门应当进一步增强服务意识，切实转变工作作风，为市场主体提供规范、便利、高效的政务服务。

第三十五条 政府及其有关部门应当推进政务服务标准化，按照减环节、减材料、减时限的要求，编制并向社会公开政务服务事项（包括行政权力事项和公共服务事项，下同）标准化工作流程和办事指南，细化量化政务服务标准，压缩自由裁量权，推进同一事项实行无差别受理、同标准办理。没有法律、法规、规章依据，不得增设政务服务事项的办理条件和环节。

第三十六条 政府及其有关部门办理政务服务事项，应当根据实际情况，推行当场办结、一次办结、限时办结等制度，实现集中办理、就近办理、网上办理、异地可办。需要市场主体补正有关材料、手续的，应当一次性告知需要补正的内容；需要进行现场踏勘、现场核查、技术审查、听证论证的，应当及时安排、限时办结。

法律、法规、规章以及国家有关规定对政务服务事项办理时限有规定的，应当在规定的时限内尽快办结；没有规定的，应当按照合理、高效的原则确定办理时限并按时办结。各地区可以在国家规定的政务服务事项办理时限内进一步压减时间，并应当向社会公开；超过办理时间的，办理单位应当公开说明理由。

地方各级人民政府已设立政务服务大厅的，本行政区域内各类政务服务事项一般应当进驻政务服务大厅统一办理。对政务服务大厅中部门分设的服务窗口，应当创造条件整合为综合窗口，提供一站式服务。

第三十七条 国家加快建设全国一体化在线政务服务平台(以下称一体化在线平台),推动政务服务事项在全国范围内实现“一网通办”。除法律、法规另有规定或者涉及国家秘密等情形外,政务服务事项应当按照国务院确定的步骤,纳入一体化在线平台办理。

国家依托一体化在线平台,推动政务信息系统整合,优化政务流程,促进政务服务跨地区、跨部门、跨层级数据共享和业务协同。政府及其有关部门应当按照国家有关规定,提供数据共享服务,及时将有关政务服务数据上传至一体化在线平台,加强共享数据使用全过程管理,确保共享数据安全。

国家建立电子证照共享服务系统,实现电子证照跨地区、跨部门共享和全国范围内互信互认。各地区、各部门应当加强电子证照的推广应用。

各地区、各部门应当推动政务服务大厅与政务服务平台全面对接融合。市场主体有权自主选择政务服务办理渠道,行政机关不得限定办理渠道。

第三十八条 政府及其有关部门应当通过政府网站、一体化在线平台,集中公布涉及市场主体的法律、法规、规章、行政规范性文件和各类政策措施,并通过多种途径和方式加强宣传解读。

第三十九条 国家严格控制新设行政许可。新设行政许可应当按照行政许可法和国务院的规定严格设定标准,并进行合法性、必要性和合理性审查论证。对通过事中事后监管或者市场机制能够解决以及行政许可法和国务院规定不得设立行政许可的事项,一律不得设立行政许可,严禁以备案、登记、注册、目录、规划、年检、年报、监制、认定、认证、审定以及其他任何形式变相设定或者实施行政许可。

法律、行政法规和国务院决定对相关管理事项已作出规定,但未采取行政许可管理方式的,地方不得就该事项设定行政许可。对相关管理事项尚未制定法律、行政法规的,地方可以依法就该事项设定行政许可。

第四十条 国家实行行政许可清单管理制度,适时调整行政许可清单并向社会公布,清单之外不得违法实施行政许可。

国家大力精简已有行政许可。对已取消的行政许可,行政机关不得继续实施或者变相实施,不得转由行业协会商会或者其他组织实施。

对实行行政许可管理的事项,行政机关应当通过整合实施、下放审批层级等多种方式,优化审批服务,提高审批效率,减轻市场主体负担。符合相关条件和要求的,可以按照有关规定采取告知承诺的方式办理。

第四十一条　县级以上地方人民政府应当深化投资审批制度改革,根据项目性质、投资规模等分类规范投资审批程序,精简审批要件,简化技术审查事项,强化项目决策与用地、规划等建设条件落实的协同,实行与相关审批在线并联办理。

第四十二条　设区的市级以上地方人民政府应当按照国家有关规定,优化工程建设项目(不包括特殊工程和交通、水利、能源等领域的重大工程)审批流程,推行并联审批、多图联审、联合竣工验收等方式,简化审批手续,提高审批效能。

在依法设立的开发区、新区和其他有条件的区域,按照国家有关规定推行区域评估,由设区的市级以上地方人民政府组织对一定区域内压覆重要矿产资源、地质灾害危险性等事项进行统一评估,不再对区域内的市场主体单独提出评估要求。区域评估的费用不得由市场主体承担。

第四十三条　作为办理行政审批条件的中介服务事项(以下称法定行政审批中介服务)应当有法律、法规或者国务院决定依据;没有依据的,不得作为办理行政审批的条件。中介服务机构应当明确办理法定行政审批中介服务的条件、流程、时限、收费标准,并向社会公开。

国家加快推进中介服务机构与行政机关脱钩。行政机关不得为市场主体指定或者变相指定中介服务机构;除法定行政审批中介服务外,不得强制或者变相强制市场主体接受中介服务。行政机关所属事业单位、主管的社会组织及其举办的企业不得开展与本机关所负责行政审批相关的中介服务,法律、行政法规另有规定的除外。

行政机关在行政审批过程中需要委托中介服务机构开展技术性服务的,应当通过竞争性方式选择中介服务机构,并自行承担服务费用,不得转嫁给市场主体承担。

第四十四条　证明事项应当有法律、法规或者国务院决定依据。

设定证明事项,应当坚持确有必要、从严控制的原则。对通过法定证照、法定文书、书面告知承诺、政府部门内部核查和部门间核查、网络核验、合同凭证等能够办理,能够被其他材料涵盖或者替代,以及开具单位无法调查核实的,不得设定证明事项。

政府有关部门应当公布证明事项清单，逐项列明设定依据、索要单位、开具单位、办理指南等。清单之外，政府部门、公用企事业单位和服务机构不得索要证明。各地区、各部门之间应当加强证明的互认共享，避免重复索要证明。

第四十五条 政府及其有关部门应当按照国家促进跨境贸易便利化的有关要求，依法削减进出口环节审批事项，取消不必要的监管要求，优化简化通关流程，提高通关效率，清理规范口岸收费，降低通关成本，推动口岸和国际贸易领域相关业务统一通过国际贸易“单一窗口”办理。

第四十六条 税务机关应当精简办税资料和流程，简并申报缴税次数，公开涉税事项办理时限，压减办税时间，加大推广使用电子发票的力度，逐步实现全程网上办税，持续优化纳税服务。

第四十七条 不动产登记机构应当按照国家有关规定，加强部门协作，实行不动产登记、交易和缴税一窗受理、并行办理，压缩办理时间，降低办理成本。在国家规定的不动产登记时限内，各地区应当确定并公开具体办理时间。

国家推动建立统一的动产和权利担保登记公示系统，逐步实现市场主体在一个平台上办理动产和权利担保登记。纳入统一登记公示系统的动产和权利范围另行规定。

第四十八条 政府及其有关部门应当按照构建亲清新型政商关系的要求，建立畅通有效的政企沟通机制，采取多种方式及时听取市场主体的反映和诉求，了解市场主体生产经营中遇到的困难和问题，并依法帮助其解决。

建立政企沟通机制，应当充分尊重市场主体意愿，增强针对性和有效性，不得干扰市场主体正常生产经营活动，不得增加市场主体负担。

第四十九条 政府及其有关部门应当建立便利、畅通的渠道，受理有关营商环境的投诉和举报。

第五十条 新闻媒体应当及时、准确宣传优化营商环境的措施和成效，为优化营商环境创造良好舆论氛围。

国家鼓励对营商环境进行舆论监督，但禁止捏造虚假信息或者歪曲事实进行不实报道。

第五章 监管执法

第五十一条 政府有关部门应当严格按照法律法规和职责，落实监管责任，明确监管对象和范围、厘清监管事权，依法对市场主体进行监管，实现监管全覆盖。

第五十二条 国家健全公开透明的监管规则和标准体系。国务院有关部门应当分领域制定全国统一、简明易行的监管规则和标准，并向社会公开。

第五十三条 政府及其有关部门应当按照国家关于加快构建以信用为基础的新型监管机制的要求，创新和完善信用监管，强化信用监管的支撑保障，加强信用监管的组织实施，不断提升信用监管效能。

第五十四条 国家推行"双随机、一公开"监管，除直接涉及公共安全和人民群众生命健康等特殊行业、重点领域外，市场监管领域的行政检查应当通过随机抽取检查对象、随机选派执法检查人员、抽查事项及查处结果及时向社会公开的方式进行。针对同一检查对象的多个检查事项，应当尽可能合并或者纳入跨部门联合抽查范围。

对直接涉及公共安全和人民群众生命健康等特殊行业、重点领域，依法依规实行全覆盖的重点监管，并严格规范重点监管的程序；对通过投诉举报、转办交办、数据监测等发现的问题，应当有针对性地进行检查并依法依规处理。

第五十五条 政府及其有关部门应当按照鼓励创新的原则，对新技术、新产业、新业态、新模式等实行包容审慎监管，针对其性质、特点分类制定和实行相应的监管规则和标准，留足发展空间，同时确保质量和安全，不得简单化予以禁止或者不予监管。

第五十六条 政府及其有关部门应当充分运用互联网、大数据等技术手段，依托国家统一建立的在线监管系统，加强监管信息归集共享和关联整合，推行以远程监管、移动监管、预警防控为特征的非现场监管，提升监管的精准化、智能化水平。

第五十七条 国家建立健全跨部门、跨区域行政执法联动响应和协作机制，实现违法线索互联、监管标准互通、处理结果互认。

国家统筹配置行政执法职能和执法资源，在相关领域推行综合行政执法，整合精简执法队伍，减少执法主体和执法层级，提高基层执法能力。

第五十八条 行政执法机关应当按照国家有关规定，全面落实行政执法公示、行政执法全过程记录和重大行政执法决定法制审核制度，实现行政执法信息及时准确公示、行政执法全过程留痕和可回溯管理、重大行政执法决定法制审核全覆盖。

第五十九条 行政执法中应当推广运用说服教育、劝导示范、行政指导等非强制性手段,依法慎重实施行政强制。采用非强制性手段能够达到行政管理目的的,不得实施行政强制;违法行为情节轻微或者社会危害较小的,可以不实施行政强制;确需实施行政强制的,应当尽可能减少对市场主体正常生产经营活动的影响。

开展清理整顿、专项整治等活动,应当严格依法进行,除涉及人民群众生命安全、发生重特大事故或者举办国家重大活动,并报经有权机关批准外,不得在相关区域采取要求相关行业、领域的市场主体普遍停产、停业的措施。

禁止将罚没收入与行政执法机关利益挂钩。

第六十条 国家健全行政执法自由裁量基准制度,合理确定裁量范围、种类和幅度,规范行政执法自由裁量权的行使。

第六章 法治保障

第六十一条 国家根据优化营商环境需要,依照法定权限和程序及时制定或者修改、废止有关法律、法规、规章、行政规范性文件。

优化营商环境的改革措施涉及调整实施现行法律、行政法规等有关规定的,依照法定程序经有权机关授权后,可以先行先试。

第六十二条 制定与市场主体生产经营活动密切相关的行政法规、规章、行政规范性文件,应当按照国务院的规定,充分听取市场主体、行业协会商会的意见。

除依法需要保密外,制定与市场主体生产经营活动密切相关的行政法规、规章、行政规范性文件,应当通过报纸、网络等向社会公开征求意见,并建立健全意见采纳情况反馈机制。向社会公开征求意见的期限一般不少于 30 日。

第六十三条 制定与市场主体生产经营活动密切相关的行政法规、规章、行政规范性文件,应当按照国务院的规定进行公平竞争审查。

制定涉及市场主体权利义务的行政规范性文件,应当按照国务院的规定进行合法性审核。

市场主体认为地方性法规同行政法规相抵触,或者认为规章同法律、行政法规相抵触的,可以向国务院书面提出审查建议,由有关机关按照规定程序处理。

第六十四条　没有法律、法规或者国务院决定和命令依据的，行政规范性文件不得减损市场主体合法权益或者增加其义务，不得设置市场准入和退出条件，不得干预市场主体正常生产经营活动。

涉及市场主体权利义务的行政规范性文件应当按照法定要求和程序予以公布，未经公布的不得作为行政管理依据。

第六十五条　制定与市场主体生产经营活动密切相关的行政法规、规章、行政规范性文件，应当结合实际，确定是否为市场主体留出必要的适应调整期。

政府及其有关部门应当统筹协调、合理把握规章、行政规范性文件等的出台节奏，全面评估政策效果，避免因政策叠加或者相互不协调对市场主体正常生产经营活动造成不利影响。

第六十六条　国家完善调解、仲裁、行政裁决、行政复议、诉讼等有机衔接、相互协调的多元化纠纷解决机制，为市场主体提供高效、便捷的纠纷解决途径。

第六十七条　国家加强法治宣传教育，落实国家机关普法责任制，提高国家工作人员依法履职能力，引导市场主体合法经营、依法维护自身合法权益，不断增强全社会的法治意识，为营造法治化营商环境提供基础性支撑。

第六十八条　政府及其有关部门应当整合律师、公证、司法鉴定、调解、仲裁等公共法律服务资源，加快推进公共法律服务体系建设，全面提升公共法律服务能力和水平，为优化营商环境提供全方位法律服务。

第六十九条　政府和有关部门及其工作人员有下列情形之一的，依法依规追究责任：

（一）违法干预应当由市场主体自主决策的事项；

（二）制定或者实施政策措施不依法平等对待各类市场主体；

（三）违反法定权限、条件、程序对市场主体的财产和企业经营者个人财产实施查封、冻结和扣押等行政强制措施；

（四）在法律、法规规定之外要求市场主体提供财力、物力或者人力；

（五）没有法律、法规依据，强制或者变相强制市场主体参加评比、达标、表彰、培训、考核、考试以及类似活动，或者借前述活动向市场主体收费或者变相收费；

（六）违法设立或者在目录清单之外执行政府性基金、涉企行政事业性收费、涉企保证金；

（七）不履行向市场主体依法作出的政策承诺以及依法订立的各类合同，或者违约拖欠市场主体的货物、工程、服务等账款；

（八）变相设定或者实施行政许可，继续实施或者变相实施已取消的行政许可，或者转由行业协会商会或者其他组织实施已取消的行政许可；

（九）为市场主体指定或者变相指定中介服务机构，或者违法强制市场主体接受中介服务；

（十）制定与市场主体生产经营活动密切相关的行政法规、规章、行政规范性文件时，不按照规定听取市场主体、行业协会商会的意见；

（十一）其他不履行优化营商环境职责或者损害营商环境的情形。

第七十条 公用企事业单位有下列情形之一的，由有关部门责令改正，依法追究法律责任：

（一）不向社会公开服务标准、资费标准、办理时限等信息；

（二）强迫市场主体接受不合理的服务条件；

（三）向市场主体收取不合理费用。

第七十一条 行业协会商会、中介服务机构有下列情形之一的，由有关部门责令改正，依法追究法律责任：

（一）违法开展收费、评比、认证等行为；

（二）违法干预市场主体加入或者退出行业协会商会等社会组织；

（三）没有法律、法规依据，强制或者变相强制市场主体参加评比、达标、表彰、培训、考核、考试以及类似活动，或者借前述活动向市场主体收费或者变相收费；

（四）不向社会公开办理法定行政审批中介服务的条件、流程、时限、收费标准；

（五）违法强制或者变相强制市场主体接受中介服务。

第七章 附 则

第七十二条 本条例自 2020 年 1 月 1 日起施行。

中华人民共和国电子签名法

（2004年8月28日第十届全国人民代表大会常务委员会第十一次会议通过　根据2015年4月24日第十二届全国人民代表大会常务委员会第十四次会议《关于修改〈中华人民共和国电力法〉等六部法律的决定》第一次修正　根据2019年4月23日第十三届全国人民代表大会常务委员会第十次会议《关于修改〈中华人民共和国建筑法〉等八部法律的决定》第二次修正）

第一章　总　　则

第一条　为了规范电子签名行为，确立电子签名的法律效力，维护有关各方的合法权益，制定本法。

第二条　本法所称电子签名，是指数据电文中以电子形式所含、所附用于识别签名人身份并表明签名人认可其中内容的数据。

本法所称数据电文，是指以电子、光学、磁或者类似手段生成、发送、接收或者储存的信息。

第三条　民事活动中的合同或者其他文件、单证等文书，当事人可以约定使用或者不使用电子签名、数据电文。

当事人约定使用电子签名、数据电文的文书，不得仅因为其采用电子签名、数据电文的形式而否定其法律效力。

前款规定不适用下列文书：

（一）涉及婚姻、收养、继承等人身关系的；

（二）涉及土地、房屋等不动产权益转让的；

（三）涉及停止供水、供热、供气、供电等公用事业服务的；

（四）法律、行政法规规定的不适用电子文书的其他情形。

第二章　数据电文

第四条　能够有形地表现所载内容，并可以随时调取查用的数据电文，视为符合法律、法规要求的书面形式。

第五条 符合下列条件的数据电文,视为满足法律、法规规定的原件形式要求:

(一)能够有效地表现所载内容并可供随时调取查用;

(二)能够可靠地保证自最终形成时起,内容保持完整、未被更改。但是,在数据电文上增加背书以及数据交换、储存和显示过程中发生的形式变化不影响数据电文的完整性。

第六条 符合下列条件的数据电文,视为满足法律、法规规定的文件保存要求:

(一)能够有效地表现所载内容并可供随时调取查用;

(二)数据电文的格式与其生成、发送或者接收时的格式相同,或者格式不相同但是能够准确表现原来生成、发送或者接收的内容;

(三)能够识别数据电文的发件人、收件人以及发送、接收的时间。

第七条 数据电文不得仅因为其是以电子、光学、磁或者类似手段生成、发送、接收或者储存的而被拒绝作为证据使用。

第八条 审查数据电文作为证据的真实性,应当考虑以下因素:

(一)生成、储存或者传递数据电文方法的可靠性;

(二)保持内容完整性方法的可靠性;

(三)用以鉴别发件人方法的可靠性;

(四)其他相关因素。

第九条 数据电文有下列情形之一的,视为发件人发送:

(一)经发件人授权发送的;

(二)发件人的信息系统自动发送的;

(三)收件人按照发件人认可的方法对数据电文进行验证后结果相符的。

当事人对前款规定的事项另有约定的,从其约定。

第十条 法律、行政法规规定或者当事人约定数据电文需要确认收讫的,应当确认收讫。发件人收到收件人的收讫确认时,数据电文视为已经收到。

第十一条 数据电文进入发件人控制之外的某个信息系统的时间,视为该数据电文的发送时间。

收件人指定特定系统接收数据电文的,数据电文进入该特定系统的时间,视为该数据电文的接收时间;未指定特定系统的,数据电文进入收件人的任何系统的首次时间,视为该数据电文的接收时间。

当事人对数据电文的发送时间、接收时间另有约定的,从其约定。

第十二条 发件人的主营业地为数据电文的发送地点,收件人的主营业地为数据电文的接收地点。没有主营业地的,其经常居住地为发送或者接收地点。

当事人对数据电文的发送地点、接收地点另有约定的,从其约定。

第三章 电子签名与认证

第十三条 电子签名同时符合下列条件的,视为可靠的电子签名:

(一)电子签名制作数据用于电子签名时,属于电子签名人专有;

(二)签署时电子签名制作数据仅由电子签名人控制;

(三)签署后对电子签名的任何改动能够被发现;

(四)签署后对数据电文内容和形式的任何改动能够被发现。

当事人也可以选择使用符合其约定的可靠条件的电子签名。

第十四条 可靠的电子签名与手写签名或者盖章具有同等的法律效力。

第十五条 电子签名人应当妥善保管电子签名制作数据。电子签名人知悉电子签名制作数据已经失密或者可能已经失密时,应当及时告知有关各方,并终止使用该电子签名制作数据。

第十六条 电子签名需要第三方认证的,由依法设立的电子认证服务提供者提供认证服务。

第十七条 提供电子认证服务,应当具备下列条件:

(一)取得企业法人资格;

(二)具有与提供电子认证服务相适应的专业技术人员和管理人员;

(三)具有与提供电子认证服务相适应的资金和经营场所;

(四)具有符合国家安全标准的技术和设备;

(五)具有国家密码管理机构同意使用密码的证明文件;

(六)法律、行政法规规定的其他条件。

第十八条 从事电子认证服务,应当向国务院信息产业主管部门提出申请,并提交符合本法第十七条规定条件的相关材料。国务院信息产业主管部门接到申请后经依法审查,征求国务院商务主管部门等有关部门的意见后,自接到申请之日起四十五日内作出许可或者不予许可的决定。予以许可的,颁发电子认证许可证书;不予许可的,应当书面通知申请人并告知理由。

取得认证资格的电子认证服务提供者,应当按照国务院信息产业主管部门的规定在互联网上公布其名称、许可证号等信息。

第十九条 电子认证服务提供者应当制定、公布符合国家有关规定的电子认证业务规则,并向国务院信息产业主管部门备案。

电子认证业务规则应当包括责任范围、作业操作规范、信息安全保障措施等事项。

第二十条 电子签名人向电子认证服务提供者申请电子签名认证证书,应当提供真实、完整和准确的信息。

电子认证服务提供者收到电子签名认证证书申请后,应当对申请人的身份进行查验,并对有关材料进行审查。

第二十一条 电子认证服务提供者签发的电子签名认证证书应当准确无误,并应当载明下列内容:

(一)电子认证服务提供者名称;

(二)证书持有人名称;

(三)证书序列号;

(四)证书有效期;

(五)证书持有人的电子签名验证数据;

(六)电子认证服务提供者的电子签名;

(七)国务院信息产业主管部门规定的其他内容。

第二十二条 电子认证服务提供者应当保证电子签名认证证书内容在有效期内完整、准确,并保证电子签名依赖方能够证实或者了解电子签名认证证书所载内容及其他有关事项。

第二十三条 电子认证服务提供者拟暂停或者终止电子认证服务的,应当在暂停或者终止服务九十日前,就业务承接及其他有关事项通知有关各方。

电子认证服务提供者拟暂停或者终止电子认证服务的,应当在暂停或者终止服务六十日前向国务院信息产业主管部门报告,并与其他电子认证服务提供者就业务承接进行协商,作出妥善安排。

电子认证服务提供者未能就业务承接事项与其他电子认证服务提供者达成协议的,应当申请国务院信息产业主管部门安排其他电子认证服务提供者承接其业务。

电子认证服务提供者被依法吊销电子认证许可证书的，其业务承接事项的处理按照国务院信息产业主管部门的规定执行。

第二十四条　电子认证服务提供者应当妥善保存与认证相关的信息，信息保存期限至少为电子签名认证证书失效后五年。

第二十五条　国务院信息产业主管部门依照本法制定电子认证服务业的具体管理办法，对电子认证服务提供者依法实施监督管理。

第二十六条　经国务院信息产业主管部门根据有关协议或者对等原则核准后，中华人民共和国境外的电子认证服务提供者在境外签发的电子签名认证证书与依照本法设立的电子认证服务提供者签发的电子签名认证证书具有同等的法律效力。

第四章　法律责任

第二十七条　电子签名人知悉电子签名制作数据已经失密或者可能已经失密未及时告知有关各方、并终止使用电子签名制作数据，未向电子认证服务提供者提供真实、完整和准确的信息，或者有其他过错，给电子签名依赖方、电子认证服务提供者造成损失的，承担赔偿责任。

第二十八条　电子签名人或者电子签名依赖方因依据电子认证服务提供者提供的电子签名认证服务从事民事活动遭受损失，电子认证服务提供者不能证明自己无过错的，承担赔偿责任。

第二十九条　未经许可提供电子认证服务的，由国务院信息产业主管部门责令停止违法行为；有违法所得的，没收违法所得；违法所得三十万元以上的，处违法所得一倍以上三倍以下的罚款；没有违法所得或者违法所得不足三十万元的，处十万元以上三十万元以下的罚款。

第三十条　电子认证服务提供者暂停或者终止电子认证服务，未在暂停或者终止服务六十日前向国务院信息产业主管部门报告的，由国务院信息产业主管部门对其直接负责的主管人员处一万元以上五万元以下的罚款。

第三十一条　电子认证服务提供者不遵守认证业务规则、未妥善保存与认证相关的信息，或者有其他违法行为的，由国务院信息产业主管部门责令限期改正；逾期未改正的，吊销电子认证许可证书，其直接负责的主管人员和其他直接责任人员十年内不得从事电子认证服务。吊销电子认证许可证书的，应当予以公告并通知工商行政管理部门。

第三十二条 伪造、冒用、盗用他人的电子签名，构成犯罪的，依法追究刑事责任；给他人造成损失的，依法承担民事责任。

第三十三条 依照本法负责电子认证服务业监督管理工作的部门的工作人员，不依法履行行政许可、监督管理职责的，依法给予行政处分；构成犯罪的，依法追究刑事责任。

第五章 附 则

第三十四条 本法中下列用语的含义：

（一）电子签名人，是指持有电子签名制作数据并以本人身份或者以其所代表的人的名义实施电子签名的人；

（二）电子签名依赖方，是指基于对电子签名认证证书或者电子签名的信赖从事有关活动的人；

（三）电子签名认证证书，是指可证实电子签名人与电子签名制作数据有联系的数据电文或者其他电子记录；

（四）电子签名制作数据，是指在电子签名过程中使用的，将电子签名与电子签名人可靠地联系起来的字符、编码等数据；

（五）电子签名验证数据，是指用于验证电子签名的数据，包括代码、口令、算法或者公钥等。

第三十五条 国务院或者国务院规定的部门可以依据本法制定政务活动和其他社会活动中使用电子签名、数据电文的具体办法。

第三十六条 本法自2005年4月1日起施行。

国务院关于加快推进“互联网+政务服务”工作的指导意见

（国发〔2016〕55号）

各省、自治区、直辖市人民政府，国务院各部委、各直属机构：

推进“互联网+政务服务”，是贯彻落实党中央、国务院决策部署，把简政放权、放管结合、优化服务改革推向纵深的关键环节，对加快转变政府职能，提高政府服务效率和透明度，便利群众办事创业，进一步激发市场活力和社会创造力具有重要意义。近年来，一些地方和部门初步构建互联网政务服务平台，积极开展网上办事，取得一定成效。但也存在网上服务事项不全、信息共享程度低、可办理率不高、企业和群众办事仍然不便等问题，同时还有不少地方和部门尚未开展此项工作。为加快推进“互联网+政务服务”工作，切实提高政务服务质量与实效，现提出以下意见。

一、总体要求

（一）指导思想。认真落实党的十八大和十八届三中、四中、五中全会精神，深入贯彻习近平总书记系列重要讲话精神，牢固树立创新、协调、绿色、开放、共享的发展理念，按照建设法治政府、创新政府、廉洁政府和服务型政府的要求，优化服务流程，创新服务方式，推进数据共享，打通信息孤岛，推行公开透明服务，降低制度性交易成本，持续改善营商环境，深入推进大众创业、万众创新，最大程度利企便民，让企业和群众少跑腿、好办事、不添堵，共享“互联网+政务服务”发展成果。

（二）基本原则。

坚持统筹规划。充分利用已有资源设施，加强集约化建设，推动政务服务平台整合，促进条块联通，实现政务信息资源互认共享、多方利用。

坚持问题导向。从解决人民群众反映强烈的办事难、办事慢、办事繁等问题出发，简化优化办事流程，推进线上线下融合，及时回应社会关切，提供渠道多样、简便易用的政务服务。

坚持协同发展。加强协作配合和工作联动，明确责任分工，实现跨地区、跨层级、跨部门整体推进，做好制度衔接，为“互联网+政务服务”提供制度和机制保障。

坚持开放创新。鼓励先行先试，运用互联网思维，创新服务模式，拓展服务渠道，开放服务资源，分级分类推进新型智慧城市建设，构建政府、公众、企业共同参与、优势互补的政务服务新格局。

（三）工作目标。2017 年底前，各省（区、市）人民政府、国务院有关部门建成一体化网上政务服务平台，全面公开政务服务事项，政务服务标准化、网络化水平显著提升。2020 年底前，实现互联网与政务服务深度融合，建成覆盖全国的整体联动、部门协同、省级统筹、一网办理的“互联网 + 政务服务”体系，大幅提升政务服务智慧化水平，让政府服务更聪明，让企业和群众办事更方便、更快捷、更有效率。

二、优化再造政务服务

（一）规范网上服务事项。各省（区、市）人民政府、国务院各部门要依据法定职能全面梳理行政机关、公共企事业单位直接面向社会公众提供的具体办事服务事项，编制政务服务事项目录，2017 年底前通过本级政府门户网站集中公开发布，并实时更新、动态管理。实行政务服务事项编码管理，规范事项名称、条件、材料、流程、时限等，逐步做到“同一事项、同一标准、同一编码”，为实现信息共享和业务协同，提供无差异、均等化政务服务奠定基础。

（二）优化网上服务流程。优化简化服务事项网上申请、受理、审查、决定、送达等流程，缩短办理时限，降低企业和群众办事成本。凡是能通过网络共享复用的材料，不得要求企业和群众重复提交；凡是能通过网络核验的信息，不得要求其他单位重复提供；凡是能实现网上办理的事项，不得要求必须到现场办理。推进办事材料目录化、标准化、电子化，开展在线填报、在线提交和在线审查。建立网上预审机制，及时推送预审结果，对需要补正的材料一次性告知；积极推动电子证照、电子公文、电子签章等在政务服务中的应用，开展网上验证核对，避免重复提交材料和循环证明。涉及多个部门的事项实行一口受理、网上运转、并行办理、限时办结。建立公众参与机制，鼓励引导群众分享办事经验，开展满意度评价，不断研究改进工作。各级政府及其部门都要畅通互联网沟通渠道，充分了解社情民意，针对涉及公共利益等热点问题，积极有效应对，深入解读政策，及时回应关切，提升政府公信力和治理能力。

（三）推进服务事项网上办理。凡与企业注册登记、年度报告、变更注销、项目投资、生产经营、商标专利、资质认定、税费办理、安全生产等密切相关的服务事项，以及与居民教育医疗、户籍户政、社会保障、劳动就业、住房保障等密切相关的服务事项，都要推行网上受理、网上办理、网上反馈，做到政务服务事项“应上尽上、全程在线”。

（四）创新网上服务模式。加快政务信息资源互认共享，推动服务事项跨地区远程办理、跨层级联动办理、跨部门协同办理，逐步形成全国一体化服务体系。开展政务服务大数据分析，把握和预判公众办事需求，提供智能化、个性化服务，变被动服务为主动服务。引入社会力量，积极利用第三方平台，开展预约查询、证照寄送，以及在线支付等服务；依法有序开放网上政务服务资源和数据，鼓励公众、企业和社会机构开发利用，提供多样化、创新性的便民服务。

（五）全面公开服务信息。各地区各部门要在政府门户网站和实体政务大厅，集中全面公开与政务服务事项相关的法律法规、政策文件、通知公告、办事指南、审查细则、常见问题、监督举报方式和网上可办理程度，以及行政审批涉及的中介服务事项清单、机构名录等信息，并实行动态调整，确保线上线下信息内容准确一致。规范和完善办事指南，列明依据条件、流程时限、收费标准、注意事项等；明确需提交材料的名称、依据、格式、份数、签名签章等要求，并提供规范表格、填写说明和示范文本。除办事指南明确的条件外，不得自行增加办事要求。

三、融合升级平台渠道

（一）规范网上政务服务平台建设。各省（区、市）人民政府、国务院有关部门要依托政府门户网站，整合本地区本部门政务服务资源与数据，加快构建权威、便捷的一体化互联网政务服务平台，提供一站式服务，避免重复分散建设；已经单独建设的，应尽快与政府门户网站前端整合。中央政府门户网站是全国政务服务的总门户，各地区各部门网上政务服务平台要主动做好对接，形成统一的服务入口。推进政府部门各业务系统与政务服务平台的互联互通，加强平台间对接联动，统一身份认证，按需共享数据，做到“单点登录、全网通办”。建立健全政务服务平台电子监察系统，实现全部事项全流程动态监督。利用统一的政务服务资源，积极推进平台服务向移动端、自助终端、热线电话等延伸，为企业和群众提供多样便捷的办事渠道。

（二）推进实体政务大厅与网上服务平台融合发展。适应“互联网＋政务服务”发展需要，进一步提升实体政务大厅服务能力，加快与网上服务平台融合，形成线上线下功能互补、相辅相成的政务服务新模式。推进实体政务大厅向网上延伸,整合业务系统,统筹服务资源,统一服务标准,做到无缝衔接、合一通办。完善配套设施,推动政务服务事项和审批办理职权全部进驻实体政务大厅,实行集中办理、一站式办结,切实解决企业和群众办事在政务大厅与部门之间来回跑腿的问题。实体政务大厅管理机构要加强对单位进驻、事项办理、流程优化、网上运行的监督管理,推进政务服务阳光规范运行。

(三)推动基层服务网点与网上服务平台无缝对接。乡镇(街道)政务服务中心和村(社区)便民服务点直接服务基层群众,要充分利用共享的网上政务服务资源,贴近需求做好政策咨询和办事服务,重点围绕劳动就业、社会保险、社会救助、扶贫脱贫等领域,开展上门办理、免费代办等,为群众提供便捷的综合服务。加快将网上政务服务向老少边穷岛等边远贫困地区延伸,实现“互联网+政务服务”基层全覆盖。

四、夯实支撑基础

(一)推进政务信息共享。国家发展改革委牵头整合构建统一的数据共享交换平台体系,贯彻执行《政务信息资源共享管理暂行办法》,打通数据壁垒,实现各部门、各层级数据信息互联互通、充分共享,尤其要加快推进人口、法人、空间地理、社会信用等基础信息库互联互通,建设电子证照库和统一身份认证体系。国务院各部门要加快整合面向公众服务的业务系统,梳理编制网上政务服务信息共享目录,尽快向各省(区、市)网上政务服务平台按需开放业务系统实时数据接口,支撑政务信息资源跨地区、跨层级、跨部门互认共享。切实抓好信息惠民试点工作,2017 年底前,在 80 个信息惠民国家试点城市间初步实现政务服务“一号申请、一窗受理、一网通办”,形成可复制可推广的经验,逐步向全国推行。

(二)加快新型智慧城市建设。创新应用互联网、物联网、云计算和大数据等技术,加强统筹,注重实效,分级分类推进新型智慧城市建设,打造透明高效的服务型政府。汇聚城市人口、建筑、街道、管网、环境、交通等数据信息,建立大数据辅助决策的城市治理新方式。构建多元普惠的民生信息服务体系,在教育文化、医疗卫生、社会保障等领域,积极发展民生服务智慧应用,向城市居民、农民工及其随迁家属提供更加方便、及时、高效的公共服务。提升电力、燃气、交通、水务、物流等公用基础设施智能化水平,实行精细化运行管理。做好分级分类新型智慧城市试点示范工作,及时评估工作成效,发挥创新引领作用。

(三)建立健全制度标准规范。加快清理修订不适应“互联网+政务服务”的法律法规和有关规定,制定完善相关管理制度和服务规范,明确电子证照、电子公文、电子签章等的法律效力,着力解决“服务流程合法依规、群众办事困难重重”等问题。国务院办公厅组织编制国家“互联网+政务服务”技术体系建设指南,明确平台架构,以及电子证照、统一身份认证、政务云、大数据应用等标准规范。

(四)完善网络基础设施。建设高速畅通、覆盖城乡、质优价廉、服务便捷的网络基础设施。将通信基础设施建设纳入地方城乡规划,实现所有设区城市光纤网络全覆盖,推进农村地区行政村光纤通达和升级改造。提升骨干网络容量和网间互通能力,大幅降低上网资费水平。尽快建成一批光网城市,第四代移动通信(4G)网络全面覆盖城市和乡村,80%以上的行政村实现光纤到村。充分依托现有网络资源,推动政务云集约化建设,为网上政务服务提供支撑和保障。

(五)加强网络和信息安全保护。按照国家信息安全等级保护制度要求,加强各级政府网站信息安全建设,健全“互联网+政务服务”安全保障体系。明确政务服务各平台、各系统的安全责任,开展等级保护定级备案、等级测评等工作,建立各方协同配合的信息安全防范、监测、通报、响应和处置机制。加强对电子证照、统一身份认证、网上支付等重要系统和关键环节的安全监控。提高各平台、各系统的安全防护能力,查补安全漏洞,做好容灾备份。建立健全保密审查制度,加大对涉及国家秘密、商业秘密、个人隐私等重要数据的保护力度,提升信息安全支撑保障水平和风险防范能力。

五、加强组织保障

(一)强化组织领导。各地区各部门要高度重视,充分认识“互联网+政务服务”工作对建设廉洁高效、人民满意的服务型政府的重要意义,切实加强组织领导。主要负责同志要亲自部署,狠抓落实,并明确一位负责同志具体分管,协调督促,常抓不懈。各省(区、市)人民政府办公厅、国务院各部门办公厅(室)要牵头负责统筹推进、监督协调本地区本部门“互联网+政务服务”工作,明确工作机构、人员和职责,建立政务服务部门、信息化部门和有关业务单位分工明确、协调有力的工作机制。国务院办公厅要加强对各地区各部门“互联网+政务服务”工作的督促指导,开展督查评估,推动工作取得实效。

（二）强化考核监督。建立“互联网＋政务服务”工作绩效考核制度，纳入政府绩效考核体系，加大考核权重，列入重点督查事项，定期通报并公开工作进展和成效。发挥媒体监督、专家评议、第三方评估等作用，畅通群众投诉举报渠道，通过模拟办事、随机抽查等方式，深入了解服务情况，汇聚众智改进服务。在政府门户网站设立曝光纠错栏目，公开群众反映的办事过程中遇到的困难和问题，及时反馈处理结果。完善正向激励机制，对综合评价高、实际效果好的按照有关规定予以表彰奖励；建立健全问责机制，对工作开展不力的予以通报，对不作为、乱作为、慢作为，损害群众合法权益的依法依规进行问责。

（三）加大培训推广力度。将“互联网＋政务服务”工作纳入干部教育培训体系，定期组织开展培训。把面向公众办事服务作为公职人员培训的重要内容，提高服务意识、业务能力和办事效率。加强专业人才培养，建设一支既具备互联网思维与技能又精通政务服务的专业化队伍。积极开展试点示范工作，建立交流平台，加强业务研讨，分享经验做法，共同提高政务服务水平。做好宣传推广和引导，方便更多群众通过网络获取政务服务，提高“互联网＋政务服务”的社会认知度和群众认同感。

各省（区、市）人民政府、国务院有关部门要根据本意见，抓紧制定工作方案，明确责任单位和进度安排，加强衔接配合，加大财政支持，认真抓好落实。工作方案报国务院办公厅备案。

国务院办公厅关于印发进一步深化“互联网＋政务服务”推进政务服务“一网、一门、一次”改革实施方案的通知

（国办发〔2018〕45号）

各省、自治区、直辖市人民政府，国务院各部委、各直属机构：

《进一步深化“互联网＋政务服务”推进政务服务“一网、一门、一次”改革实施方案》已经国务院同意，现印发给你们，请认真贯彻执行。

国务院办公厅

2018年6月10日

进一步深化“互联网＋政务服务”推进政务服务“一网、一门、一次”改革实施方案

进一步深化“互联网＋政务服务”，充分运用信息化手段解决企业和群众反映强烈的办事难、办事慢、办事繁的问题，是党中央、国务院作出的重大决策部署。为加快推进政务服务“一网通办”和企业群众办事“只进一扇门”、“最多跑一次”，根据党中央、国务院关于推进审批服务便民化、“互联网＋政务服务”、政务信息系统整合共享等重要工作部署，制定本实施方案。

一、发展现状和总体要求

党的十八大以来，以习近平同志为核心的党中央高度重视以信息化推进国家治理体系和治理能力现代化，强调要加快推动电子政务，打通信息壁垒，构建全流程一体化在线服务平台，助力建设人民满意的服务型政府。国务院将“互联网＋政务服务”作为深化“放管服”改革的关键环节，专门印发文件，作出全面部署。一些部门和地方积极探索，深入推进“互联网＋政务服务”，加强信息共享，优化政务流程，一批堵点难点问题得到初步解决，服务创新典型不断涌现，引领政务服务创新改革不断取得新成效。同时也应看到，目前政务服务“一网通办”、“只进一扇门”、“最多跑一次”等改革仍是局部区域和部分领域的探索实践，不少地区、部门、领域仍大量存在困扰企业群众的“办证多、办事难”等现象，

与构建方便快捷、公平普惠、优质高效的网上政务服务体系目标相比仍有较大差距。

民之所望,改革所向。党的十九大对决胜全面建成小康社会、开启全面建设社会主义现代化国家新征程作出了全面部署。要深入贯彻党的十九大和十九届二中、三中全会精神,以习近平新时代中国特色社会主义思想为指导,牢固树立和贯彻落实新发展理念,深化“放管服”改革,进一步推进“互联网+政务服务”,加快构建全国一体化网上政务服务体系,推进跨层级、跨地域、跨系统、跨部门、跨业务的协同管理和服务,推动企业和群众办事线上“一网通办”(一网),线下“只进一扇门”(一门),现场办理“最多跑一次”(一次),让企业和群众到政府办事像“网购”一样方便。

二、基本原则和工作目标

(一)基本原则。

需求导向、聚焦问题、分类施策。坚持以人民为中心的发展思想,聚焦企业和群众办事的难点、政务服务的堵点和痛点,因事制宜,对各类办事事项分别提出有针对性的推进方案,不断满足人民群众的需求。

重点先行、总结经验、加快推广。选择与企业和群众生产生活关系最密切的重点领域和办理量大的高频事项,分阶段、分步骤推进,总结各地政务服务工作成功经验和创新做法,加强成果复制和宣传推广,形成高效有序推进局面。

整合共享、优化流程、创新服务。坚持联网通办是原则、孤网是例外,政务服务上网是原则、不上网是例外,加强政务信息资源跨层级、跨地域、跨系统、跨部门、跨业务互联互通和协同共享。运用互联网、大数据、人工智能等信息技术,通过技术创新和流程再造,增强综合服务能力,进一步提升政务服务效能。

统筹推进、条块结合、上下联动。注重政府管理和服务的系统性、整体性,加强行业主管部门业务指导和政策支持,充分调动地方政府的积极性和主动性,加强制度衔接,有效整合各方资源,促进纵横协同、上下联动,构建一体化联合推进机制,提升协同服务能力和综合管理水平。

(二)工作目标。

到2018年底,“一网、一门、一次”改革初见成效,先进地区成功经验在全国范围内得到有效推广。在“一网通办”方面,省级政务服务事项网上可办率不低于80%,市县级政务服务事项网上可办率不低于50%;在“只进一扇门”方面,市县级政务服务事项进驻综合性实体政务大厅比例不低于70%，50%以上政务服务事项实现“一窗”分类受理；在“最多跑一次”方面，企业和群众到政府办事提供的材料减少30%以上，省市县各级30个高频事项实现“最多跑一次”。

到2019年底，重点领域和高频事项基本实现“一网、一门、一次”。在“一网通办”方面，省级政务服务事项网上可办率不低于90%，市县级政务服务事项网上可办率不低于70%；在“只进一扇门”方面，除对场地有特殊要求的事项外，政务服务事项进驻综合性实体政务大厅基本实现“应进必进”，70%以上政务服务事项实现“一窗”分类受理；在“最多跑一次”方面，企业和群众到政府办事提供的材料减少60%以上，省市县各级100个高频事项实现“最多跑一次”。

三、以整合促便捷，推进线上“一网通办”

按照政务服务“一网通办”的要求，加快建设国家、省、市三级互联的网上政务服务平台体系，推动政务服务“一次登录、全网通办”，大幅提高政务服务便捷性。

（一）整合构建全国一体化网上政务服务平台。

按照党中央、国务院关于推进审批服务便民化有关要求，加强顶层设计，加快构建以国家政务服务平台为枢纽、以各地区各部门网上政务服务平台为基础的全流程一体化在线服务平台。加强各省（自治区、直辖市）平台一体化、规范化建设。整合各级政府部门分散的政务服务资源和网上服务入口，加快推动各级政府部门业务信息系统接入本级或上级政务服务平台。依托国家政务服务平台为全国各地区各部门网上政务服务提供公共入口、公共通道和公共支撑，实现全国网上政务服务统一实名身份认证，让企业和群众网上办事“一次认证、全国漫游”。发挥好中国政府网总门户作用。

（二）推动更多政务服务事项网上办理。

切实提高政务服务事项网上办理比例，除法律法规另有规定或涉密等外，原则上各级政务服务事项均应纳入网上政务服务平台办理，并按照国家政务服务平台相关标准规范组织实施。根据推进审批服务标准化有关要求，推动各地区各部门网上政务服务平台标准化建设和互联互通，实现政务服务同一事项、同一标准、同一编码。拓展网上办事广度和深度，延长网上办事链条，实现从网上咨询、网上申报到网上预审、网上办理、网上反馈“应上尽上、全程在线”。

（三）拓展政务服务移动应用。

推动政务服务向“两微一端”等延伸拓展，为群众提供多样性、多渠道、便利化服务。结合国家政务服务平台建设，加强和规范政务服务移动应用建设管理，推动更多政务服务事项提供移动端服务。调动社会资源力量，鼓励开展第三方便民服务应用。加强政务新媒体监管，提升服务水平。

四、以集成提效能，推进线下“只进一扇门”

以企业和群众办事“只进一扇门”为目标，大力推行政务服务集中办理，实现“多门”变“一门”，促进政务服务线上线下集成融合，不断提升政府服务效能。

（一）推动实体大厅“多门”变“一门”。

优化提升政务服务大厅“一站式”功能，完善省、市、县、乡镇综合性政务大厅集中服务模式，推动将垂直管理部门在本行政区域办理的政务服务事项纳入综合性政务大厅集中办理，加快实现“前台综合受理、后台分类审批、综合窗口出件”，实现企业和群众必须到现场办理的事项“只进一扇门”。除因安全等特殊原因外，原则上不再保留各地政府部门单独设立的服务大厅。

（二）推动线上线下集成融合。

依托网上政务服务平台，实时汇入网上申报、排队预约、现场排队叫号、服务评价、事项受理、审批（审查）结果和审批证照等信息，实现线上线下功能互补、无缝衔接、全过程留痕，为企业和群众办事线下“只进一扇门”提供有力支撑。

五、以创新促精简，让企业和群众“最多跑一次”

以企业和群众办事“少跑腿”为目标，梳理必须到现场办理事项的“最多跑一次”目录，精简办事环节和材料，推动政务服务入口全面向基层延伸，力争实现企业和群众办事“最多跑一次”。

（一）大力推进减材料、减环节。

整合涉及多部门事项的共性材料，推广多业务申请表信息复用，通过“一表申请”将企业和个人基本信息材料一次收齐、后续反复使用，减少重复填写和重复提交。充分依托网上政务服务平台，以与企业生产经营、群众生产生活密切相关的重点领域和办理量大的高频事项为重点，通过优化办事系统、简化办事材料、精简办事环节，让更多政务服务事项“最多跑一次”。

（二）推进“最多跑一次”向基层延伸。

按照推进审批服务便民化“马上办、网上办、就近办、一次办”的要求，加强乡镇（街道）便民服务中心、村庄（社区）服务站点建设，推动基于互联网、自助终端、移动终端的政务服务入口全面向基层延伸，打造基层“一站式”综合便民服务平台，进一步提高基层响应群众诉求和为民服务的能力，推动实现“最多跑一次”省市县乡村全覆盖。

六、以共享筑根基，让“数据多跑路”

（一）建立完善全国数据共享交换体系。

构建全国统一、多级互联的数据共享交换平台体系，强化平台功能、完善管理规范，使其具备跨层级、跨地域、跨系统、跨部门、跨业务的数据调度能力。按照“统一受理、平台授权”的原则，建立数据共享授权机制。对于无条件共享且服务接口不需要管控参数的数据，由平台直接提供；对于有条件共享，或者无条件共享但服务接口需要管控参数的数据，由平台推送给部门受理。建立限期反馈机制，对于数据需求申请，平台管理部门应于 3 个工作日内完成申请规范性审查，并通过平台回复受理意见，不予受理的应回复原因；由平台直接提供的数据，应于受理后 3 个工作日内提供；由部门受理的数据，数据提供部门应在受理后 10 个工作日内完成审批。

（二）加快完善政务数据资源体系。

遵循“一数一源、多源校核、动态更新”原则，各级政府要构建并完善政务数据资源体系，持续完善数据资源目录，动态更新政务数据资源，不断提升数据质量，扩大共享覆盖面，提高服务可用性。完善数据共享责任清单机制，进一步明确各部门共享责任，在落实国务院部门第一批数据共享责任清单的基础上，制定发布第二批数据共享责任清单，新增拓展 1000 项数据共享服务，加强数据共享服务运行监测，全面清理并制止仅向特定企业、社会组织开放公共数据的行为。

（三）做好政务信息系统改造对接。

按照谁建设系统、谁负责对接的原则，各级政务部门要加快改造自有的跨层级垂直业务信息系统，并与各级政务服务平台对接，实现跨层级、跨地域、跨系统、跨部门、跨业务数据互联互通，避免数据和业务“两张皮”，减少在不同系统中重复录入，提高基层窗口工作效率。各级政务信息化建设项目审批部门和运维经费审批部门要联合建立政务信息系统清单制度，加强清单式管理，对于未按要求进行改造对接的,不审批新项目,不拨付运维经费。原则上不再批准单个部门建设孤立信息系统。

(四)推进事中事后监管信息“一网通享”。

积极推进跨部门“双随机、一公开”监管信息共享,依托“信用中国”网站和国家企业信用信息公示系统,提供登记备案、行政许可、行政处罚、经营异常名录、严重违法失信企业名单、监督检查、质量抽检等信用信息查询和共享服务。推进事中事后监管信息与政务服务深度融合,整合市场监管相关数据资源,加强对市场环境的大数据监测分析和预测预警,推进线上线下一体化监管。

(五)加强数据共享安全保障。

依法加强隐私等信息保护。研究政务信息资源分类分级制度,制定数据安全管理办法,明确数据采集、传输、存储、使用、共享、开放等环节安全保障的措施、责任主体和具体要求。提高国家电子政务外网、国家数据共享交换平台和国家政务服务平台的安全防护能力。推进政务信息资源共享风险评估和安全审查,强化应急预案管理,切实做好数据安全事件的应急处置。

七、保障措施

(一)建立健全“一网通办”的标准规范。

研究制定人口、法人、电子证照等基础数据共享的国家标准。加快完成电子证照库、人口综合库、法人综合库、公共信用库等规范编制工作,加快电子证照应用推广和跨部门、跨区域互认共享。建立健全政务信息资源数据采集、数据质量、目录分类管理、共享交换接口、共享交换服务、平台运行管理等方面的标准。

(二)加快完善相关法规制度。

各部门要抓紧梳理“互联网+政务服务”急需的以及与开展“一网通办”不相适应的法律法规和规章制度,加快推动立改废。推动制定完善信息保护的法律制度,切实保护政务信息资源使用过程中的个人隐私和商业秘密。研究制订政务服务事项电子文件归档规范,推动开展相关试点,逐步消除电子化归档的法规制度障碍。

(三)建立监督举报投诉机制。

依托中国政府网及各地政府网站、各级政务服务平台、政务服务热线等,畅通互动渠道,方便群众咨询办事和投诉举报,接受群众监督。建立政务服务举报投诉平台,统一受理企业和群众对未实现政务服务“一网通办”、办事不便利等突出问题的举报投诉，并及时开展核查处理。

（四）开展百项问题疏解和百佳案例推广行动。

开展百项问题疏解行动，聚焦企业和群众关注的身份和教育证明、商事服务、社保低保、就业创业、居住户籍等方面的堵点难点问题，形成分级覆盖、热点聚焦的百项问题清单，逐项研究解决。开展百佳案例推广行动，深入分析总结先进经验，统筹组织对口帮扶工作，推动百佳案例先进经验复制落地。

各地区、各部门要认真贯彻落实党中央、国务院决策部署和推进审批服务便民化的要求，层层压实责任，加强统筹协调，结合实际精心组织落实本实施方案，推动“互联网＋政务服务”取得更大实效。

国务院办公厅关于加快推进“多证合一”改革的指导意见

（国办发〔2017〕41号）

各省、自治区、直辖市人民政府，国务院各部委、各直属机构：

“五证合一”、“两证整合”登记制度改革的相继实施有效提升了政府行政服务效率，降低了市场主体创设的制度性交易成本，激发了市场活力和社会创新力，但目前仍然存在各类证照数量过多、“准入不准营”、简政放权措施协同配套不够等问题。为进一步优化营商环境，经国务院同意，现就加快推进“多证合一”改革提出以下意见。

一、统一思想，充分认识推行改革的重要意义

在全面实施企业、农民专业合作社工商营业执照、组织机构代码证、税务登记证、社会保险登记证、统计登记证“五证合一、一照一码”登记制度改革和个体工商户工商营业执照、税务登记证“两证整合”的基础上，将涉及企业（包括个体工商户、农民专业合作社，下同）登记、备案等有关事项和各类证照（以下统称涉企证照事项）进一步整合到营业执照上，实现“多证合一、一照一码”，是贯彻中央关于推进供给侧结构性改革决策部署，推进简政放权、放管结合、优化服务的重要内容，是进一步推动政府职能转变、深化行政审批制度改革的重要途径，是深化商事制度改革、进一步释放改革红利的重要抓手；对于推动市场在资源配置中起决定性作用和更好发挥政府作用，构建“互联网＋”环境下政府新型管理方式、营造便利宽松的创业创新环境和公开透明平等竞争的营商环境，建立程序更为便利、内容更为完善、流程更为优化、资源更为集约的市场准入新模式，促进提高劳动生产率具有重要意义。各地区、各部门要高度重视，积极作为，把这项改革的实施工作摆在重要位置，采取切实有力措施，确保“多证合一”改革在2017年10月1日前落到实处、取得实效。

二、认真梳理涉企证照事项，全面实行“多证合一”

坚持“多证合一”和行政审批制度改革相结合，按照市场化改革方向，充分发挥市场在资源配置中的决定性作用。各地区要按照能整合的尽量整合、能简化的尽量简化、该减掉的坚决减掉的原则，全面梳理、分类处理涉企证照事项，将信息采集、记载公示、管理备查类的一般经营项目涉企证照事项，以及企业登记信息能够满足政府部门管理需要的涉企证照事项，进一步整合到营业执照上，被整合证照不再发放，实行“多证合一、一照一码”，使企业在办理营业执照后即能达到预定可生产经营状态，大幅度缩短企业从筹备开办到进入市场的时间。对于市场机制能够有效调节、企业能够自主管理的事项以及可以通过加强事中事后监管达到原设定涉企证照事项目的的，要逐步取消或改为备案管理。对于关系公共安全、经济安全、生态安全、生产安全、意识形态安全的涉企证照事项继续予以保留，要实行准入清单管理。对于没有法律法规依据、非按法定程序设定的涉企证照事项一律取消。

三、深化信息共享和业务协同，简化企业准入手续

坚持互联互通与数据共享相结合，大力推进信息共享，能向社会公开的尽量公开，打通信息孤岛。各地区要依托已有设施资源和政府统一数据共享交换平台，进一步完善省级信用信息共享平台、国家企业信用信息公示系统、部门间的数据接口，在更大范围、更深层次实现部门间企业基础信息和相关信用信息共享、业务协同。各地区要加快制定政府数据资源共享目录体系和管理办法，建立区域内统一标准的市场主体信息库，构建统一高效、互联互通、安全可靠的政府数据资源体系，打破部门和行业信息壁垒。从严控制个性化信息采集，凡是能通过信息共享获取的信息和前序流程已收取的材料，不得要求企业和群众重复提交；凡是能通过网络核验的信息，不得要求其他单位和申请人重复提交；凡是应由行政机关及相关机构调查核实的信息，由部门自行核实，实现相同信息“一次采集、一档管理”，避免让企业重复登记、重复提交材料。

四、完善工作流程，做好改革衔接过渡

各地区要在“五证合一”登记制度改革工作机制及技术方案的基础上，继续全面实行“一套材料、一表登记、一窗受理”的工作模式，申请人办理企业注册登记时只需填写“一张表格”，向“一个窗口”提交“一套材料”。登记部门直接核发加载统一社会信用代码的营业执照，相关信息在国家企业信用信息公示系统公示，并及时归集至全国信用信息共享平台。企业不再另行办理“多证合一”涉及的被整合证照事项，相关部门通过信息共享满足管理需要。已按照“五证合一”登记模式领取加载统一社会信用代码营业执照的企业，不需要重新申请办理“多证合一”登记，由登记机关将相关登记信息通过全国信用信息共享平台共享给被整合证照涉及的相关部门。企业原证照有效期满、申请变更登记或者申请换发营业执照的，由登记机关换发加载统一社会信用代码的营业执照。

五、推进“互联网＋政务服务”，不断提高服务效率

坚持优化政务服务与推进“互联网＋”相结合，优化审批流程，提高审批效率，提升透明度和可预期性。各地区要加快一体化网上政务服务平台建设，打造“互联网＋”模式下方便快捷、公平普惠、优质高效的政务服务体系。推进各类涉企证照事项线上并联审批，优化线上、线下办事流程，简化办事手续，减少办事环节，降低办事成本，实现“一网通办、一窗核发”。要推进涉企证照事项标准化管理，在全面梳理、分类处理的基础上，全面公开涉企证照事项目录和程序，明晰具体受理条件和办理标准，列明审查要求和时限，实现服务事项标准化。

六、加强事中事后监管，促进服务效能提升

坚持便捷准入与严格监管相结合，以有效监管保障便捷准入，防止劣币驱逐良币，提高开办企业积极性。各地区、各部门要切实转变理念，精简事前审批，加强事中事后监管，探索市场监管新模式。要全面推行“双随机、一公开”监管，按照“谁审批、谁监管，谁主管、谁监管”的原则，强化主动监管、认真履职意识，明确监管责任。要建立以信用为核心的新型监管机制，依托全国信用信息共享平台不断完善政府部门之间信息共享与联合惩戒机制，充分发挥国家企业信用信息公示系统和“信用中国”网站的作用，强化企业自我约束功能，降低市场交易风险，减少政府监管成本，提高经济运行效率。

七、推进“一照一码”营业执照广泛应用，推动改革落地

坚持“多证合一”与推进“一照一码”营业执照应用相结合，打通改革成果落地的“最后一公里”。各地“多证合一”改革情况不同，证照整合项目、形式不同，各地区、各部门要加快完善各自相关信息系统，互认“一照一码”营业执照的法律效力，推进“一照一码”营业执照在区域内、行业内的互认和应用。对于被整合证照所涵盖的原有事项信息，不得再要求企业提供额外的证明文件，使“一照一码”营业执照成为企业唯一“身份证”，使统一社会信用代码成为企业唯一身份代码，实现企业“一照一码”走天下。

八、强化中央和地方联动，统筹稳妥推进改革

坚持统筹推进与因地制宜相结合，鼓励地方大胆探索实践，自下而上，上下联动。各省级人民政府要结合实际，鼓励基层探索实践。要及时总结改革经验，巩固改革成果,不断扩大“多证合一”的覆盖范围。国务院各相关部门要解放思想,锐意进取,主动作为。各地区、各部门要按照职责分工,加强衔接配合,积极推进改革。要做好对改革政策的解读和宣传工作,形成推动改革落地见效的良好氛围,确保“多证合一”改革各项措施顺利推进。

九、完善配套制度和政策,确保改革于法有据

坚持基层先行先试与依法推动相结合,大力推进相关法律法规制修订和改革配套政策联动。各地区、各部门在推进“多证合一”改革时,要充分做好沟通和衔接工作,在全面梳理、分类处理涉企证照事项的基础上,对确需在全国范围内合并的事项中涉及法律、法规、规章和规范性文件修改、完善和清理的,要按照职责分工,依照法定程序开展相关工作,确保改革在法治轨道上推进。

十、加强窗口建设,做好人员、设施、经费保障

坚持内强素质与外提能力相结合,以内挖潜力、充分利用原有设施为重点,做好人员、设施、经费保障工作。“多证合一”改革后,基层登记窗口压力将进一步增大。各地区要通过合理调整、优化机构和人员配置,配足配强窗口人员队伍,确有必要时可以采用政府购买服务等方式,提高窗口服务能力。要加强窗口工作人员培训,提高业务素质。要优化支出结构,加强窗口软硬件设施配备,做好信息化保障。

十一、加强督查考核,完善激励机制

坚持鼓励先进与鞭策落后相结合,充分调动干事创业积极性、主动性。各地区要通过制定任务清单、将落实情况纳入政府工作考核内容等方式,把“多证合一”改革摆进地方经济社会发展大局考虑,加强督查,形成有效激励机制和容错纠错机制。要对接国际营商环境指标,加强对本地区营商环境便利化的评估和排名工作,建立开办企业时间统计通报制度,研究建立新生市场主体统计调查、监测分析制度。相关部门要组织联合督导,对改革进展情况进行监督检查。

上海市优化营商环境条例

（2020年4月10日上海市第十五届人民代表大会常务委员会第二十次会议通过）

第一章　总　　则

第一条　为了持续优化营商环境，激发市场主体活力，维护市场主体合法权益，推动经济高质量发展，推进政府治理体系和治理能力现代化建设，将上海建设成为卓越的全球城市、具有世界影响力的社会主义现代化国际大都市，根据《优化营商环境条例》等法律、行政法规，结合本市实际，制定本条例。

第二条　本条例适用于本市行政区域内优化营商环境的相关工作。

本条例所称营商环境，是指企业等市场主体在市场经济活动中所涉及的体制机制性因素和条件。

第三条　优化营商环境应当坚持市场化、法治化、国际化原则，以市场主体获得感为评价标准，以政府职能转变为核心，以“一网通办”为抓手，全面深化“放管服”改革，践行“有求必应、无事不扰”的服务理念，对标最高标准、最高水平，打造贸易投资便利、行政效率高效、政务服务规范、法治体系完善的国际一流营商环境，为各类市场主体投资兴业营造稳定、公平、透明、可预期的发展环境。

第四条　市、区人民政府应当加强优化营商环境工作的组织领导，按照优化营商环境的原则和要求，建立健全优化营商环境的统筹推进工作机制，完善服务企业联席会议机制，加强统筹本行政区域企业服务工作。政府主要负责人是优化营商环境的第一责任人。

市、区发展改革部门是本行政区域内优化营商环境工作的主管部门，负责指导、组织、协调优化营商环境日常工作。

本市经济信息化、商务、政务服务、市场监管、住房城乡建设、规划资源、司法行政、地方金融、知识产权等部门应当按照各自职责，做好优化营商环境相关工作。

第五条　市、区人民政府及其有关部门应当结合实际，充分运用现行法律制度及国家政策资源,探索具体可行的优化营商环境新经验、新做法,并复制推广行之有效的改革措施。

中国(上海)自由贸易试验区和临港新片区、张江国家自主创新示范区、虹桥商务区等区域应当在优化营商环境方面发挥引领示范作用,先行先试有利于优化营商环境的各项改革措施。

第六条 本市加强与长江三角洲区域相关省、市的交流合作,以长三角生态绿色一体化发展示范区营商环境建设为重点,推动建立统一的市场准入和监管规则,着力形成要素自由流动的统一开放市场,提升长江三角洲区域整体营商环境水平。

第七条 市、区人民政府应当建立优化营商环境工作激励机制,对在优化营商环境工作中作出显著成绩的单位和个人,按照有关规定给予表彰和奖励。

各区、各部门可以结合实际情况,在法治框架内积极探索优化营商环境具体措施。对探索中出现失误或者偏差,但有关单位和个人依照国家和本市有关规定决策、实施,且勤勉尽责、未牟取私利的,不作负面评价,依法予以免责或者减轻责任。

第八条 本市按照营商环境评价体系要求,以市场主体和社会公众满意度为导向推进优化营商环境改革,发挥营商环境评价对优化营商环境的引领和督促作用。

各区、各部门应当根据营商环境评价结果,及时调整完善优化营商环境的政策措施。

第二章 市场环境

第九条 本市充分发挥市场在资源配置中的决定性作用,构建覆盖企业全生命周期的服务体系,在企业开办、融资信贷、纠纷解决、企业退出等方面持续优化营商环境。

第十条 国家市场准入负面清单以外的领域,各类市场主体均可以依法平等进入。国家外商投资准入负面清单以外的领域,按照内外资一致的原则实施管理。

本市根据城市功能定位、发展规划以及环保安全等相关规定,按照规定程序制定产业引导政策,并向社会公开。

第十一条 本市对标国际高标准投资贸易规则，推进贸易便利化，鼓励和促进外商投资；按照国家部署，在中国（上海）自由贸易试验区和临港新片区实行外商投资试验性政策措施，扩大对外开放。

鼓励各类企业在本市设立总部机构、研发中心，鼓励与上海国际经济、金融、贸易、航运和科创中心建设密切相关的国际组织落户本市，支持创设与本市重点发展的战略性新兴产业相关的国际组织。

第十二条 本市依法保护各类市场主体的经营自主权、财产权和其他合法权益，保护企业经营者的人身和财产安全。

任何单位和个人不得干预应当由市场主体依法自主决策的定价、内部治理、经营模式等事项，不得对市场主体实施任何形式的摊派，不得非法实施行政强制或者侵犯市场主体及其经营者合法权益的其他行为。

除法律、法规另有规定外，市场主体有权自主决定加入或者退出行业协会、商会等社会组织，任何单位和个人不得干预。

第十三条 各类市场主体依法平等适用国家及本市支持发展的政策，享有公平使用资金、技术、人力资源、土地使用权以及其他自然资源等各类生产要素和公共服务资源的权利。

市、区人民政府及其部门应当平等对待各类市场主体，不得制定和实施歧视性政策。

招标投标和政府采购应当公开透明、公平公正，不得设定不合理条件，或者以其他任何形式排斥、限制潜在投标人或者供应商，保障各类市场主体依法平等参与。

本市完善公共资源交易管理制度，建立健全公共资源交易平台，优化交易服务流程，依法公开公共资源交易规则、流程、结果、监管和信用等信息。

第十四条 本市建立健全公平竞争工作协调机制，加大执法力度，预防和制止市场垄断和滥用行政权力排除、限制竞争的行为，以及不正当竞争行为，营造公平竞争的市场环境。

第十五条 本市营造中小企业健康发展环境，保障中小企业公平参与市场竞争，支持中小企业创业创新。

市、区人民政府应当在财政扶持、费用减免、金融支持、公共服务等方面制定专项政策，并在本级预算中安排中小企业发展专项资金，支持中小企业发展。

第十六条　本市加大对中小投资者权益的保护力度，完善中小投资者权益保护机制，保障中小投资者的知情权、表决权、收益权和监督权，发挥中小投资者服务机构在持股行权、纠纷调解、支持诉讼等方面的职能作用，提升中小投资者维护合法权益的便利度。

第十七条　本市将涉企经营许可事项全部纳入"证照分离"改革范围，通过直接取消审批、审批改为备案、实行告知承诺、优化审批服务等方式，分类推进改革。除法律、行政法规规定的特定领域外，涉企经营许可事项不得作为企业登记的前置条件。

本市支持"一业一证"审批模式改革探索，将一个行业准入涉及的多张许可证整合为一张行业综合许可证。

市场监管部门应当根据企业自主申报的经营范围，明确告知企业需要办理的许可事项，同时将需要申请许可的企业信息告知相关主管部门。相关主管部门应当依企业申请及时办理涉企经营许可事项，并将办理结果即时反馈市场监管部门。

第十八条　对依法设立的政府性基金、涉企保证金、涉企行政事业性收费、政府定价的经营服务性收费，实行目录清单管理，目录清单之外一律不得执行。市财政、发展改革等部门应当编制目录清单，并向社会公开。

本市推广以金融机构保函、保证保险等替代现金缴纳涉企保证金，市发展改革、住房城乡建设等相关主管部门应当明确具体规范和办事指南。

第十九条　本市培育和发展各类行业协会、商会，依法规范和监督行业协会、商会的收费、评比、认证等行为。

行业协会、商会应当加强内部管理和能力建设，及时反映行业诉求，组织制定和实施团体标准，加强行业自律，为市场主体提供信息咨询、宣传培训、市场拓展、权益保护、纠纷处理等服务。

第二十条　本市各级人民政府及其有关部门应当履行向市场主体依法作出的政策承诺以及依法订立的各类合同，不得以行政区划调整、政府换届、机构或者职能调整以及相关责任人更替等为由违约、毁约。因国家利益、社会公共利益需要改变政策承诺、合同约定的，应当依照法定权限和程序进行，并依法对市场主体受到的损失予以补偿。

政府依照法律规定的条件和程序变更或者撤回已经生效的行政许可、采取征用等措施的,应当依法对市场主体予以补偿。

第二十一条 本市各级人民政府及其有关部门、事业单位不得违反合同约定拖欠市场主体的货物、工程、服务等账款,也不得在约定付款方式之外变相延长付款期限。

本市探索建立拖欠账款行为约束惩戒机制,通过预算管理、绩效考核、审计监督等,防止和纠正拖欠市场主体账款的问题。

第二十二条 本市加强知识产权保护工作,理顺知识产权综合管理和执法体制,加强跨区域知识产权执法协作机制。

本市依法实行知识产权侵权惩罚性赔偿制度,推动建立知识产权快速协同保护机制,完善行政保护与司法保护衔接机制,探索开展知识产权公益诉讼,完善知识产权维权援助机制,提供知识产权保护的侵权预警、法律服务和司法救济。

本市完善知识产权纠纷多元解决机制,充分发挥行业协会和调解、仲裁、知识产权服务等机构在解决知识产权纠纷中的积极作用。

第三章 政务服务

第二十三条 本市建设全流程一体化在线政务服务平台(以下简称“一网通办”平台),推动线下和线上政务服务融合,整合公共数据资源,加强业务协同办理,优化政务服务流程,推动市场主体办事线上一个总门户、一次登录、全网通办。

本市政务服务事项全部纳入“一网通办”平台办理,但法律、法规另有规定或者涉及国家秘密、公共安全等情形的除外。市场主体可以通过“一网通办”平台办理政务服务,并可以通过企业专属网页获得精准化政务服务。

市政务服务部门负责统筹规划、协调推进、指导监督“一网通办”工作。各区、各部门推进政务服务标准化规范化建设,细化量化政务服务标准,编制政务服务办事指南,明确事项办理条件、办事材料、办理流程、容缺受理等内容,线上办理和线下办理标准应当一致。政务服务事项办理条件不得含有兜底条款,相关部门不得要求市场主体提供办事指南规定之外的申请材料。

市场主体可以自主选择政务服务办理渠道,相关部门不得限定办理渠道。已在线收取规范化电子材料的,不得要求申请人再提供纸质材料。

本市推进“一网通办”平台涉外服务专窗建设，为外商投资企业、外国人提供便利化政务服务。

第二十四条 本市政务服务大厅推行综合窗口服务，实行综合受理、分类办理、统一出件。

服务窗口应当加强标准化管理，推进规范化建设，健全一次告知、首问负责、收件凭证、限时办结等服务制度，完善预约、全程帮办、联办以及错时、延时服务等工作机制。

各区、各部门应当加强窗口服务力量配置和窗口工作人员业务培训。服务窗口应当按照政府效能建设管理规定，综合运用效能评估、监督检查、效能问责等手段，提高服务质量和效能。

除法律、法规有明确规定的情形外，窗口工作人员不得对申请人提出的申请事项不予收件。窗口工作人员不予收件的，各部门应当加强核实监督。

第二十五条 本市对行政许可事项实施清单管理制度。市审批改革部门应当会同相关行政管理部门及时向社会公布清单并进行动态调整。

在行政许可事项清单之外，不得违法设定或者以备案、登记、注册、目录、规划、年检、年报、监制、认定、认证、审定以及其他任何形式变相设定或者实施行政许可。对国家和本市已经取消的行政许可事项，不得继续实施、变相恢复实施或者转由行业协会、商会以及其他组织实施。

各相关部门应当将本年度行政许可办理、费用收取、监督检查等工作情况，向同级审批改革部门报告并依法向社会公布。

第二十六条 本市全面推行行政审批告知承诺制度。对审批条件难以事先核实、能够通过事中事后监管纠正且风险可控的行政审批事项，行政审批机关可以采取告知承诺方式实施行政审批，但直接涉及公共安全、生态环境保护和直接关系人身健康、生命财产安全的以及依法应当当场作出行政审批决定的行政审批事项除外。告知承诺的具体事项，由审批改革部门会同相关部门确定，并向社会公布。

实行行政审批告知承诺的，相关部门应当一次性告知申请人审批条件和需要提交的材料。申请人以书面形式承诺符合审批条件的，应当直接作出行政审批决定，并依法对申请人履行承诺情况进行监督检查。申请人未履行承诺的，审批部门应当责令其限期整改；整改后仍未满足条件的，应当撤销办理决定，并按照有关规定纳入信用信息平台。

第二十七条 本市遵循合法、必要、精简的原则，规范行政审批中介服务事项。行政审批中介服务事项清单由市审批改革部门会同相关行政管理部门编制，并向社会公布。

除法律、法规另有规定外，市场主体有权自主选择中介服务机构，任何行政管理部门不得为其指定或者变相指定中介服务机构，不得强制或者变相强制市场主体接受中介服务。

各区、各部门在行政审批过程中需要委托中介服务机构提供技术性服务的，应当通过竞争性方式选择中介服务机构，并自行承担服务费用。

中介服务机构应当明确办理法定行政审批中介服务的条件、流程、时限、收费标准，并向社会公开。

第二十八条 市人民政府有关部门应当在市政府网站上公布证明事项清单，逐项列明设定依据、索要单位、开具单位等内容。新证明事项实施或者原有证明事项取消之日起七个工作日内，有关部门应当完成清单更新。

各区、各部门应当加强证明的互认共享，不得重复向市场主体索要证明，并按照国家和本市的要求，开展证明事项告知承诺制试点等工作，进一步减证便民。

第二十九条 本市实施政务服务“好差评”制度，提高政务服务水平。“好差评”制度覆盖本市全部政务服务事项、被评价对象、服务渠道。评价和回复应当公开。

本市各级人民政府及其有关部门应当建立差评和投诉问题调查核实、督促整改和反馈机制。对实名差评事项，业务办理单位应当在一个工作日内联系核实。对于情况清楚、诉求合理的事项，立即整改；对于情况复杂、一时难以解决的事项，限期整改。整改情况及时向企业和群众反馈。政务服务主管部门应当对实名差评整改情况进行跟踪回访。

第三十条 本市推行企业开办全流程“一表申请、一窗领取”。申请人可以通过“一窗通”网上服务平台申办营业执照、印章、发票、基本社会保险等业务。材料齐全、符合法定形式的，政府有关部门应当当场办结；不能当场办结的，应当在一个工作日内办结。

申请企业设立、变更登记事项，申请人承诺所提交的章程、协议、决议和任职资格证明等材料真实、合法、有效的，市场监管部门可以对提交的材料进行形式审查，但法律、法规另有规定的除外。当事人提供虚假材料申请登记的，应当依法承担责任。

企业可以在政务服务大厅开办企业综合窗口一次领取从事一般性经营活动所需的营业执照、印章和发票。

企业设立试行名称告知承诺制和企业住所自主申报制，推广实施开办企业全程电子化。多个企业可以根据本市相关规定，使用同一地址作为登记住所。

第三十一条　本市按照电子证照相关规定，建立健全电子证照归集和应用机制。除法律、法规另有规定外，市、区人民政府及其部门签发的电子证照应当向市电子证照库实时归集，确保数据完整、准确。

申请人在申请办理有关事项时，可以通过市电子证照库出示业务办理所需要的电子证照，受理单位不得拒绝办理或者要求申请人提供实体证照，但依法需要收回证照原件的除外。

第三十二条　本市建立统一的电子印章系统，推进电子印章在政务服务、社区事务受理等领域的应用，鼓励市场主体和社会组织在经济和社会活动中使用电子印章。各部门已经建立电子印章系统的，应当实现互认互通。

企业电子印章与企业电子营业执照同步免费发放。企业可以根据实际需要，自主刻制实体印章。

第三十三条　企业办理政务服务事项，使用的符合法律规定条件的可靠的电子签名，与手写签名或者盖章具有同等法律效力；电子印章与实物印章具有同等法律效力；电子证照与纸质证照具有同等法律效力，但法律、行政法规另有规定的除外。

第三十四条　企业固定资产投资项目实行告知承诺制，其范围由市发展改革部门拟订，报市人民政府批准后向社会公布。

第三十五条　本市推行工程建设项目风险分级分类审批和监管制度。市住房城乡建设、交通等部门应当制定并公布各类工程建设项目的风险划分标准和风险等级，并会同市发展改革、规划资源等部门实行差异化审批、监督和管理。

本市实施工程建设项目审批全流程、全覆盖改革。市住房城乡建设部门依托“一网通办”总门户，牵头建立统一的工程建设项目审批管理系统，实现立项、用地、规划、施工、竣工验收等各审批阶段“一表申请、一口受理、一网通办、限时完成、一次发证”，推动工程建设项目审批实现全流程网上办理。对社会投资的低风险工程建设项目，建设工程规划许可和施工许可可以合并办理，全流程备案、审批时间不超过十个工作日。

市、区人民政府应当设立工程建设项目审批审查中心，依托工程建设项目审批管理系统，实行联合会审、联合监督检查和综合竣工验收等一站式服务模式。

本市加强对重大工程建设项目跨前服务，对不影响安全和公共利益的非关键要件在审批流程中探索试点“容缺后补”机制，允许市场主体在竣工验收备案前补齐相关材料。

本市推行工程质量潜在缺陷保险制度，探索推行建筑师负责制。

第三十六条 本市在产业基地和产业社区等区域实施综合性区域评估。各区域管理主体应当组织开展水资源论证、交通影响评价、地质灾害危险性评估、雷击风险评估等区域评估，区域评估结果向社会公开，并纳入相关部门管理依据。

市场主体在已经完成综合性区域评估的产业基地和产业社区建设工程项目的，不再单独开展上述评估评审，但国家和本市另有规定的除外。

第三十七条 本市企业新建社会投资低风险产业类项目的竣工验收与不动产登记合并办理，竣工验收后一次性获得验收合格相关证书和不动产权证电子证书，并可以当场获得纸质权证。

不动产登记机构办理不动产转移登记，实行一窗收件、当场缴税、当场发证、一次完成。不动产登记机构应当与公用企事业单位、金融机构等加强协作，逐步实现电力、供排水、燃气、网络过户与不动产登记同步办理。本市推广在商业银行申请不动产抵押登记等便利化改革。

任何单位和个人有查询需要的，可以根据国家和本市不动产登记资料查询的相关规定，按照地址查询非住宅类不动产权利人信息等登记信息和地籍图信息。

第三十八条 本市依托市、区两级人才服务中心，提供人才引进、落户、交流、评价、咨询等便利化专业服务。

本市为外籍高层次人才出入境、停居留和工作学习生活提供便利，通过“外国人工作、居留单一窗口”办理工作许可和居留许可的，应当在七个工作日内一次办结。

第三十九条　本市通过国际贸易单一窗口，为申报人提供进出口货物申报、运输工具申报、税费支付、贸易许可和原产地证书申领等全流程电子化服务，并推广贸易融资、信用保险、出口退税等地方特色应用。

各收费主体应当在国际贸易单一窗口公开收费标准，实现口岸相关市场收费“一站式”查询和办理。市口岸、交通、发展改革、市场监管等部门应当加强口岸收费管理。

本市依托国际贸易单一窗口，推动与其他经济体的申报接口对接，促进信息互联互通，便利企业开展跨境业务。

第四十条　本市运用各类口岸通关便利化措施，压缩货物口岸监管和港航物流作业时间，实现通关与物流各环节的货物状态和支付信息可查询，便利企业开展各环节作业。

本市推动优化口岸监管，鼓励企业提前申报通关，提前办理通关手续。对于申报通关存在差错的，按照有关容错机制处理。

对符合条件的企业，依照有关规定，实行先验放后检测、先放行后缴税、先放行后改单等管理。海关应当公布报关企业整体通关时间。

第四十一条　本市构建面向纳税人和缴费人的统一税费申报平台，推动相关税费合并申报及缴纳。相关部门应当精简税费办理资料和流程，减少纳税次数和税费办理时间，提升电子税务局和智慧办税服务场所的服务能力，推广使用电子发票。

本市严格落实国家各项减税降费政策，积极开展宣传辅导，确保各项政策落实到位。

第四十二条　企业可以在本市自主选择主要办事机构所在地，并依法登记为住所。各区、各部门应当对企业跨区域变更住所提供便利，不得对企业变更住所设置障碍。

对区级层面难以协调解决的企业跨区域迁移事项，由市服务企业联席会议机制协调解决，并推动落实。

第四十三条　企业可以通过本市“一窗通”网上服务平台申请注销，由市场监管、税务、人力资源社会保障等部门分类处置、同步办理、一次办结相关事项。

对领取营业执照后未开展经营活动、申请注销登记前未发生债权债务或者债权债务清算完结的，可以适用简易注销登记程序。企业可以通过国家企业信用信息公示系统进行公告,公告时限为二十日。公告期内无异议的,登记机关可以为企业办理注销登记。

第四章　公共服务

第四十四条　市经济信息化部门组织开展全市企业服务体系建设,依托上海市企业服务云,实现涉企政策统一发布、专业服务机构集中入驻、企业诉求集中受理。

市、区经济信息化部门应当建立中小企业服务中心,受理企业各类诉求,完善诉求快速处理反馈机制,一般问题五个工作日办结,疑难问题十五个工作日办结,无法办理的应当向企业说明情况。

各区应当建立网格化企业服务模式,在乡镇、街道、园区及商务楼宇等设立企业服务专员,为协调解决企业诉求提供服务。

第四十五条　市经济信息化部门应当会同市财政等部门建立本市财政资金类惠企政策统一申报系统,为企业提供一站式在线检索、订阅、匹配、申报服务。

各区应当设立财政资金类等惠企政策服务窗口,有条件的区可以设立惠企政策综合服务窗口。

第四十六条　本市建立政企沟通机制,通过调研、座谈、问卷调查、新媒体等多种形式,及时倾听和回应市场主体的合理诉求。

本市设立优化营商环境咨询委员会,负责收集、反映市场主体对营商环境的诉求,为营商环境改革提供决策咨询,推动优化营商环境精准施策。

第四十七条　本市鼓励电力、供排水、燃气、网络等公用企事业单位为市场主体提供全程代办服务。鼓励公用企事业单位全面实施网上办理业务,在“一网通办”总门户开设服务专窗,优化流程、压减申报材料和办理时限。

公用企事业单位应当推行接入和服务的标准化,确保接入标准、服务标准公开透明,并提供相关延伸服务和一站式服务。公用企事业单位应当对收费项目明码标价,并按照规定履行成本信息报送和公开义务。

公用企事业单位同步申请多种市政接入的,规划资源、绿化市容、交通等政府部门应当予以支持并提供便利。

第四十八条　本市实行统一的动产担保登记制度,推动市场主体通过人民银行动产融资登记系统办理动产担保登记,为市场主体提供融资便利。

鼓励金融机构为诚信经营的中小企业提供无抵押信用贷款,支持为科技型企业提供全生命周期综合金融服务,加大科技型企业培育力度,鼓励符合条件的科技型企业在科创板上市。

第四十九条　本市设立中小微企业政策性融资担保基金,建立健全融资担保体系,为中小微企业融资提供增信服务。市财政部门应当会同市地方金融等部门,建立信贷风险补偿和奖励机制。

本市推进公共数据开放及大数据普惠金融应用,依法与金融机构共享市场监管、税务、不动产登记、环保等政务数据和电力、供排水、燃气、网络等公用事业数据,并依法保护商业秘密、个人信息。

第五十条　本市扶持产业园区建设,推进产业与城市融合发展。相关政府部门根据需要在产业园区设立政务服务窗口。鼓励各类产业园区的管理运营单位设立一站式企业服务受理点,提供企业开办、项目建设、人才服务等政策咨询和代办服务。

园区管理运营单位通过推荐函等方式为园区企业办事提供证明、保证等服务的,相关政府部门应当予以支持。

第五十一条　本市支持创新创业集聚区建设,支持发展科技企业孵化器、众创空间等各类创新创业载体。对于符合条件的创新创业载体,按照有关规定给予税收优惠和财政支持。

鼓励和支持高校、科研院所通过建设专业团队、委托第三方服务机构等方式开展技术转移服务,推动科技成果转移转化。

第五十二条　本市实行重大产业项目目录制管理,并定期动态调整。市、区人民政府应当建立重大项目联系制度和协调处理机制,为企业提供全流程服务保障。

市经济信息化部门应当推进市级投资促进平台建设,制定发布上海市产业地图,推进建设重点项目信息库和载体资源库,推动项目与产业地图精准匹配。

市商务部门应当推动完善海外招商促进网络。

第五十三条　本市加快推进公共法律服务体系建设,整合律师、公证、司法鉴定等公共法律服务资源,以公共法律服务中心、公共法律服务热线等为载体,提升公共法律服务质量和水平。

鼓励律师创新法律服务模式,通过专业化的法律服务,帮助中小企业有效防范法律风险，及时高效地解决各类纠纷。

持续优化公证服务，实现简易公证事项和公证信息查询的“自助办、网上办、一次办”。

鼓励鉴定机构优化鉴定流程，提高鉴定效率。与委托人有约定时限的，在约定的时限内完成鉴定；没有约定的，一般应当在三十个工作日内完成鉴定，但重大复杂或者法律、法规、部门规章有专门规定的除外。

第五章　监 管 执 法

第五十四条　相关政府部门应当按照鼓励创新的原则，对新技术、新产业、新业态、新模式等实行包容审慎监管，针对其性质、特点分类制定和实行相应的监管规则和标准，预留发展空间，同时确保质量和安全，不得予以禁止或者不予监管。

本市建立健全市场主体轻微违法违规经营行为包容审慎监管制度，明确轻微违法违规经营行为的具体情形，并依法不予行政处罚。

第五十五条　市审批改革部门应当会同相关行政管理部门编制监管事项目录清单，明确监管主体、监管对象、监管措施、处理方式等，并向社会公开。监管事项目录清单实行动态调整。

本市基于监管对象信用状况及风险程度等，对市场主体实施差异化分类监督管理。各部门应当根据分类结果建立相应的激励、预警、惩戒等机制。对直接涉及公共安全和人民群众生命健康等特殊行业、重点领域，依法实行全覆盖全过程重点监管。

实施分类监管的部门和履行相应公共事务管理职能的组织，应当制定分类监管实施细则，并向社会公布。

第五十六条　相关行政管理部门应当充分运用信用信息，在实施行政许可过程中，对守信主体给予优先办理、简化程序等便利服务，同时严格规范联合惩戒名单认定，依法依规开展失信联合惩戒。

本市建立健全信用修复机制，明确失信信息修复的条件、标准、流程等要素。对于符合条件的修复申请，失信信息提供单位应当在规定的期限内，向市公共信用信息服务中心书面反馈意见，由其将该信息从本市公共信用信息服务平台查询界面删除。各部门应当同步删除相关网站上的公示信息。失信信息提供单位应当将处理情况告知申请人。

本市结合行业特点，探索建立政府采购领域重大违法记录中较大数额罚款认定标准体系，完善政府采购领域的联合惩戒机制。

第五十七条　本市全面落实行政执法公示、行政执法全过程记录和重大行政执法决定法制审核制度，通过考核、定期报告、协调指导、执法数据共享等方式，推进行政执法严格规范公正文明。

各行政执法部门应当根据监管需求，加强执法协作，明确联动程序，提高跨部门、跨领域联合执法效能。

本市深化行政综合执法改革，推进相对集中行使行政处罚权，统筹配置行政执法资源。

第五十八条　本市依托“互联网＋监管”系统，推动各部门监管业务系统互联互通，加强监管信息归集共享和应用，推行远程监管、移动监管、预警防控等非现场监管，为开展“双随机、一公开”监管、分类监管、信用监管、联合执法等提供支撑。在监管过程中涉及的市场主体商业秘密，各部门应当依法予以保密。

第五十九条　除直接涉及公共安全和人民群众生命健康等特殊行业、重点领域外，市场监管领域各相关部门在监管过程中通过随机抽取检查对象、随机选派执法检查人员的方式开展行政检查。

随机抽查的比例频次、被抽查概率应当与抽查对象的信用等级、风险程度挂钩。针对同一检查对象的多个检查事项，应当合并或者纳入跨部门联合抽查范围。

市场监管领域各相关部门应当及时通过国家企业信用信息公示系统等平台向社会公开抽查情况及查处结果。

第六十条　各行政执法部门实施行政强制，应当遵循合法、适当、教育与强制相结合的原则，对采用非强制性手段能够达到行政管理目的的，不得实施行政强制；对违法行为情节轻微或者社会危害较小的，可以不实施行政强制；确需实施行政强制的，应当限定在所必需的范围内，尽可能减少对市场主体正常生产经营活动的影响。

市人民政府有关部门可以探索建立不予实施行政强制措施清单。

第六十一条　市人民政府有关部门应当按照国家和本市的规定科学规范行政处罚裁量权，对行政处罚裁量基准实行动态管理，根据法律、法规、规章等调整情况和执法实践,及时制定、修订、废止行政处罚裁量基准。各行政执法单位应当按照本市有关规定,规范适用行政处罚裁量基准。

第六十二条 除涉及人民群众生命安全、发生重特大事故或者举办国家重大活动,并报经有权机关批准外,市、区人民政府及其部门不得在相关区域采取要求相关行业、领域的市场主体普遍停产、停业等措施。采取普遍停产、停业等措施的,应当提前书面通知企业或者向社会公告,法律、法规另有规定的除外。

第六章 法治保障

第六十三条 本市制定与市场主体生产经营活动密切相关的地方性法规、规章、行政规范性文件,应当通过报纸、网络等向社会公开征求意见,充分听取市场主体、行业协会、商会的意见,并建立健全意见采纳情况反馈机制。

涉及市场主体权利义务的地方性法规、规章、行政规范性文件,应当通过便于公众知晓的方式及时公布。行政规范性文件应当录入本市统一的行政规范性文件数据库。地方性法规、规章、行政规范性文件公布时,应当同步进行宣传解读。与外商投资密切相关的地方性法规、规章、行政规范性文件,应当提供相应的英文译本或者摘要。

第六十四条 本市各级人民政府及其有关部门制定与市场主体生产经营活动密切相关的规范性文件、政策措施,应当进行合法性审查,并由制定机关集体讨论决定。

起草或者制定涉及市场主体经济活动的地方性法规、规章、规范性文件和其他政策措施时,应当按照规定进行公平竞争审查。鼓励社会第三方机构参与公平竞争审查工作。

对涉嫌违反公平竞争审查标准的政策措施,任何单位和个人有权举报。制定机关要建立健全涉及公平竞争审查投诉举报的受理回应机制,及时纠正排除、限制竞争的政策措施;对适用例外规定制定的政策措施,要向同级公平竞争审查联席会议报送备案。

第六十五条 本市各级人民政府及其有关部门制定与市场主体生产经营活动密切相关的政策措施,应当为市场主体留出必要的适应调整期,但涉及国家安全和公布后不立即施行将有碍施行的除外。

第六十六条 本市积极完善调解、仲裁、行政裁决、行政复议、诉讼等有机衔接、相互协调的多元化纠纷解决机制，充分发挥市、区两级非诉讼争议解决中心功能，支持金融等专业领域建立纠纷解决机构，为市场主体提供高效、便捷的纠纷解决途径。

本市支持仲裁和调解机构加入“一站式”国际商事纠纷多元化解决平台，合力营造公平、公正、透明、便捷的法治化国际化营商环境。

本市支持境外知名仲裁及争议解决机构按照规定在临港新片区就国际商事、海事、投资等领域发生的民商事争议开展仲裁、调解业务。

第六十七条　本市支持各级人民法院依法公正审理涉及市场主体的各类案件，平等保护各类市场主体合法权益；支持各级人民检察院对人民法院审判活动实施法律监督。

本市根据国家统一部署，加强国际商事纠纷审判组织建设，支持国际商事纠纷审判组织对接国际商事通行规则，加快形成与上海国际商事纠纷解决需求相适应的审判体制机制。

本市强化执行难源头治理制度建设，推动完善执行联动机制，支持人民法院加强和改进执行工作。政府各有关部门、人民检察院、人民团体、企事业单位、金融机构等，应当加强与人民法院执行工作的配合与协作，协同推进本市执行工作水平和效率。

第六十八条　本市推行企业法律文书送达地址先行确认及责任承诺制。企业在本市办理设立、变更、备案等登记注册业务或者申报年报时，经市场监管部门告知企业先行确认法律文书送达地址以及承诺相关责任等事项后，企业可以通过国家企业信用信息公示系统，在线填报本企业法律文书送达地址，并承诺对填报地址真实性以及及时有效接受本市各级人民法院和行政管理部门送达的法律文书负责。

第六十九条　本市各级人民法院应当加强网上诉讼服务平台建设，推进全流程网上办案模式，并严格遵守法律及司法解释关于规范民商事案件延长审限和延期开庭的规定。当事人通过网上立案方式递交诉状材料的，可以不再提交纸质版本。

市高级人民法院应当建立健全对从事司法委托的鉴定、资产评估、审计审价等中介机构的遴选、评价、考核规则和标准，向社会公布，并定期向相关部门通报对中介机构的考核评价结果。

相关部门应当与人民法院建立信息共享机制，支持人民法院依法查询有关市场主体的身份、财产权利、市场交易等信息，支持人民法院对涉案不动产、动产、银行存款、股权、知识产权及其他财产权利实施网络查控和依法处置，提高财产查控和强制执行效率。

相关部门应当与人民法院加强协同联动，将拒不履行生效裁判确定义务的被执行人纳入失信惩戒名单，强化对失信被执行人的惩戒力度。

第七十条 本市推进完善市场化、法治化的破产制度，支持人民法院探索建立重整识别、预重整等破产拯救机制，探索破产案件繁简分流、简易破产案件快速审理等机制，简化破产流程。

本市建立市人民政府和市高级人民法院共同牵头、相关部门参加的企业破产工作协调机制，统筹推进企业破产处置工作，依法支持市场化债务重组，及时沟通解决企业破产过程中的问题。

本市各级人民法院依照相关法律和司法解释的规定，建立重整计划草案由权益受到调整或者影响的债权人或者股东参加表决的机制，促进具有营运价值的困境企业及时获得重整救济。

第七十一条 本市建立破产案件财产处置联动机制。市高级人民法院会同市规划资源、公安等有关部门统一破产企业土地、房产、车辆等处置规则，提高破产财产处置效率。

本市建立破产企业职工权益保障机制。各级人力资源社会保障部门应当协调解决职工社会保险关系转移等事项，保障职工合法权益。

破产企业按照有关规定履行相关义务后，自动解除企业非正常户认定状态。企业因重整取得的债务重组收入，依照国家有关规定适用企业所得税相关政策。对于破产企业涉及的房产税、城镇土地使用税等，税务机关应当依法予以减免。

第七十二条 破产管理人处分破产企业重大财产的，应当经债权人会议逐项表决通过。

破产管理人有权查询破产企业注册登记材料、社会保险费用缴纳情况、银行开户信息及存款状况，以及不动产、车辆、知识产权等信息，相关部门、金融机构应当予以配合。

破产管理人依据人民法院终结破产程序裁定文书、清算组依据人民法院强制清算终结裁定文书提出申请的，市场监管部门依法为企业办理注销登记。

市破产管理人协会应当加强行业自律，加大对破产管理人的培训力度，提高破产管理人的履职能力和水平。

第七十三条　本市建立营商环境投诉维权机制，任何单位和个人可以通过"12345"市民服务热线、上海市企业服务云、中小企业服务中心以及"一网通办"平台等，对营商环境方面的问题进行投诉举报。

各有关部门应当畅通投诉举报反馈渠道，保障市场主体合理、合法诉求得到及时响应和处置，无法解决的，应当及时告知并说明情况。

第七十四条　本市探索在生态环境和资源保护、食品药品安全、公共卫生安全等领域建立内部举报人制度，发挥社会监督作用，对举报严重违法、违规行为和重大风险隐患的有功人员予以奖励，并对其实行严格保护。

第七十五条　本市建立由机关单位、专业院校、社会组织等共同参与的优化营商环境法治保障共同体，畅通政策和制度的设计、执行、反馈沟通渠道，重点疏通协调营商环境建设中存在的制度性瓶颈和体制机制问题，为各区、各部门提供依法推进营商环境建设的智力支持。

第七十六条　本市探索创建适合市场主体的法治宣传新模式，采取以案释法、场景互动等方式提升法治宣传效能。

本市遵循"谁执法谁普法""谁服务谁普法"的原则，探索将优化营商环境法治宣传工作纳入普法责任制考核。

第七十七条　市、区人民代表大会常务委员会通过听取专项工作报告、开展执法检查等方式，加强本行政区域内优化营商环境工作监督。

市、区人民代表大会常务委员会充分发挥代表作用，组织代表围绕优化营商环境开展专题调研和视察等活动，汇集、反映各类市场主体的意见和建议，督促有关方面落实优化营商环境的各项工作。

第七章　法律责任

第七十八条　违反本条例规定的行为，法律、行政法规有处罚规定的，从其规定。

第七十九条　本市各级人民政府和有关部门及其工作人员在优化营商环境工作中，有下列情形之一的，由有关部门责令改正；情节严重的，依法追究责任：

（一）违反"一网通办"工作要求，限定市场主体办理渠道的；

（二）对情况清楚、诉求合理的实名差评事项，拒不整改的；

（三）对企业变更住所地违法设置障碍的；

（四）妨碍破产管理人依法履职的；

（五）其他不履行优化营商环境职责或者损害营商环境的。

第八章　附　　则

第八十条　本条例自2020年4月10日起施行。

上海市人民政府办公厅关于本市推进“一照通办、一码通用”加快“多证合一”改革的实施意见

（沪府办发〔2017〕60号）

各区人民政府，市政府各委、办、局：

为贯彻《国务院办公厅关于加快推进“多证合一”改革的指导意见》（国办发〔2017〕41号，以下简称《意见》），深化商事制度改革，现就本市推进“一照通办、一码通用”，加快“多证合一”改革提出如下实施意见：

一、指导思想

贯彻落实国务院关于深化简政放权、放管结合、优化服务改革的总体要求，按照市委、市政府的统一部署，在进一步减轻企业负担、提高营业执照办理效率的前提下，推进“一照通办、一码通用”，加快“多证合一”改革，以“减证”促“简政”，进一步简化办事流程，提高政府行政效率，与“先照后证、证照分离”改革协同推进，进一步降低准入制度交易成本，提升市场主体开办便利化水平，激发社会投资创业活力，优化营商环境，促进就业增加和经济社会持续健康发展。

二、基本原则

（一）积极稳妥、逐步推进

按照国务院《意见》规定的整合范围，对具备信息共享条件的涉企证照事项，按照“政府多综合、信息多跑路、企业少跑腿”的原则，纳入第一批改革范围，进行“多证合一”改革，实行“一照通办、一码通用”。

（二）互联互通、信息共享

以真正实现登记备案信息在部门间互联互通为目标，促进相关数据在各部门业务系统落地入库，强化政府部门间信息共享，切实做到“一照通办、一码通用”，简化办事流程，提升政府管理效能，为事中事后监管夯实数据基础。

（三）优化流程、简化手续

完善服务举措，实现相同信息“一次采集、一档管理”，已整合的证照不再发放，避免企业重复登记、重复提交材料，减少企业负担，变“群众奔波”为“信息跑路”。

三、主要内容

(一)协同推进审批改革

“一照通办、一码通用”与“先照后证、证照分离”改革要统筹推进。对政府管理所需的信息采集、记载公示、管理备查的证照,通过“多证合一”实现“一照通办、一码通用”。对行业准入类的行政许可事项,通过“先照后证、证照分离”解决企业取得营业执照后许可证难办的问题。对通过“证照分离”改革后,由行政许可改为备案的事项,按照“成熟一批、整合一批”的原则纳入“多证合一”。

上海市纳入“多证合一”改革的事项清单

序号	事项名称	主管部门
1	公章刻制备案	公安部门
2	旅行社服务网点备案登记证明	旅游部门
3	对外贸易经营者备案登记表	商务部门
4	海关报关单位注册登记证书	海关部门
5	出入境检验检疫报检企业备案表	检验检疫部门

(二)优化办理工作流程

通过一表申请、数据推送、自动办理等多种方式,简化材料收取,减少企业往返,优化证照办理流程。工商部门核发加载法人和其他组织统一社会信用代码(以下简称“统一代码”)的营业执照。对并非所有市场主体必须办理的证照事项,由申请人在向工商部门申报材料时自主选择办理。对暂未停止发放的证照,由市场主体根据办事需要自愿领取。已取得加载统一代码营业执照的市场主体无需向工商部门申请换领营业执照。

(三)加强信息互联互通

以统一代码为市场主体的唯一标识,以上海市企业法人共享与应用系统(以下简称“法人库”)为信息共享平台,实现各参与部门间登记备案信息的互联互通。工商部门负责将市场主体设立、变更、注销信息推送至各参与部门,各参与部门完成登记备案后,将相关信息反馈至法人库共享。相同信息一次采集、部门共享,避免市场主体重复登记、重复提交材料。

(四)推广应用统一代码

各部门要在各自领域认可、使用、推广“一照一码”营业执照,加快系统改造建设,使统一代码成为各部门内部办事和部门间信息共享的唯一标识码。对被整合证照所涵盖的原有事项信息,不得再要求市场主体提供额外的证明文件,使“一照一码”营业执照成为市场主体唯一“身份证”,使统一代码成为市场主体唯一身份代码,实现市场主体“一照一码”走天下。

四、实施机制

(一)加强组织领导

由市工商局牵头,各有关部门参与组成工作小组,明确部门职责和任务,协调相关事务。

(二)加强工作保障

各部门要按照国务院《意见》的要求,及时改造升级业务信息系统和信息交换系统,做好技术保障;及时修订完善本部门规范性文件,做好法制保障,确保有关工作在时间节点前落实到位。

(三)加强日常管理

坚持便捷准入与严格监管相结合,以有效监管保障便捷准入。相关证照整合后,要继续按照“谁审批、谁监管,谁主管、谁监管”的原则,强化主动监管和认真履职意识,明确监管责任。

(四)加强宣传引导

各相关部门要做好“一照通办、一码通用”的宣传工作,通过政府网站、新闻媒体、微博、微信等多种方式,对“多证合一”改革政策进行全面准确解读,对改革中的热点难点问题予以及时解答、回应,让市场主体和社会公众充分了解改革政策,形成支持改革的良好氛围。

全面推进“一网通办”加快建设智慧政府工作方案

为深入贯彻党的十九大关于建设人民满意的服务型政府的要求，坚持以人民为中心的发展思想，适应政府管理和服务现代化发展需要，深化改革，进一步优化营商环境，提升群众和企业获得感，现就全面推进“一网通办”加快建设智慧政府提出如下工作方案。

一、明确总体目标

2018年，建成上海政务“一网通办”总门户。对面向群众和企业的所有线上线下服务事项，逐步做到一网受理、只跑一次、一次办成，逐步实现协同服务、一网通办、全市通办，逐步实现网上办理事项全覆盖，实现全市网上政务服务统一入口和出口。建设统一的数据共享交换平台，推进线上线下政务服务流程再造、数据共享、业务协同，形成融合一网受理、协同办理、综合管理为一体的政务服务体系，实现政务服务减环节、减证明、减时间、减跑动次数，真正做到从“群众跑腿”到“数据跑路”、从“找部门”到“找政府”，提升群众和企业获得感。应用大数据、人工智能、物联网等新技术，提升政府管理科学化、精细化、智能化水平。到2020年，形成整体协同、高效运行、精准服务、科学管理的智慧政府基本框架。

二、确立基本原则

——坚持对标先进、全面突破。对市、区两级行政权力清单做全面梳理，对行政审批流程做全面优化，实现政务数据标准化和全面共享，统筹技术支撑和系统开发，彻底解决长期制约政务服务水平提升的难点问题。

——坚持整体协同、用户导向。注重政府管理和服务的系统性和整体性，推动“以部门为中心”向“以用户为中心”管理模式转变，以用户视角和需求，有效整合各方资源，促进线上线下融合，提升协同服务和综合管理水平。

——坚持解放思想、敢于创新。在“放管服”改革上下更大功夫，全面调研、系统梳理群众和企业办事的“难点”、政务服务的“堵点”和“痛点”。通过变革与再造，切实提高改革的针对性和精准度，优化制度供给。

三、建成上海政务“一网通办”总门户，全面实现一网受理

整合现有各部门碎片化、条线化的政务服务事项前端受理功能，对线上线下政务服务流程进行再造,以统一服务前台改革倒逼后台办理流程整合优化。

(一)建设一网受理、整体服务的一张网。按照统一认证、统一受理、统一反馈、统一监督等要求,依托上海政务门户网站和各区政府、各部门网站,建设纵横全覆盖、事项全口径、内容全方位、服务全渠道的上海政务"一网通办"总门户,打造网上政务服务统一入口和出口,并提供实体大厅、网页和移动端App办事大厅等多渠道服务,积极推进个人相关事项和部分企业事项移动端App在线办理。按照集约化建设的原则,推动市、区两级政府门户网站和各部门网站规范整合,实现一区一网站、一部门一网站。规范整合各级政府部门便民服务公众号和移动端App,依托"市民云"实现统一入口、统一应用管理、统一服务监测,汇聚更多的便民服务事项,推动实现移动端便民服务一次认证、全市通行。完善身份认证、公共支付、物流配送等基础支撑功能。推进"一企一档,一人一档"建设,主动运用人工智能、虚拟现实等新技术,提升网上政务服务个性化、智能化水平。

(二)深化一窗受理、集成服务改革。推动各区行政服务中心、社区事务受理服务中心分领域设立跨部门综合窗口,形成以综合窗口服务为主、部门专业窗口服务为辅的综合服务模式,建立一窗受理、分类审批、一口发证的新型政务服务机制。推进个人服务事项全市通办,优化业务办理流程,建立跨区域共享交换办理系统,让群众在全市任何一个街镇社区事务受理服务中心均能申请办理事项,全市通办率达到99%。推动实体大厅受理、办理、监督等功能与网上预约、申报、预审、查询等功能深度融合,综合窗口业务系统与各审批部门业务系统有效对接,实现线上线下深度融合。

(三)打造上海政务服务总客服。持续推进本市政务热线资源整合,加强与政务服务深度融合。以"12345"市民服务热线和"我要找茬"网上政务大厅栏目为基础,建立面向群众和企业统一的政务咨询、投诉、建议平台,健全统一接受、按责转办、统一督办、评价反馈工作机制,做到一号响应群众和企业诉求,定期分析研判突出问题,客观检验政府绩效。

四、建立"一网通办"协同办理新机制,实现集成服务、只跑一次、一次办成

按照受办分离的要求,从用户视角和需求出发,以减环节、减材料、减证明、减时间为目标,整合优化部门审批事项业务流程,推动形成协同通办的网上办理机制,真正做到"让数据多跑路、让群众少跑腿"。

(一)实现网上办理事项全覆盖、流程标准化。以有用、好用为目标,全面梳理政务服务事项和行政权力清单，除涉及国家秘密或法律法规特别规定外，按照事项名称、办事材料、工作流程、数据流程等统一规范的要求，形成标准化规范化的办事事项、办事指南，并按照主题类别梳理形成政务服务事项清单。在上海政务门户网站集中全面公开、动态调整政务服务事项清单，未上网公布的事项不得设置审批要求。

（二）提高只跑一次、一次办成比例。按照市、区两级涉企审批事项90%实现只跑一次、一次办成的要求，加快梳理公布事项清单，并推进工作落实。简化优化服务事项网上申请、审查、决定、送达等流程，涉及多部门事项实行一口受理、网上运转、并行办理、限时办结。建立网上预审机制，及时推送预审结果，对需要补正的材料一次性告知。

（三）聚焦突破跨部门协同审批、并联审批事项。推动开办企业、投资项目审批、建筑设计及施工许可、不动产登记等重点事项在跨部门协同审批上取得突破，大幅提效。推进100项量大面广事项主题式服务，依托数据共享、流程再造推动网上跨部门审批，力争在缩短办理时限、减少跑动次数上取得重大突破。

五、强化“一网通办”管理支撑，提升综合管理智慧化水平

按照统一标准规范、统一数据资源目录、统一汇聚平台的要求，各区、各部门根据实际需求，找准智慧政府建设切入点，在经济发展、城市管理、社会治理、政府办公等领域加快智慧化政务管理应用，并纳入全市综合管理体系，支撑政务服务优化，使政府管理和服务更精准、更智能、更主动。

（一）深化政府领域信用应用。发挥信用支撑“互联网＋政务服务”作用，深化信用信息应用，根据办事主体信用状况，推动各部门实施事前差异化服务、事中信用监测预警和事后联动奖惩措施，开展网上政务服务全过程信用管理。实施信用证明“N证合一”专项行动，切实降低群众和企业办事成本，努力提高行政效能。依托市信用联动奖惩系统，构建“一处失信、处处受限”的信用惩戒格局。推进政务诚信建设，开展网上政务服务诚信评价，将群众满意度评价、政务信息公开、行政事务办理效率、差异化服务、信用监测预警、联合奖惩落实等情况纳入政务诚信考核。

（二）落实事中事后综合监管。完善综合监管机制，把部门监管事项全部接入综合监管平台，强化跨部门、跨区域执法联动和数据共享，加快实现违法线索互联、监管标准互通、处理结果互认。完善专业监管机制，深化落实分行业监管方案，全面建立监管对象追溯体系。完善监管方式，深化“双随机一公开”，强化信息归集和联合惩戒，加强诚信监管、智能监管、分类监管、风险监管，推进线上线下监管一体化。

（三）增强城市运行安全保障。全面推进智慧公安建设，将大数据、云计算、物联网、人工智能等先进技术和产品，集成创新应用于公安工作。有序推进感知泛在、研判多维、指挥扁平、处置高效的精准警务改革，探索自助自救、互助互救、公助公救梯次递进处置模式，为群众提供更充分、更均衡的公共安全产品。

（四）提高城市精细化管理能力。依托城市网格化管理体系，更多运用智能化手段，完善城市基础数据库，启动综合管理信息平台建设，汇聚城市管理各类信息资源，推动城市运行实时感知、智能管理，努力实现精细化管理全覆盖、全过程、全天候。

（五）加强经济社会发展综合数据分析。加快建立适应高质量发展的统计体系，逐步归集相关数据，初步形成本市经济社会发展基础数据库，运用大数据为本市经济社会发展提供决策支持。

（六）建设精准化企业服务体系。建成统一协调、服务集成、互联互通、资源共享的“上海市企业服务云”，开展全规模、全所有制、全生命周期的企业服务。集聚市、区两级政府政策，推动各区、各部门在“上海市企业服务云”开设“旗舰店”，集聚公共服务及社会机构专业服务资源，构建统一的企业诉求受理平台。

六、建成城市数据枢纽，实现数据汇集互联和共享应用

以电子政务云为基础，以跨部门、跨层级应用为抓手，统筹构建“云数联动”的数据共享交换平台，实现重要信息系统通过统一平台进行数据共享交换，打通各部门信息系统、打破“数据孤岛”。

（一）深化政务信息系统整合。完善已有政务信息资源目录，梳理信息资源，将分散、独立的部门信息系统整合为互联互通、信息共享、业务协同的大系统，清理与实际业务流程长期脱节、功能可被其他系统替代以及使用范围小、频度低的“僵尸”信息系统，支撑提供跨部门的综合性、一体化服务。

（二）建设统一的数据共享交换平台。以现有数据交换共享平台为基础，建设对接国家平台，覆盖全市、统筹利用、统一接入的数据共享交换平台，形成数据存储、交换、共享、使用、开放的核心枢纽。推动人口、法人、空间三大基础数据库等的重点数据接入平台，推动跨地区、跨层级、跨部门数据共享交换和应用。注重与第三方专业力量合作,深化数据挖掘和综合利用,更好发挥大数据辅助决策作用。

(三)共建、共用基础数据资源。建成全市统一的电子证照库,2018 年实现政府部门签发的各类证件、执(牌)照、批文、鉴定报告、证明材料等统一编目管理和规范采集入库;2019 年向社会领域全面拓展,逐步实现政府类证照、社会类证明全方位互认共享。充实人口、法人、空间三大基础数据库内容,加强数据质量管理,深入推进基于三大基础数据库、电子证照等在政务服务、商业活动、社会民生等领域应用。建立全市行政规范性文件和综合执法相关数据库,实现"一库查询"。

(四)健全以应用为导向的数据按需共享机制。围绕群众和企业重点关注或影响面广的事项,以减少环节、简化材料、缩短时间为目标,深入分析事项办理中需要共享的跨部门数据资源,形成事项按需共享数据清单,并进一步统一数据标准、完善数据接口,推动部门间特定数据资源共享,基本实现能通过数据共享获取的材料不需提交、能通过网络核验的材料不需提交、前序流程已收取的材料不需提交。

(五)强化网络信息安全保障。加强政务信息资源采集、共享、使用的安全保障工作,加强数据共享交换平台安全防护,完善安全防护机制,提高核心设备自主可控水平。

七、完善体制机制保障,增强改革合力和实效

加快构建有利于实现"一网通办"、建设智慧政府的基础支撑,理顺体制机制,落实工作责任,强化制度保障。

(一)明确推进智慧政府建设的体制机制。充分发挥市政务公开与"互联网+政务服务"领导小组(以下简称领导小组)对智慧政府建设的统筹作用。领导小组办公室设在市政府办公厅,具体承担领导小组日常工作。市政府办公厅负责牵头推进智慧政府建设以及"互联网+政务服务"等工作,市发展改革委、市经济信息化委、市审改办等相关部门按照职责分工,协同推进智慧政府建设,构建市、区两级统筹协调有力、部门分工明确、工作推进有序的管理体制机制。

(二)建立市大数据中心。组建上海市大数据中心,使包括党政机关、群团组织等在内的各类服务数据汇集互联和共享应用,使分散、孤立的数据成为汇集综合的数据,使管理的数据成为应用的数据。推动技术融合、业务融合、数据融合，打通信息壁垒，形成覆盖全市、统筹利用、统一接入的数据共享大平台，构建全市数据资源共享体系。制定数据资源归集、治理、共享、开放、应用、安全等技术标准及管理办法，实现跨层级、跨部门、跨系统、跨业务的数据共享和交换。

（三）完善电子政务项目建设和管理模式。建立电子政务云服务管理体系，形成充分的云服务竞争机制和良好的云服务生态体系。优化项目建设模式，依托开放的政务云平台，以政府购买服务的方式，引入一批具有先进性、创新性的第三方通用服务，提高政务信息化技术水平；采用组件化、模块化的应用开发模式，提升需求响应速度，加快项目建设进度。完善信息化项目综合绩效评价管理办法，提升项目应用实效。

（四）健全电子政务管理制度规范。围绕国家新要求、群众和企业新需求、技术发展新业态，结合本市实际，形成电子政务管理制度体系，明确电子证照、电子印章、电子文件、电子档案在政务活动中的法律效力，建立相应管理规范。

（五）加快技术标准体系建设。加快制定“互联网＋政务服务”重要支撑领域相关标准规范，尽快对平台功能、系统接口、数据格式、传输协议等形成多方认可的技术标准体系。

八、组织实施

（一）制订专项行动计划。各区、各相关部门主要领导作为第一责任人，要加强组织领导和部署协调。各相关部门要根据本工作方案，抓紧制订专项行动计划，分步、分类推进有关工作。各区要抓紧制订区域有关行动计划，确保工作方案落实。

（二）加强评估监督。将本工作方案明确的有关重点任务纳入市政府目标管理范围，定期汇报进展情况，定期检查评估。开展网上政务服务全流程电子督查，发挥实时监控、预警纠错、督查督办、大数据监察等功能，对不认真履行职责、工作明显滞后的区和部门，启动问责机制。各区、各相关部门要建立相应的考核、督查和评估机制，确保各项工作顺利推进。

（三）加强宣传解读。充分利用各类媒介广泛宣传本工作方案，加强解读，及时通报有关工作进展情况。建立常态宣传机制，及时报道工作中的亮点，积极回应社会关切，扩大公众参与，共同营造良好社会氛围。

（2018年3月30日印发）

上海市加快推进数据治理促进公共数据应用实施方案

为贯彻落实国务院印发的《促进大数据发展行动纲要》,全面实施《上海市公共数据和一网通办管理办法》,加快推进数据治理,促进全市公共数据应用,制订本实施方案。

一、总体思路

按照市委、市政府提出的“全面推进‘一网通办’、加快建设智慧政府”要求,坚持以“集中统一管理、按需共享交换、有序开放竞争、安全风险可控”为基本原则,依托电子政务云和数据共享交换平台,大力推动政务信息系统整合和公共数据汇聚互联,完善公共数据共享交换机制,加快建设基础数据库和主题数据库,有序推进公共数据开放,加强数据质量和数据安全管控,实施公共数据集中统一管理。加强数据全生命周期管理,使包括党政机关、群团组织等在内的各类服务数据汇聚互联和共享应用,使分散、孤立的数据成为汇集、综合的数据,使管理的数据成为应用的数据。构建从数据采集、归集、整合、共享、开放到应用等全生命周期管理的大数据资源平台,形成覆盖全市地域、全行业领域的城市大数据枢纽,为上海建设“五个中心”和具有世界影响力的社会主义现代化国际大都市提供大数据支撑。

二、工作目标

2019 年,在全面梳理并编制党政机关公共数据清单和目录的基础上,实施公共数据集中统一管理,初步建成贯穿数据全生命周期的大数据资源平台。

——实现公共数据完整归集。依托电子政务云归集政府部门数据,并推动党委部门和其他相关单位的数据归集,实现全市公共数据完整归集。

——实现公共数据按需共享。完善数据共享交换平台功能,打通国家、市、区三级共享通道,建立完善数据共享交换机制,开展应用场景授权,优化共享审核流程,实现全市公共数据按需共享。

——加快建设大数据资源平台。全面开展部门数据质量管理,加强公共数据整合,有序推进公共数据开放,初步建成贯穿数据全生命周期的大数据资源平台,实现公共数据集中统一管理。

——加快建设主题数据库。在完善基础数据库的同时,加快建设若干重点领域主题数据库,为政务服务"一网通办"、公共信用信息应用、城市综合管理等典型应用场景提供强有力的大数据支撑。

2020年,推动社会相关公共数据归集和整合,持续推进公共数据治理,不断提升大数据分析应用能力,建立完善的数据分级分类开放制度,充分挖掘体现数据应用价值,全面建成贯穿数据全生命周期的大数据资源平台,基本形成覆盖全市地域、全行业领域的城市大数据枢纽,基本形成标准规范、开放竞争的大数据服务生态体系。

三、主要任务

(一)开展公共数据梳理,夯实数据治理基础

1. 梳理公共数据需求清单、责任清单、负面清单三个清单(以下简称"三清单")。从梳理政务服务业务着手,各区、各部门要全面梳理公共数据共享需求,明确公共数据共享责任,编制"三清单"。市大数据中心要建立公共数据共享需求管理的长效动态更新机制,会同各区、各部门共同建立和维护"三清单"。根据事中事后综合监管、城市精细化管理、社区治理智能化、公共安全管理等跨部门综合应用需要,逐步拓展"三清单"的应用领域。

2. 形成公共数据库表目录。从梳理信息系统着手,各区、各部门要梳理各信息系统的实际数据资产情况,抽取各信息系统的数据库表结构,梳理补充数据库表和字段的准确描述信息,形成公共数据库表目录。市大数据中心要建立数据库表目录的抽取工具和更新机制,各区、各部门要保障应用系统数据库表结构和目录的同步更新。

3. 构建公共数据资源目录体系。按照"应编尽编"的原则,市级数据责任部门在公共数据库表目录基础上编制全量公共数据资源目录,确定公共数据资源目录的共享属性,并指定专人负责公共数据资源目录的编制和维护,推进数据资产化管理。市大数据中心负责对各部门报送的公共数据资源目录进行汇聚、审核,推进各部门公共数据资源目录优化和质量提升,构建全市集中管理、统一发布、动态更新、共享使用的公共数据资源目录体系。各区可以根据实际需要,编制本区个性化公共数据资源补充目录。

(二)依托电子政务云,加快归集公共数据

1. 推进业务信息系统整合。市经济信息化委负责制订《上海市政务信息系

统整合实施方案》,明确信息系统整合的工作要求,牵头推进历史遗留项目整合规范,开展信息化项目清理与合并,调整优化信息化项目资金安排,并与市发展改革委共同加强信息化项目资金引导,推进一批跨层级"大系统"和跨部门"大平台"建设。各部门要加快建设市、区统筹的跨层级业务信息系统,将分散、独立、交叉的部门信息系统整合为互联互通、信息共享、业务协同的大系统,通过系统整合带动数据整合,实现业务数据优化重构。

2. 推动信息系统上云迁移。各区、各部门的非涉密信息系统要依托市、区两级电子政务云进行建设和部署。2019 年底前,各部门及其直属单位要完成已建信息系统的上云迁移,政务云分中心、行业云分别与电子政务云完成整合对接。市大数据中心要推进电子政务云中间平台层建设,进一步完善电子政务云管理和运营机制,充分利用现有软硬件资源,推进集约化建设。

3. 全面归集党政机关公共数据。各区、各部门要依托市、区两级电子政务云,实现公共数据的集中存储。市大数据中心负责建立公共数据归集的技术平台和监督管理机制。市级数据责任部门要整合本系统市、区两级部门及其下属单位的公共数据,协调外部数据单位,将分散在不同单位、不同信息系统中的数据整合汇聚后形成统一的数据资源池,保障数据实时更新。

(三)提升公共数据质量,推动数据集中统一管理

1. 规范公共数据采集。按照"一数一源、一源多用"的原则,实现全市公共数据的一次采集、共享使用。市级数据责任部门要根据法定职责,明确本部门的数据采集规范要求,指导相关机构开展数据采集;汇聚本系统数据并按照"多源校核、动态更新"的原则对数据进行校核确认;落实数据质量管理责任,确保采集数据的准确性、完整性、时效性。市大数据中心要根据公共数据采集的共性需求,分级分类推行基础性、通用性公共数据平台建设。

2. 落实公共数据质量管理责任。按照"谁采集、谁负责""谁校核、谁负责"的原则,公共管理机构和服务机构、市级数据责任部门分别落实数据质量责任。市级数据责任部门要制定部门数据管理总体规划,制定公共数据业务标准,全面开展数据质量管理,加快相关项目建设,提升数据编目、整合、分析、展现、安全等管理和服务能力。市大数据中心、市经济信息化委等部门要明确数据管理的总体工作要求和通用数据标准,基于电子政务云平台提供数据质量管理的基础软件和通用工具,指导市级数据责任部门开展数据质量管理相关项目立项和建设。

3. 建设大数据资源平台。建设集中统一的大数据资源平台，提供数据采集、归集、整合、共享、开放、应用等全过程管理功能，加强数据质量和数据安全管控，实现全市公共数据集中统一管理。

4. 完善公共数据质量监管机制。市大数据中心要建立公共数据质量监管机制，对各区、各部门数据数量、质量、归集、更新等工作进行实时监测和全面评价，确保数据状态可感知、数据使用可追溯、安全责任可落实。各区、各部门要建立完善内部数据质量监管机制，及时处理监管过程中发现的各类数据质量问题，并实现与大数据资源平台质量监管联动。

（四）完善数据交换机制，促进公共数据共享和开放

1. 建设统一的数据共享交换平台。市大数据中心、市经济信息化委要建设统一的数据共享交换平台，形成公共数据交换、共享的核心枢纽，提供跨部门、跨层级的公共数据交换共享和调度服务，并实现与国家数据共享交换平台的对接。各部门要依托电子政务云，整合本部门及其下属单位的信息系统和公共数据，通过统一的数据接口实现与数据共享交换平台的对接，确保各项数据实时连通和同步更新。各区要按照统一标准规范，实现区级分平台与数据共享交换平台的对接。已经建成的交换平台和通道要加快实现与数据共享交换平台的对接和整合。

2. 完善数据共享交换机制。市级数据责任部门要坚持“以共享为原则、不共享为例外”，建立数据共享的网上审核授权工作机制，并于10个工作日内，提出是否同意共享的意见及理由。非共享类数据要纳入数据共享负面清单进行管理。强化数据使用方责任，加强共享数据使用全过程管理，确保数据安全和数据共享应用成效。市大数据中心要进一步优化数据共享申请和使用流程，实现从提出共享申请到获取共享授权全程网上办理，健全以应用为导向的数据按需共享授权机制。市大数据中心要以“三清单”的梳理为基础，组织梳理应用场景，审核确定应用场景清单，开展应用场景授权，以应用场景授权为基础推动数据的自动共享、主动共享，完善安全管理、评估考核和效能监督机制，推动各区、各部门根据职能和应用场景实现充分的数据共享。

3. 有序推动公共数据开放。市经济信息化委要建立数据分级分类开放制度，建设数据开放子平台，积极研究数据沙箱等新型数据开放技术，创新数据开放应用模式，加强开放数据监管，有序推进公共数据开放。市级数据责任部门要

基于公共数据资源目录,构建公共数据开放清单,逐步推动与民生紧密相关、社会迫切需要、商业增值潜力显著的公共数据向社会开放。在保障公共利益和个人隐私前提下,鼓励社会各方对公共数据进行深度挖掘分析和增值利用。

(五)加强主题数据库建设,促进公共数据应用

1. 深化基础数据库共建共用。依托大数据资源平台,推进人口、法人、空间地理、电子证照四大基础数据库优化重构。市大数据中心要加强基础数据库统一管理,建立基础数据更新联动运维机制,强化数据质量管理,开展基础数据融合应用工作,深入推进基础数据库在政务服务、经济管理、社会民生等领域的应用。各区、各部门要充分利用基础数据资源,提升政务服务能力和水平。

2. 加强重点领域主题数据库建设。在政务服务、市场监管、公共安全、公共信用、城市管理、社会治理、经济社会发展等重点领域建设一批主题数据库,通过重点领域数据的综合应用,带动公共数据整合及分析应用。

3. 提升数据分析应用能力。依托开放的电子政务云,通过购买服务方式,引入一批具有先进性、创新性的第三方数据分析和数据展现等服务机构,采用快速迭代的数据应用模式,建立数据运营工作机制,形成数据服务生态系统,有效提升各部门数据分析和应用能力。加强人工智能技术研究,不断深化数据分析应用能力。依托大数据资源平台,开展数据分析挖掘和可视化应用,逐步实现业务需求、数据资源和算法模型的融合,不断提升数据分析应用能力,实现数据价值。

四、保障措施

(一)加强组织领导

充分发挥市政务公开与“互联网＋政务服务”领导小组(以下简称领导小组)对电子政务和公共数据管理工作的统筹作用。领导小组下设公共数据治理工作小组,负责统筹协调推进全市公共数据治理工作。各区、各部门要建立由主要领导牵头、信息化部门负责、业务部门参与的数据治理工作机制,做好各自领域的公共数据采集、归集、整合、共享、开放、应用等工作。市政府办公厅负责统筹规划、协调推进、指导监督全市公共数据治理工作。市大数据中心具体承担全市公共数据归集、整合、共享、开放、应用管理工作。市经济信息化委负责指导、协调、推进公共数据开放、数据开发应用和产业发展。市财政局负责做好公共数据治理资金安排,保障数据质量管理、数据安全、数据应用和电子政务云服务的长效运营工作经费,指导相关服务的政府采购和预算绩效管理。市委网信办负

责指导建立公共数据安全管理制度，加强网络安全保障，推进关键信息基础设施网络安全保护工作。市委、市政府各部门和法院、检察院等相关单位在各自职责范围内，做好公共数据治理相关工作。各区根据实际情况，确定本区公共数据的主管部门，负责指导、协调、推进、监督本区公共数据管理工作，并接受全市公共数据的集中统一管理。

（二）制定标准规范

充分运用国家标准、行业标准，编制公共数据清单和数据目录管理规范，制定公共数据采集、归集、整合、共享、开放、应用和数据质量管理的相关标准规范，依托大数据资源平台、数据共享交换平台等，实现公共数据全生命周期的规范化管理。市级数据责任部门要制定本系统公共数据采集规范要求和业务管理标准，规范公共数据的采集和校核工作。

（三）创新项目管理模式

创新公共数据项目管理模式，规范数据管理和数据服务费用标准，推广组件化、模块化、快速迭代的应用开发模式，推动信息化项目建设逐步向购买服务的模式转变，建立数据质量管理、数据安全、数据应用和政务云服务的长效运营工作机制。将公共数据质量管理和服务纳入信息化项目，将公共数据归集、整合、质量、更新周期和共享应用情况作为信息化项目立项审核和绩效评价的重要依据，建立评估结果与信息化项目审核相衔接的工作机制，确保公共数据治理工作取得实效。

（四）建立评估监督机制

建立完善的评估监督考核机制，对公共数据清单和数据目录编制与更新，公共数据采集、归集、整合、共享、开放、应用和数据质量管理等全过程进行实时监测和全面评价，发现存在问题要及时开展督查整改，实现数据评估监督考核工作的制度化、规范化、标准化、常态化。将公共数据治理考核工作纳入各区、各部门绩效考核范围，列入重点督查事项。围绕公共数据治理工作，定期组织开展第三方评估，开展信息系统整合共享和数据治理专项审计。各区、各部门要建立相应的考核、督查和评估机制，充分发挥督查考核的导向作用，形成推进工作的良性机制。

（五）加强数据安全保障

制定公共数据安全管理制度，建立公共数据安全体系和标准规范，加强网络安全保障。建设统一的安全监测监管平台,加强电子政务外网、电子政务云、大数据资源平台、电子政务灾难备份中心等的安全管理,通过购买服务方式,建立公共数据管控体系和公共数据安全运营工作机制。建立公共数据分级分类安全保护、风险评估、日常监控等管理制度,健全公共数据共享和开放的安全审查机制,并开展公共数据和电子政务安全检查。

(六)加强人才队伍建设

人事和编制部门要创新人才管理体制,优化考核评价、收入分配等人才激励机制,支持各党政机关的数据治理人才培养和队伍建设。各部门要落实数据治理牵头责任机构,明确数据治理工作人员,加强数据治理人才队伍建设;创新数据应用工作机制,培养数据应用专业队伍,不断提升政务管理和服务过程中的数据分析应用能力。

(七)加强宣传培训

建立常态化培训工作机制,围绕数据治理、数据应用、技术体系、安全保障、标准规范等定期组织开展培训。建立日常沟通交流机制,以简报、培训、研讨等多种形式开展交流,总结成熟经验,加强推广应用,提升各区、各部门的数据治理能力,提高公众对公共数据共享和开放的理解和认知能力,吸引企业、第三方机构等参与数据服务生态体系建设。针对公共数据治理中的重点难点问题开展专项试点、区域试点,总结成熟经验,做好试点成果转化推广。

(2014 年 4 月 11 日)

上海市人民政府办公厅关于印发《建立“一网通办”政务服务“好差评”制度工作方案》的通知

（沪府办发〔2019〕20号）

各区人民政府，市政府各委、办局：

经市政府同意，现将《建立“一网通办”政务服务“好差评”制度工作方案》印发给你们，请认真按照执行。

上海市人民政府办公厅

2019年7月23日

建立“一网通办”政务服务“好差评”制度工作方案

为持续优化政务服务，深入推进政府职能转变和“放管服”改革，按照2019年李克强总理《政府工作报告》中提出的建立政务服务“好差评”制度的要求，结合实施《上海市公共数据和一网通办管理办法》，持续推进“一网通办”从“以部门为中心”向“以用户为中心”转变，建立政务服务绩效由企业和群众来评判的“好差评”制度，倒逼各级政务服务部门不断改进工作，提供优质高效的政务服务，制定本工作方案。

一、明确总体要求

坚持以人民为中心的发展思想，按照“利企便民、全面覆盖、统一规范、公开透明”的原则，建立健全以企业群众办事体验为导向的网上政务服务“好差评”指标体系，强化政务服务机构、平台管理服务标准化建设，科学设置本市政务服务“好差评”指标，实现接入“一网通办”的政务服务事项全覆盖，实体窗口和线上服务门户等各类政务服务渠道全覆盖，提供政务服务的政府部门全覆盖。建立完善“好差评”评价、反馈、整改、监督全流程闭环工作机制，对企业群众办事中的差评和堵点痛点问题及时处理整改并反馈，持续提升政务服务质量和效率，实现政务服务从政府供给导向转变为企业群众需求导向的目标，努力建设人民满意的服务型政府。

二、构建政务服务“好差评”评价体系

（一）实现政务服务评价全覆盖。服务事项全覆盖，接入“一网通办”的所有政务服务事项全部纳入“好差评”评价范围。服务渠道全覆盖，包括线下实体窗口、线上服务门户、移动端、“12345”市民服务热线、自助终端等各类政务服务渠道，逐步将部门网站以及各区、各部门原有的满意度评价纳入“好差评”。评价对象全覆盖，提供政务服务的单位和全市各级政务服务窗口均作为“好差评”评价对象。（责任单位：市政府办公厅、“12345”市民服务热线、市大数据中心、各区政府、各部门、各级政务服务窗口）

（二）科学设置“好差评”指标。依据国家标准，强化政务服务机构、平台管理服务标准化建设。对接国家“好差评”评价标准，结合本市“一网通办”改革目标，制定政务服务事项管理、办事流程、服务效率、服务水平、服务态度、便捷性等政务服务评价指标，构建覆盖线上、线下政务服务工作全部内容和全部过程的全方位、多角度评价指标体系。（责任单位：市政府办公厅、市大数据中心）

（三）开展线上政务服务评价。在“一网通办”总门户、“随申办”移动端设置“好差评”功能，企业群众可在办理各类政务服务的任何办理环节进行在线评价。（责任单位：市政府办公厅、市大数据中心）

（四）开展线下政务服务评价。在所有线下实体窗口配置政务服务“好差评”二维码，企业群众通过“随申办”移动端、微信、支付宝等扫码评价。实名用户自动匹配办理事项，评价内容包括实体大厅服务情况和具体事项办理情况两个方面。（责任单位：市政府办公厅、市大数据中心、各级政务服务窗口）

（五）做好评价数据归集。各区、各部门线上政务服务平台应按照“好差评”工作要求，做好相关系统配套改造工作，将评价数据统一归集到“一网通办”“好差评”平台。（责任单位：各区政府、各部门）

三、建立整改、反馈、监督工作机制

（六）建立健全整改和反馈机制。“12345”市民服务热线负责政务服务“好差评”转办工作。“好差评”反映的问题，各承办单位应及时回应整改。对于“差评”，能够当场解决的要当场解决。不能当场解决的，要按照“1、5、15”时限要求，进行回复和整改，即在1个工作日内，先行联系反映问题的企业群众，沟通了解情况；对确实存在问题的，在5个工作日内完成整改反馈；较为复杂的，要在15个工作日内办结。（责任单位：“12345”市民服务热线、市大数据中心、各区政

府、各部门、各级政务服务窗口)

(七)强化综合分析整改。各区、各部门要跟踪、分析本区、本部门政务服务评价情况,将"好差评"反映的问题作为优化办事流程、动态调整办事指南的重要参考依据。对企业群众反映强烈、"差评"集中的问题,要及时调查,采取措施,督促限期整改,推动问题解决。(责任单位:"12345"市民服务热线、市大数据中心、各区政府、各部门)

(八)实施评价结果公开。坚持"公开为原则,不公开为例外",数据统一汇聚,评价统一标准。企业群众对政务服务的评价内容,在"一网通办"总门户和"随申办"移动端公开。定期公开各区、各部门"好差评"综合排名情况,定期通报突出问题和典型案例。(责任单位:市政府办公厅、市大数据中心、"12345"市民服务热线)

(九)开展差评问题整改回访。对已办结的"差评",采取人工回访、短信和网上自助评价等途径,进行满意度测评。对应解决而未解决、谎报瞒报等问题,随时采取抽查、调阅档案、实地察看、电话回访等方法督查。定期汇总并公开各区、各部门"差评"问题办结情况。(责任单位:市政府办公厅、市大数据中心、"12345"市民服务热线)

(十)保障评价数据安全准确。建立"好差评"评价数据安全保障机制,确保企业群众信息保密、安全,统计分析结果自动生成、不可更改。及时查处弄虚作假刷"好评"和恶意"差评"的行为,确保"好差评"结果客观、真实、准确。(责任单位:市大数据中心)

四、加强组织实施

(十一)加强组织领导。市政府办公厅负责全市"好差评"工作组织实施,对全市"好差评"工作进行指导监督。各区、各部门要结合工作实际,明确责任部门,细化责任分工,强化督促检查,扎实推进各项工作落实。(责任单位:市政府办公厅、各区政府、各部门、各级政务服务窗口)

(十二)做好制度衔接。各区、各部门要完善政务服务"好差评"配套制度规定,加强与既有的政务服务满意度测评、绩效评价、营商环境评价、投诉处理、效能监察等相关制度整合衔接,避免重复评价、多头处理。(责任单位:市政府办公厅、各区政府、各部门、各级政务服务窗口)

(十三)重视评价结果运用。"好差评"评价结果作为转变政府职能、提升政务服务水平的重要参考，纳入本市“一网通办”评估指标体系。各区、各部门要加强对政务服务部门的日常巡查和不定期检查，将“差评”比较集中的政务服务部门和人员作为重点对象强化监督检查，对整改不到位的严肃问责。（责任单位：市政府办公厅、市大数据中心）

（十四）加大宣传力度。充分利用各类媒体介质，有针对性、多渠道地开展宣传，提升企业群众对“好差评”工作的知晓度、认可度、参与度。（责任单位：市政府办公厅、市政府新闻办、市大数据中心）

（十五）加强线上线下引导。在“一网通办”总门户、“随申办”移动端要设置专栏，各线下服务窗口要主动引导企业群众对“一网通办”政务服务进行“好差评”。（责任单位：市大数据中心、各区政府、各部门、各级政务服务窗口）

上海市公共数据开放暂行办法

（2019年8月29日上海市人民政府令第21号公布）

第一章 总 则

第一条 （目的和依据）

为了促进和规范本市公共数据开放和利用，提升政府治理能力和公共服务水平，推动数字经济发展，根据相关法律法规，结合本市实际，制定本办法。

第二条 （适用范围）

本市行政区域内公共数据开放及其相关管理活动，适用本办法。

涉及国家秘密的公共数据管理，按照相关保密法律、法规的规定执行。

第三条 （定义）

本办法所称公共数据，是指本市各级行政机关以及履行公共管理和服务职能的事业单位（以下统称公共管理和服务机构）在依法履职过程中，采集和产生的各类数据资源。

本办法所称公共数据开放，是指公共管理和服务机构在公共数据范围内，面向社会提供具备原始性、可机器读取、可供社会化再利用的数据集的公共服务。

第四条 （工作原则）

本市公共数据开放工作，遵循"需求导向、安全可控、分级分类、统一标准、便捷高效"的原则。

第五条 （职责分工）

市政府办公厅负责推动、监督本市公共数据开放工作。

市经济信息化部门负责指导协调、统筹推进本市公共数据开放、利用和相关产业发展。

市大数据中心负责本市公共数据统一开放平台（以下简称开放平台）的建设、运行和维护，并制订相关技术标准。

区人民政府确定的部门负责指导、推进和协调本行政区域内公共数据开放工作。

其他公共管理和服务机构根据相关法律、法规和规章，做好公共数据开放的相关工作。

第六条 （数据安全保护）

市、区人民政府及各相关部门在公共数据开放过程中，应当落实数据安全管理要求，采取措施保护商业秘密和个人隐私，防止公共数据被非法获取或者不当利用。

第七条 （协调机制）

市人民政府建立健全公共数据开放工作的协调机制，协调解决公共数据开放的重大事项。

第八条 （专家委员会）

市经济信息化部门应当建立由高校、科研机构、企业、相关部门的专家组成的公共数据开放专家委员会。

公共数据开放专家委员会负责研究论证公共数据开放中的疑难问题，评估公共数据利用风险，对公共数据开放工作提出专业建议。

第二章 开放机制

第九条 （数据开放主体）

市人民政府各部门、区人民政府以及其他公共管理和服务机构（以下统称数据开放主体）分别负责本系统、本行政区域和本单位的公共数据开放。

对于纳入开放范围的公共数据，应当在本市公共数据资源目录中列明数据开放主体。

第十条 （开放重点）

市经济信息化部门应当根据本市经济社会发展需要，确定年度公共数据开放重点。与民生紧密相关、社会迫切需要、行业增值潜力显著和产业战略意义重大的公共数据，应当优先纳入公共数据开放重点。

市经济信息化部门在确定公共数据开放重点时，应当听取相关行业主管部门和社会公众的意见。

自然人、法人和非法人组织可以通过开放平台对公共数据的开放范围提出需求和意见建议。

第十一条 （分级分类）

市经济信息化部门应当会同市大数据中心结合公共数据安全要求、个人信息保护要求和应用要求等因素，制定本市公共数据分级分类规则。数据开放主体应当按照分级分类规则，结合行业、区域特点，制定相应的实施细则，并对公共数据进行分级分类，确定开放类型、开放条件和监管措施。

对涉及商业秘密、个人隐私，或者法律法规规定不得开放的公共数据，列入非开放类；对数据安全和处理能力要求较高、时效性较强或者需要持续获取的公共数据，列入有条件开放类；其他公共数据列入无条件开放类。

非开放类公共数据依法进行脱密、脱敏处理，或者相关权利人同意开放的，可以列入无条件开放类或者有条件开放类。

第十二条 （开放清单）

数据开放主体应当按照年度开放重点和公共数据分级分类规则，在本市公共数据资源目录范围内，制定公共数据开放清单（以下简称开放清单），列明可以向社会开放的公共数据。通过共享等手段获取的公共数据，不纳入本单位的开放清单。

开放清单应当标注数据领域、数据摘要、数据项和数据格式等信息，明确数据的开放类型、开放条件和更新频率等。

市经济信息化部门应当会同数据开放主体建立开放清单审查机制。经审查后，开放清单应当通过开放平台予以公布。

第十三条 （动态调整）

数据开放主体应当在市经济信息化部门的指导下建立开放清单动态调整机制，对尚未开放的公共数据进行定期评估，及时更新开放清单，不断扩大公共数据的开放范围。

第十四条 （无条件开放类数据获取方式）

对列入无条件开放类的公共数据，自然人、法人和非法人组织可以通过开放平台以数据下载或者接口调用的方式直接获取。

第十五条 （有条件开放类数据获取方式）

对列入有条件开放类的公共数据，数据开放主体应当通过开放平台公布利用数据的技术能力和安全保障措施等条件，向符合条件的自然人、法人和非法人组织开放。

数据开放主体应当与符合条件的自然人、法人和非法人组织签订数据利用协议，明确数据利用的条件和具体要求，并按照协议约定通过数据下载、接口访问、数据沙箱等方式开放公共数据。

数据利用协议示范文本由市经济信息化部门会同市大数据中心和数据开放主体制定。

第十六条　（数据质量）

数据开放主体应当按照相关技术标准和要求，对列入开放清单的公共数据（以下简称开放数据）进行整理、清洗、脱敏、格式转换等处理，并根据开放清单明确的更新频率，及时更新数据。

第三章　平台建设

第十七条　（开放平台）

市大数据中心应当依托市大数据资源平台建设开放平台。

数据开放主体应当通过开放平台开放公共数据，原则上不再新建独立的开放渠道。已经建成的开放渠道，应当按照有关规定进行整合、归并，将其纳入开放平台。

第十八条　（平台功能）

开放平台为数据开放主体提供数据预处理、安全加密、日志记录等数据管理功能。

开放平台为获取、使用和传播公共数据的自然人、法人和非法人组织（以下统称数据利用主体）提供数据查询、预览和获取等功能。

市大数据中心应当根据数据开放主体和数据利用主体的需求，推进开放平台技术升级、功能迭代和资源扩展，确保开放平台具备必要的服务能力。

第十九条　（平台规范）

市大数据中心应当制定并公布开放平台管理制度，明确数据开放主体和数据利用主体在开放平台上的行为规范和安全责任，对开放平台上开放数据的存储、传输、利用等环节建立透明化、可审计、可追溯的全过程管理机制。

第二十条　（行为记录）

市大数据中心应当依托开放平台，形成数据开放和利用行为的全程记录，为数据开放和利用的日常监管提供支撑。

数据开放主体应当对数据处理和数据开放情况进行记录；数据利用主体应当对有条件开放类公共数据的访问、调用和利用等情况进行记录。记录应当通过开放平台提交市大数据中心。

第二十一条 （数据纠错）

自然人、法人和非法人组织认为开放数据存在错误、遗漏等情形，可以通过开放平台向数据开放主体提出异议。数据开放主体经基本确认后，应当立即进行异议标注，并由数据开放主体和市大数据中心在各自职责范围内，及时处理并反馈。

第二十二条 （权益保护）

自然人、法人和非法人组织认为开放数据侵犯其商业秘密、个人隐私等合法权益的，可以通过开放平台告知数据开放主体，并提交相关证据材料。

数据开放主体收到相关证据材料后，认为必要的，应当立即中止开放，同时进行核实。根据核实结果，分别采取撤回数据、恢复开放或者处理后再开放等措施，并及时反馈。

第四章 数据利用

第二十三条 （鼓励数据利用）

本市鼓励数据利用主体利用公共数据开展科技研究、咨询服务、产品开发、数据加工等活动。

数据利用主体应当遵循合法、正当的原则利用公共数据，不得损害国家利益、社会公共利益和第三方合法权益。

第二十四条 （成果展示与合作应用）

市经济信息化部门应当会同市大数据中心和数据开放主体通过开放平台，对社会价值或者市场价值显著的公共数据利用案例进行示范展示。

本市鼓励数据利用主体与市经济信息化部门、市大数据中心以及数据开放主体开展合作，将利用公共数据形成的各类成果用于行政监管和公共服务，提升公共管理的科学性和有效性。

第二十五条 （数据利用反馈与来源披露）

对有条件开放类公共数据，数据利用主体应当按照数据利用协议的约定，向数据开放主体反馈数据利用情况。

数据利用主体利用公共数据形成数据产品、研究报告、学术论文等成果的，应当在成果中注明数据来源。

第二十六条 （数据利用安全保障）

数据利用主体应当按照开放平台管理制度的要求和数据利用协议的约定，在利用公共数据的过程中，采取必要的安全保障措施，并接受有关部门的监督检查。

第二十七条 （利用监管）

数据开放主体应当建立有效的监管制度，对有条件开放类公共数据的利用情况进行跟踪，判断数据利用行为是否合法正当。

任何单位和个人可以对违法违规利用公共数据的行为向数据开放主体及有关部门举报。

第二十八条 （违法违规行为处理）

数据利用主体在利用公共数据的过程中有下列行为之一，市经济信息化部门应当会同市大数据中心和数据开放主体对其予以记录：

（一）违反开放平台管理制度；

（二）采用非法手段获取公共数据；

（三）侵犯商业秘密、个人隐私等他人合法权益；

（四）超出数据利用协议限制的应用场景使用公共数据；

（五）违反法律、法规、规章和数据利用协议的其他行为。

对存在前款行为的数据利用主体，市大数据中心和数据开放主体应当按照各自职责，采取限制或者关闭其数据获取权限等措施，并可以在开放平台对违法违规行为和处理措施予以公示。

第五章 多元开放

第二十九条 （优化开放环境）

市经济信息化部门结合本市大数据应用和产业发展现状，通过产业政策引导、社会资本引入、应用模式创新以及优秀服务推荐、联合创新实验室等方式，推动“产学研用”协同发展，营造良好的数据开放氛围。

第三十条 （多元主体参与）

市经济信息化部门应当会同市大数据中心、相关行业主管部门建立多元化的数据合作交流机制，引导企业、行业协会等单位依法开放自有数据，促进公共数据和非公共数据的多维度开放和融合应用。

本市鼓励具备相应能力的企业、行业协会等专业服务机构通过开放平台提供各类数据服务。

第三十一条　（非公共数据交易）

市经济信息化部门应当会同相关行业主管部门制定非公共数据交易流通标准，依托数据交易机构开展非公共数据交易流通的试点示范，推动建立合法合规、安全有序的数据交易体系。

第三十二条　（标准体系和技术规范）

本市鼓励企业、科研机构和社会团体参与制订数据开放利用、数据安全保护等相关国家标准、行业标准、地方标准以及相关技术规范，推动形成相关行业公约，建立行业自律体系。

第三十三条　（国际合作交流）

本市鼓励企业、科研机构和社会团体依法与境外企业、科研机构等开展公共数据开放领域的国际合作交流，提升本市公共数据开放的创新应用能力和认知水平。

第三十四条　（表彰机制）

市经济信息化部门应当会同市大数据中心和相关行业主管部门对在数据技术研发、数据服务提供、数据利用实践、数据合作交流等方面有突出表现的单位和个人，按照规定给予表彰。

第六章　监督保障

第三十五条　（安全管理职责）

市网信、公安等部门应当会同其他具有网络安全管理职能的部门建立本市公共数据开放的安全管理体系，协调处理公共数据开放重大安全事件，指导数据开放主体制定本机构的安全管理制度。

市大数据中心应当根据法律法规和相关要求，加强开放平台的安全管理，健全安全防护体系，完善安全防护措施，保障开放平台安全可靠运行。

数据开放主体应当制定并落实与公共数据分级分类开放相适应的安全管理制度，并按照相关法律法规，在数据开放前评估安全风险。

第三十六条　(安全保障措施监管)

数据利用主体未按照开放平台管理制度和数据利用协议落实数据安全保障措施的,市大数据中心应当提出整改要求,并暂时关闭其数据获取权限;对未按照要求进行整改的,市大数据中心应当终止对其提供数据服务。

第三十七条　(预警机制)

市网信、公安和保密部门应当会同数据开放主体建立公共数据开放安全预警机制,对涉密数据和敏感数据泄漏等异常情况进行监测和预警。

第三十八条　(应急管理)

市网信、公安部门应当建立公共数据开放应急管理制度,指导数据开放主体制定安全处置应急预案、定期组织应急演练,确保公共数据开放工作安全有序。

第三十九条　(组织保障)

数据开放主体应当加强公共数据开放工作的组织保障,明确牵头负责数据开放工作的机构,建立数据开放专人专岗管理制度。

市经济信息化部门应当会同市大数据中心制定公共数据开放工作培训计划,定期对数据开放工作相关机构工作人员开展培训,并纳入本市公务员培训工作体系。

第四十条　(资金保障)

行政事业单位开展公共数据开放所涉及的信息系统建设、改造、运维以及考核评估等相关经费,按照有关规定纳入市、区两级财政资金预算。

第四十一条　(考核评估)

市经济信息化部门可以委托第三方专业机构,对本市公共数据开放工作和数据利用成效等进行评估。评估结果纳入本市公共数据和一网通办管理考核。

市大数据中心应当对开放数据质量和开放平台运行情况进行监测统计,并将监测统计结果和开放平台运行报告提交市经济信息化部门,作为考核评估的依据。

第七章　法 律 责 任

第四十二条　(数据开放主体责任)

数据开放主体有下列行为之一,由本级人民政府或者上级主管部门责令改正;情节严重的,依法对直接负责的主管人员和其他直接责任人员给予处分:

(一)未按照规定开放和更新本单位公共数据;

(二)未按照规定对开放数据进行脱敏、脱密等处理;

(三)不符合统一标准、新建独立开放渠道或者未按照规定将已有开放渠道纳入开放平台;

(四)未按照规定处理自然人、法人和非法人组织的异议或者告知;

(五)未按照规定履行数据开放职责的其他行为。

第四十三条 (数据利用主体责任)

数据利用主体在数据利用过程中有下列行为之一,依法追究相应法律责任:

(一)未履行数据利用协议规定的义务;

(二)侵犯商业秘密、个人隐私等他人合法权益;

(三)利用公共数据获取非法收益;

(四)未按照规定采取安全保障措施,造成危害信息安全事件;

(五)违反本办法规定,依法应当追究法律责任的其他行为。

第四十四条 (平台管理主体责任)

市大数据中心有下列行为之一,由主管部门责令改正;情节严重的,由主管部门对直接负责的主管人员和其他直接责任人员依法给予处分:

(一)未按照规定记录开放平台中公共数据开放和利用的全程行为;

(二)未按照规定处理自然人、法人和非法人组织的异议或者告知;

(三)未按照规定履行平台管理职责的其他行为。

第四十五条 (安全管理主体责任)

市网信和公安部门、市大数据中心、数据开放主体等具有网络安全管理职能的部门及其工作人员未按照规定履行安全管理职责的,由本级人民政府或者上级主管部门责令改正;情节严重的,依法对直接主管人员和其他直接责任人员给予处分。

第四十六条 (责任豁免)

数据开放主体按照法律、法规和规章的规定开放公共数据,并履行了监督管理职责和合理注意义务的,对因开放数据质量等问题导致数据利用主体或者其他第三方的损失,依法不承担或者免予承担相应责任。

第八章　附　　则

第四十七条　（遵照执行）

水务、电力、燃气、通信、公共交通、民航、铁路等公用事业运营单位涉及公共属性的数据开放,适用本办法。法律法规另有规定的,从其规定。

第四十八条　（实施日期）

办法自2019年10月1日起施行。

上海市人民政府关于印发《上海市政务数据资源共享管理办法》的通知

（沪府发〔2016〕14号）

各区、县人民政府，市政府各委、办局：

现将《上海市政务数据资源共享管理办法》印发给你们，请认真贯彻执行。

上海市人民政府

2016年2月29日

上海市政务数据资源共享管理办法

第一章　总　　则

第一条　（目的依据）

为规范和促进本市政务数据资源共享与应用，推动政务数据资源优化配置和增值利用，促进政府部门间业务协同，避免重复建设，进一步提高本市公共管理和服务水平，依据国务院印发的《促进大数据发展行动纲要》（国发〔2015〕50号）等文件精神，结合本市实际，制定本办法。

第二条　（概念定义）

本办法所称的政务数据资源，是指市级行政机关和依法经授权行使行政职能的组织（以下统称“行政机构”）在依法履行职能的过程中采集和获取的各类数据资源。

第三条　（适用范围）

行政机构之间的各类政务数据资源共享行为及其相关管理活动，适用本办法。

第四条　（职责分工）

网上政务大厅建设与推进工作领导小组（以下简称“领导小组”）是全市政务数据资源共享管理工作的领导机构，负责协调推进政务数据资源共享有关的重大事项，领导小组办公室设在市政府办公厅。

市经济信息化委负责行政机构政务数据资源共享的统筹规划和本办法的组织实施，会同相关部门制定、发布政务数据资源共享交换具体实施制度，承担政务数据资源共享基础设施以及资源管理平台的建设、运行和维护，负责政务数据资源维护管理、安全运行管理等工作。

市财政局负责行政机构政务数据资源共享的资金保障。

行政机构是政务数据资源共享的责任主体，应当在各自职责范围内，做好本部门政务数据资源的采集获取、互联互通、目录编制、共享提供和更新维护工作，并按照法律、法规和有关规定，合理使用获得的可共享的政务数据资源（以下简称“共享数据资源”）。

第五条　（原则要求）

政务数据资源的共享与应用遵循以下原则：

（一）全面共享。政务数据资源以共享为原则，不共享为例外。行政机构应当在职能范围内，提供各类政务数据资源共享服务。

（二）依法使用。对共享数据资源，进行合法、合理使用，不得滥用，不得泄露国家秘密、商业秘密和个人隐私，切实维护数据资源主体的合法权益。

（三）安全可控。依托全市信息安全保障体系，完善全市政务数据资源共享安全机制，确保政务数据资源安全。

第二章　资源管理平台

第六条　（资源管理平台属性）

本市建设满足市级政务数据资源共享和业务协同需求的、统一的政务数据资源管理平台（以下简称“资源管理平台”）。资源管理平台是政务数据资源共享的主要载体，为行政机构之间政务数据资源共享交换提供支撑。资源管理平台包括目录管理系统和交换系统两部分。

第七条　（资源管理平台接入要求）

全市性、行业性、领域性的跨部门业务协同信息化系统，应当纳入政务数据资源共享工作范围内统筹管理，并与资源管理平台做好对接。

行政机构必须以数字化形式，向资源管理平台提供可共享的政务数据资源的访问接口，确保行政机构业务数据库与资源管理平台之间的实时连通和同步更新。对不支持政务数据资源共享和业务协同的项目,项目审批部门不予审批。

第三章　数据资源目录

第八条　(政务数据资源共享属性)

政务数据资源共享属性分为三种类型:普遍共享、按需共享、不共享。

普遍共享类包括:具有基础性、基准性、标识性的政务数据资源;资源提供方明确可以无条件共享的政务数据资源;以及经领导小组核定应当无条件共享的政务数据资源。

数据内容敏感、只能按特定条件提供给资源需求方的政务数据资源,应当按照相关保密管理规定,列入按需共享类。

列入不共享类的,应当有法律法规、规章政策或其他依据。

第九条　(资源目录编制要求)

行政机构根据法定职责,对本部门所掌握的政务数据资源进行梳理,确定其共享和公开属性,并按照技术标准,在资源管理平台进行目录编制,形成政务数据资源目录(以下简称"资源目录")。

行政机构可以结合自身实际,选择在线编制、离线工具、系统对接等方式,进行本部门资源目录编制。

行政机构信息化项目建设应当在项目验收前,做好信息化项目中的资源目录编制工作,资源目录将作为规划和安排各部门信息化建设项目和运行维护项目评审的重要依据。

第十条　(资源目录管理要求)

行政机构应当建立本部门资源目录管理制度,并加强对本部门资源目录编制、审核、发布、更新等管理。

行政机构应当指定专人负责资源目录的编制和审核。审核人员应当逐条审核已提交的目录信息,确保其准确性、完整性和合规性。审核通过的目录,应当及时发布;审核未通过的目录,应当及时退回修改。

行政机构应当建立本部门资源目录更新制度,因资源目录要素内容发生调整或可共享的政务数据资源出现变化时,应当在2个工作日内,进行资源目录的更新操作。

行政机构对本部门资源目录,每年应当至少进行一次全面维护。

第四章 数据采集

第十一条 （数据采集原则）

行政机构应当按照法定职责，采集政务数据资源，明确本部门数据采集、发布、维护的规范和程序，确保数据的正确性、完整性、时效性。

行政机构有政务数据资源采集需求时，除法律、法规另有规定以外，应当遵循“一数一源”的原则，不得重复采集可以通过共享方式获取的政务数据资源。

第十二条 （数据采集方式）

行政机构应当以数字化方式采集、记录和存储政务数据资源，非数字化信息应当按照相关技术标准，开展数字化改造。

数据资源的采集应当以统一社会信用代码作为标识。其中，自然人的统一社会信用代码为身份证号码，法人和其他组织的统一社会信用代码为登记管理部门赋予的唯一机构编码。

第五章 共享使用

第十三条 （共享使用原则）

行政机构有义务向其他行政机构提供可共享的政务数据资源，并有权利根据履职需要，提出政务数据资源共享需求。

除法律、法规、规章另有规定外，行政机构不得拒绝其他行政机构提出的政务数据资源共享需求。

第十四条 （共享使用方式）

行政机构应当通过资源管理平台，主动提供普遍共享类政务数据资源的共享服务。

对按需共享类政务数据资源，资源需求方应当通过资源管理平台，向资源提供方提出共享申请，说明共享范围、共享用途和申请数据项内容等，并将系统生成的需求申请表以书面形式送资源提供方审核。资源提供方应当在收到书面申请后10个工作日内，提出是否同意共享的意见及理由。

如资源需求方对资源提供方的意见持有异议，可以申请协调处理，由领导小组办公室会同相关部门对该事项进行研究并作出结论，必要时报请领导小组决定。

涉及国家秘密、商业秘密和个人隐私的政务数据资源，资源需求方和资源提供方应当签订政务数据资源共享安全保密协议，按照约定方式共享数据资源。

第十五条 （共享服务模式）

行政机构应当根据政务数据资源的性质和特点，选择采用接口交换、文件下载、在线浏览或离线交换等途径共享政务数据资源。其中以接口交换方式提供的，行政机构应当及时在资源管理平台将其注册为接口服务，并提供接口描述及调用方法。对变化频繁的、时效性较强的，以及涉及跨部门并联审批和协同办公的政务数据资源，应当采用接口交换的方式，提供共享服务。

第十六条 （共享更新机制）

行政机构应当建立政务数据资源的共享更新机制，对其提供的共享数据资源进行动态管理，在共享数据资源产生或者变更之后2个工作日内进行更新，并通知该共享数据资源的获取方。资源获取方应当及时比对和更新所获取的共享数据资源，确保数据一致性。

第十七条 （使用限制）

行政机构获取的共享政务数据资源仅限于内部使用，如需对外提供或发布，应当向资源提供方提出书面申请，经同意后，方可对外提供或发布。

行政机构未经授权，不得将获取的共享数据资源挪作他用，不得以任何方式或形式用于社会有偿服务或其他商业用途，并对共享数据资源的滥用、非授权使用、未经许可的扩散以及泄露等行为负责。资源提供方不对其提供的共享数据资源在其他行政机构使用中的安全问题负责。

第六章 安全保障

第十八条 （安全保障原则）

市经济信息化委应当建立健全政务数据资源安全管理制度和工作规范，加强资源管理平台安全建设和管理，完善身份认证、访问控制、信息审计追踪等技术防控措施，建立安全应急处理和灾难恢复机制。

行政机构应当按照“谁建设，谁维护；谁使用，谁负责”的原则，在各自的职责范围内，做好政务数据资源安全和信息保密的监督和管理工作。

第十九条 （保密审查）

行政机构提供的共享数据资源，应当事先经过本部门的保密审查。

第二十条 （资金保障）

行政机构政务数据资源共享的运行维护经费，纳入本部门市本级信息化项目支出预算。

第二十一条 （机构与人员保障）

行政机构指定专门机构和专人负责政务数据资源共享工作，并将数据资源管理员的信息向市经济信息化委备案，如有人员变动，应当及时更新。市经济信息化委应当定期组织开展政务数据资源共享工作业务培训。

第七章 监督检查

第二十二条 （评估考核）

市经济信息化委会同市政府办公厅督促检查政务数据资源共享落实工作。市经济信息化委对各部门政务数据资源的目录编制、资源共享和更新维护情况进行评估，并对评估结果进行定期通报，评估结果纳入市级政府信息公开工作年度考核范围。

第二十三条 （效能监督）

行政机构违反本办法规定，有下列情形之一的，由网上政务大厅建设与推进工作领导小组根据实际情况予以书面通报，并责令其限期改正；造成严重不良后果的，由网上政务大厅建设与推进工作领导小组按照效能检查的相关规定予以处理：

（一）不按照规定将本部门资源目录和掌握的政务数据资源提供给其他部门共享的；

（二）不按照规定随意采集政务数据资源，扩大数据采集范围，造成重复采集数据，增加社会成本，给社会公众增加负担的；

（三）故意提供不真实、不准确、不全面的资源目录和政务数据资源的，未按照规定时限发布、更新资源目录和政务数据资源的；

（四）对获取的共享数据资源管理失控，致使出现滥用、非授权使用、未经许可的扩散以及泄漏的；

（五）不按照规定，擅自将获取的共享数据资源用于本部门履行职责需要以外的，或擅自转让给第三方，或利用共享数据资源开展经营性活动的；

（六）对监督检查机关责令整改的问题，拒不整改的；

（七）其他违反本办法应当给予处分的行为。

第二十四条　（法律责任）

行政机构违反法律、法规和本办法有关规定，造成国家、法人、其他部门和个人损失的，依法追究相关部门和直接责任人员的法律责任。

第八章　附　　则

第二十五条　（适用性）

各区县行政机构之间的各类政务数据资源共享行为及其相关管理活动，遵照本办法执行。

第二十六条　（实施日期、有效期）

本办法自2016年3月1日起施行。

本办法有效期5年。

上海市公共数据和一网通办管理办法

（2018年9月30日上海市人民政府令第9号公布）

第一章 总 则

第一条 （目的和依据）

为促进本市公共数据整合应用，推进“一网通办”建设，提升政府治理能力和公共服务水平，根据相关法律、法规和国家有关规定，结合本市实际，制定本办法。

第二条 （适用范围）

本市行政区域内公共数据和“一网通办”工作的规划、建设、运维、应用、安全保障和监督考核等管理活动，适用本办法。

涉及国家秘密的公共数据管理，按照相关保密法律、法规的规定执行。

第三条 （定义）

本办法所称公共数据，是指本市各级行政机关以及履行公共管理和服务职能的事业单位（以下统称公共管理和服务机构）在依法履职过程中，采集和产生的各类数据资源。

本办法所称“一网通办”，是指依托全流程一体化在线政务服务平台（以下简称在线政务服务平台）和线下办事窗口，整合公共数据资源，加强业务协同办理，优化政务服务流程，推动群众和企业办事线上一个总门户、一次登录、全网通办，线下只进一扇门、最多跑一次。

第四条 （管理原则）

本市公共数据和“一网通办”工作应当遵循统筹规划、集约建设、汇聚整合、共享开放、有效应用、精准服务、保障安全的原则。

第五条 （职责分工）

市政府办公厅是本市公共数据和电子政务工作的主管部门，负责统筹规划、协调推进、指导监督本市公共数据和“一网通办”工作。市大数据中心具体承担本市公共数据归集、整合、共享、开放、应用管理，组织实施“一网通办”工作。

市经济信息化部门负责指导、协调、推进公共数据开放、数据开发应用和产业发展。

市其他行政机关在各自职责范围内，做好公共数据和“一网通办”的相关工作。

区人民政府确定的部门（以下简称区主管部门）是本行政区域内公共数据和电子政务工作的主管部门，负责指导、协调、推进、监督本行政区域内公共数据和“一网通办”工作。

第六条　（标准规范）

本市加强公共数据和“一网通办”标准化建设，积极借鉴国际标准，充分运用国家标准、行业标准，制定公共数据采集、归集、整合、共享、开放以及质量和安全管理等基础性、通用性地方标准和“一网通办”地方标准，促进公共数据和“一网通办”规范化管理。

第七条　（长三角一体化）

本市立足长三角一体化战略目标，加强与长三角地区公共数据和“一网通办”工作的合作交流，通过数据资源共享、平台融合贯通、业务协同办理等方式，推动区域协同发展。

第二章　规划和建设

第八条　（发展规划）

市政府办公厅应当会同有关部门编制本市公共数据和电子政务发展规划，报市政府批准后，向社会公布并组织实施。

区主管部门应当根据市级发展规划，制定本区公共数据和电子政务发展规划，报市政府办公厅备案并组织实施。

第九条　（项目管理）

市政府办公厅和市发展改革、经济信息化、财政等部门应当建立健全公共数据和电子政务项目立项审批、政府采购、建设运维、绩效评价、安全保障等管理制度。

公共数据和电子政务项目管理应当适应快速迭代的应用开发模式，积极采用政府购买服务的项目建设方式，将数据服务、电子政务网络服务、电子政务云服务等纳入购买服务范围。

第十条 （基础设施）

本市加强市、区两级电子政务基础设施的统筹规划和统一管理，推进电子政务网络、电子政务云、大数据资源平台、电子政务灾难备份中心等共建共用，保障电子政务基础设施的安全可靠。

市大数据中心负责市级电子政务外网、电子政务云、大数据资源平台和全市统一的电子政务灾难备份中心的建设和运行管理。

区主管部门负责本区电子政务外网、电子政务云、大数据资源分平台的建设和运行管理。

第十一条 （电子政务网络建设要求）

除国家另有规定外，行政机关不得新建业务专网；已经建成的，原则上应当分类并入本市电子政务网络。

第十二条 （电子政务云建设要求）

行政机关的非涉密信息系统应当依托市、区两级电子政务云进行建设和部署；已经建成的，应当迁移至市、区两级电子政务云。

除国家另有规定外，行政机关不得新建、扩建、改建独立数据中心机房；已经建成的，应当依托市、区两级电子政务云进行整合。

第十三条 （大数据资源平台建设要求）

行政机关应当依托市大数据资源平台和区大数据资源分平台，实现公共数据整合、共享、开放等环节的统一管理，原则上不得新建跨部门、跨层级的数据资源平台。

区大数据资源分平台应当与市大数据资源平台对接，接受公共数据资源的统一管理。

第十四条 （政务信息系统整合）

行政机关应当定期清理与实际业务流程脱节、功能可被替代的信息系统，以及使用范围小、频度低的信息系统，将分散、独立的内部信息系统进行整合。

涉及公共数据管理的信息系统，未充分利用电子政务基础设施，无法实现与大数据资源平台互联互通、信息共享、业务协同的，原则上不再批准建设。对于未按照要求进行系统整合和数据对接的信息化项目，原则上不再拨付运维经费。

第三章　公共数据采集和治理

第十五条　（数据集中统一管理）

公共管理和服务机构在履职过程中获取的公共数据，由市大数据中心按照应用需求，实行集中统一管理。

第十六条　（数据责任部门）

市政府办公厅应当根据各部门的法定职责，明确相应的市级责任部门，由其承担下列工作：

（一）编制本系统公共数据资源目录；

（二）制定本系统公共数据采集规范；

（三）对本系统公共数据进行校核更新；

（四）汇聚形成本系统数据资源池。

第十七条　（资源目录）

本市对公共数据实行统一目录管理，明确公共数据的范围、数据提供单位、共享开放属性等要素。市大数据中心负责制定公共数据资源目录的编制要求。

市级责任部门应当对本系统公共数据进行全面梳理，并按照编制要求，开展本系统公共数据资源目录的编制、动态更新等工作。市大数据中心对市级责任部门报送的公共数据资源目录进行汇聚、审核后，形成全市的公共数据资源目录。

区主管部门可以根据实际需要，对本区内未纳入全市公共数据资源目录的个性化公共数据进行梳理，编制本区公共数据资源补充目录。

第十八条　（数据采集原则和要求）

公共管理和服务机构应当遵循合法、必要、适度原则，按照市级责任部门的采集规范要求，在公共数据资源目录的范围内采集公共数据，并确保数据采集的准确性、完整性、时效性。

公共管理和服务机构应当按照一数一源、一源多用的要求，实现全市公共数据的一次采集、共享使用。可以通过共享方式获得公共数据的，不得通过其他方式重复采集。

第十九条　（数据采集方式）

公共管理和服务机构在法定职责范围内，可以直接采集、委托第三方机构采集，或者通过与自然人、法人和非法人组织协商的方式，采集相关公共数据。

第二十条 （被采集人的权利义务）

公共管理和服务机构在法定职责范围内采集数据的，被采集人应当配合。

公共管理和服务机构因履职需要，采集法律、法规未作规定的数据的，应当取得被采集人同意。

第二十一条 （数据归集）

公共管理和服务机构应当将本单位的公共数据向市、区电子政务云归集，实现公共数据资源的集中存储。

第二十二条 （数据校核确认）

市级责任部门应当直接汇聚本系统公共数据；涉及区公共服务和管理机构采集的公共数据，且无法实现直接汇聚的，由区主管部门进行初步汇聚后，分类汇聚给市级责任部门。

市级责任部门应当按照多源校核、动态更新的原则，对本系统公共数据进行逐项校核、确认。

第二十三条 （数据整合）

市级责任部门应当对本系统公共数据开展数据治理，并汇聚形成本系统的数据资源池。

市大数据中心应当依托市大数据资源平台，对各市级责任部门的公共数据进行整合，并形成人口、法人、空间、电子证照等基础数据库和若干主题数据库。

区主管部门应当依托大数据资源分平台，承接市大数据资源平台相关公共数据的整合应用。

第二十四条 （质量管理）

公共数据质量管理遵循“谁采集、谁负责”“谁校核、谁负责”的原则，由公共管理和服务机构、市级责任部门承担质量责任。

市大数据中心负责公共数据质量监管，对公共数据的数量、质量以及更新情况等进行实时监测和全面评价，实现数据状态可感知、数据使用可追溯、安全责任可落实。

第四章 公共数据共享和开放

第二十五条 （共享交换方式）

市大数据中心应当依托市大数据资源平台，建设统一的共享交换子平台，通过市、区两级部署，实现公共管理和服务机构之间的数据共享交换。

公共管理和服务机构之间原则上不得新建共享交换通道；已经建成的，应当进行整合。公共管理和服务机构应当采用请求响应的调用方式，共享公共数据；采用数据拷贝或者其他调用方式的，应当征得同级公共数据和电子政务主管部门的同意。

第二十六条 （共享原则）

公共管理和服务机构之间共享公共数据，应当以共享为原则，不共享为例外，无偿共享公共数据。

没有法律、法规、规章依据，公共管理和服务机构不得拒绝其他机构提出的共享要求。公共管理和服务机构通过共享获得的公共数据，应当用于本单位履职需要，不得以任何形式提供给第三方，也不得用于其他任何目的。

公共管理和服务机构应当根据法定职责，明确本单位可以向其他单位共享的数据责任清单；根据履职需要，形成需要其他单位予以共享的数据需求清单；对法律、法规、规章明确规定不能共享的数据，列入共享负面清单。

第二十七条 （分类共享）

公共数据按照共享类型分为无条件共享、授权共享和非共享三类。列入授权共享和非共享类的，应当说明理由，并提供相应的法律、法规、规章依据。

公共管理和服务机构因履职需要，要求使用无条件共享类公共数据的，应当无条件授予相应访问权限；要求使用授权共享类公共数据的，由市政府办公厅会同相关市级责任部门进行审核，经审核同意的，授予相应访问权限。

第二十八条 （应用场景授权）

市大数据中心根据“一网通办”、城市精细化管理、社会智能化治理等需要，按照关联和最小够用原则，以公共管理和社会服务的应用需求为基础，明确数据共享的具体应用场景，建立以应用场景为基础的授权共享机制。

公共管理和服务机构的应用需求符合具体应用场景的，可以直接获得授权，使用共享数据。

第二十九条 （数据开放要求）

市经济信息化部门应当以需求为导向，遵循统一标准、便捷高效、安全可控的原则，有序推进面向自然人、法人和非法人组织的公共数据开放。

市大数据中心应当依托市大数据资源平台，建设公共数据开放子平台，实现公共数据向社会统一开放。

第三十条 （分类开放）

公共数据按照开放类型分为无条件开放、有条件开放和非开放三类。涉及商业秘密、个人隐私，或者法律、法规规定不得开放的，列入非开放类；对数据安全和处理能力要求较高、时效性较强或者需要持续获取的公共数据，列入有条件开放类；其他公共数据列入无条件开放类。

对列入无条件开放类的公共数据，公共管理和服务机构应当通过开放子平台主动向社会开放；对列入有条件开放类的公共数据，公共管理和服务机构对数据请求进行审核后，通过开放子平台以接口等方式开放。

第三十一条 （数据开放清单）

公共管理和服务机构应当按照相关标准，在公共数据资源目录范围内，制定本单位的数据开放清单，向社会公布并动态更新。通过共享、协商等方式获取的公共数据不纳入本单位的数据开放清单。

与民生紧密相关、社会迫切需要、商业增值潜力显著的高价值公共数据，应当优先开放。

第三十二条 （开放数据利用）

市经济信息化部门应当对全市公共数据开放工作和应用成效进行定期评估，并结合全市大数据应用和产业发展，通过产业政策引导、社会资本引入等方式，推动社会主体对开放数据的创新应用和价值挖掘。

第五章　一 网 通 办

第三十三条 （政务服务事项清单和办事指南）

公共管理和服务机构应当编制本部门政务服务事项清单和办事指南，由市审批改革部门审核并通过在线政务服务平台、移动终端、实体大厅等渠道发布。政务服务事项发生变化的，应当同步更新。

政务服务事项清单应当按照国家要求，确保同一政务服务事项的名称、编码、依据、类型等要素在不同层级、不同区域相统一。政务服务事项办事指南应当确保线上与线下标准统一，内容完整、准确、全面。

第三十四条 （业务流程再造）

公共管理和服务机构应当整合内部业务流程与跨部门、跨层级、跨区域业务流程，优化政务服务事项网上申请、审查、决定、送达等环节，实行跨部门事项一窗综合受理、多方协同办理，减少审批环节、审批时间、申请材料和申请人跑动次数。

对申请人已经提交并且能够通过信息化手段调取的材料，或者能够通过数据互认共享手段获取的其他单位的证明材料，不得要求申请人重复提供。对没有法律、法规依据的证明材料，不得要求申请人提供。

公共管理和服务机构应当公布"最多跑一次"政务服务事项清单，清单包含事项名称、申请材料、办事流程、办理时限等。对于申请材料齐全、符合法律规定的，确保从受理申请到取得办理结果只需一次上门或者零上门。

第三十五条　（在线政务服务平台）

在线政务服务平台以"中国上海"门户网站为总门户，政务服务事项应当全部纳入在线政务服务平台办理，实现申请、受理、审查、决定、证照制作、决定公开、收费、咨询等全流程在线办理。

在线政务服务平台实行统一身份认证，为申请人提供多源实名认证渠道，实现一次认证，全网通办；实行统一总客服，处理各类政务服务咨询、投诉和建议。

在线政务服务平台应当接入第三方支付渠道，实现政务服务费用在线缴纳，并为申请人提供材料递交、结果反馈等快递服务。

公共管理和服务机构应当将本单位的政务服务业务系统和数据与在线政务服务平台对接，实现互联共享。

第三十六条　（线上线下集成融合）

公共管理和服务机构应当依托在线政务服务平台，推进线上线下深度融合，做到线上线下统一服务标准、统一办理平台。

公共管理和服务机构通过线下服务窗口提供的个人服务事项，除法律、法规另有规定或者受众面较小的事项外，应当实现全市范围内跨街镇窗口受理申请材料，方便申请人就近办理。

申请人可以通过线上或者线下的方式提出办事申请，公共管理和服务机构无正当理由不得限定申请方式。申请人选择线上申请的，合法有效且能够识别身份的电子申请材料与纸质申请材料具有同等法律效力；除法律、法规明确要求纸质材料外，公共管理和服务机构不得要求申请人提供纸质材料。

公共管理和服务机构认为申请人提交的材料不齐全或者不符合法定形式

的，应当一次性告知需要补正的全部内容。告知的内容应当与其对外公示的办事指南内容一致。

第三十七条 （电子签名、电子印章）

符合《中华人民共和国电子签名法》规定的可靠电子签名，与手写签名或者盖章具有同等法律效力，公共管理和服务机构应当采纳和认可。

公共管理和服务机构应当使用统一的电子印章系统开展电子签章活动，加盖电子印章的电子材料合法有效。电子印章的具体管理办法另行制定。

第三十八条 （电子证照）

公共管理和服务机构应当使用统一的电子证照系统发放电子证照，电子证照与纸质证照具有同等法律效力，可以作为法定办事依据和归档材料。电子证照的具体管理办法另行制定。

第三十九条 （电子档案）

公共管理和服务机构应当加强在履职过程中产生的电子文件归档管理。

除法律、法规另有规定外，公共管理和服务机构可以单独采用电子归档形式，真实、完整、安全、可用的电子档案与纸质档案具有同等法律效力。电子档案的具体管理办法另行制定。

第六章 安全管理和权益保护

第四十条 （主管部门安全管理职责）

市政府办公厅和区主管部门应当编制本级公共数据和电子政务安全规划，建立公共数据和电子政务安全体系和标准规范，制定并督促落实公共数据和电子政务安全管理制度，协调处理重大公共数据和电子政务安全事件。

第四十一条 （网信部门安全管理职责）

市网信部门应当指导公共管理和服务机构建立公共数据和电子政务网络安全管理制度，加强网络安全保障，推进关键信息基础设施网络安全保护工作。

第四十二条 （市大数据中心安全管理职责）

市大数据中心应当对电子政务外网、电子政务云、大数据资源平台、电子政务灾难备份中心加强安全管理，建立并实施公共数据管控体系和公共数据安全认证机制，定期开展重要应用系统和公共数据资源安全测试、风险评估和应急演练。

第四十三条　（公共管理和服务机构安全管理职责）

公共管理和服务机构应当设置或者确定专门的安全管理机构，并确定安全管理责任人，加强对相关人员的安全管理，强化系统安全防护，定期组织开展系统的安全测评和风险评估，保障信息系统安全。

公共管理和服务机构应当建立公共数据分类分级安全保护、风险评估、日常监控等管理制度，健全公共数据共享和开放的保密审查等安全审查机制，并开展公共数据和电子政务安全检查。

第四十四条　（灾难备份）

市政府办公厅、市网信部门应当制定本市电子政务灾难备份分类分级评价和管理制度。

公共管理和服务机构应当按照前款规定的管理制度，对数据和应用进行备份保护。

第四十五条　（应急管理）

公共管理和服务机构应当制定有关公共数据和电子政务安全事件的应急预案并定期组织演练。发生危害网络安全事件时，应当立即启动应急预案，迅速采取应急措施降低损害程度，防止事故扩大，保存相关记录，并按照规定向有关部门报告。

第四十六条　（人员管理）

公共管理和服务机构应当建立安全管理岗位人员管理制度，明确重要岗位人员安全责任和要求，并定期对相关人员进行安全培训。

第四十七条　（被采集人权益保护）

公共管理和服务机构采集、共享和开放公共数据，不得损害被采集人的商业秘密、个人隐私等合法权益。

公共管理和服务机构应当按照国家有关规定，落实信息系统加密、访问认证等安全防护措施，加强数据采集、存储、处理、使用和披露等全过程的身份鉴别、授权管理和安全保障，防止被采集人信息泄露或者被非法获取。

第四十八条　（异议处理机制）

被采集人认为公共管理和服务机构采集、开放的数据存在错误、遗漏等情形，或者侵犯其个人隐私、商业秘密等合法权益的，可以向市大数据中心提出异议，市大数据中心应当在收到异议材料一个工作日内进行异议标注，并作以下处理：

（一）属于市大数据中心更正范围的，应当在收到异议材料之日起两个工作日内，作出是否更正的决定，并及时将处理结果告知异议提出人；

（二）属于市级责任部门更正范围的，应当在收到异议材料之日起两个工作日内，转交该部门办理；该部门应当在收到转交的异议材料之日起五个工作日内，向提供该数据的公共管理和服务机构进行核实，作出是否更正的决定并告知市大数据中心；市大数据中心应当及时将处理结果告知异议提出人。

第七章 监督考核

第四十九条 （加强日常监督）

市政府办公厅、市大数据中心和区主管部门应当通过随机抽查、模拟办事、电子督查等方式，对公共管理和服务机构的公共数据和电子政务工作进行日常监督；发现存在问题的，应当及时开展督查整改。

第五十条 （开展绩效考核）

市政府办公厅应当组织制定年度公共数据和电子政务管理考核方案，充分运用“12345”市民服务热线数据，对行政机关开展年度工作绩效考核。考核结果纳入各级领导班子和领导干部年度绩效考核，并作为下一年度公共数据和电子政务项目审批的重要参考依据。

第五十一条 （引入第三方评估）

市政府办公厅、市经济信息化部门可以委托第三方专业机构，围绕网上政务服务能力、公共数据质量、共享开放程度、电子政务云服务质量等方面，对本市公共数据和电子政务工作定期开展调查评估。

第五十二条 （畅通社会评价与投诉渠道）

公共管理和服务机构应当在本单位网站建立政务服务效果评价机制，设立网上曝光纠错、互动问答、评价分享等相关栏目，畅通线上投诉举报渠道。收到投诉举报的机构应当自受理投诉举报之日起五个工作日内，进行核实处理，并将处理结果反馈投诉举报人。

第八章 法律责任

第五十三条 （指引条款）

违反本办法规定，《中华人民共和国网络安全法》《中华人民共和国保守国家秘密法》《中华人民共和国治安管理处罚法》等相关法律、法规有处罚规定的，从其规定；涉嫌犯罪的，依法追究刑事责任。

任何单位和个人从事攻击、侵入、干扰、破坏等危害本市电子政务基础设施活动，或者非法泄露、篡改、毁损、出售公共数据的，依法追究法律责任。

第五十四条　（违反规划和建设规定的法律责任）

行政机关及其工作人员有下列行为之一的，由本级人民政府或者上级主管部门责令改正；情节严重的，由有权机关对直接负责的主管人员和其他直接责任人员依法给予处分：

（一）违反电子政务网络建设要求，擅自新建业务专网或者已建专网拒不并入本市电子政务网络的；

（二）违反电子政务云建设要求，擅自新建、扩建、改建独立数据中心机房，或者已建机房未依托电子政务云进行整合的；

（三）违反大数据资源平台建设要求，擅自新建跨部门、跨层级数据资源平台的；

（四）未按照政务信息系统整合要求进行系统整合的。

第五十五条　（违反公共数据采集、共享、开放规定的法律责任）

公共管理和服务机构及其工作人员有下列行为之一的，由本级人民政府或者上级主管部门责令改正；情节严重的，由有权机关对直接负责的主管人员和其他直接责任人员依法给予处分：

（一）违反数据采集的原则和要求采集公共数据的；

（二）未依托电子政务云实现公共数据集中存储的；

（三）无正当理由拒绝其他单位提出的共享要求的。

第五十六条　（违反一网通办工作规定的法律责任）

公共管理和服务机构及其工作人员有下列行为之一的，由本级人民政府或者上级主管部门责令改正；情节严重的，由有权机关对直接负责的主管人员和其他直接责任人员依法给予处分：

（一）未按照要求编制本单位政务服务事项清单和办事指南的；

（二）未按照要求将本单位政务服务业务系统和数据与在线政务服务平台对接的；

（三）没有法律、法规依据，要求申请人提供证明材料的；

(四)无正当理由限定申请人的申请方式的。

第五十七条　(违反安全管理规定的法律责任)

市政府办公厅和区主管部门、市大数据中心、市网信部门、公共管理和服务机构及其工作人员未按照本办法规定履行安全管理职责的,由本级人民政府或者上级主管部门责令改正;情节严重的,由有权机关对直接负责的主管人员和其他直接责任人员依法给予处分。

第九章　附　　则

第五十八条　(遵照执行)

水务、电力、燃气、通信、公共交通、民航、铁路等公用事业运营单位在依法履行公共管理和服务职责过程中采集和产生的各类数据资源的管理,适用本办法。法律、法规另有规定的,从其规定。

第五十九条　(参照执行)

运行经费由本市各级财政保障的其他机关、团体等单位以及中央国家机关派驻本市的相关管理单位在依法履行公共管理和服务职责过程中采集和产生的各类数据资源的管理,参照本办法执行。

运行经费由本市各级财政保障的其他机关、团体等单位的电子政务管理,参照本办法执行。

第六十条　(施行日期)

本办法自 2018 年 11 月 1 日起施行。

上海市人民政府办公厅关于转发市档案局制订的《上海市“一网通办”电子档案管理暂行办法》的通知

（沪府办发〔2018〕36号）

各区人民政府，市政府各委、办局：

市档案局制订的《上海市“一网通办”电子档案管理暂行办法》已经市政府同意，现转发给你们，请认真按照执行。

上海市人民政府办公厅

2018年10月30日

上海市“一网通办”电子档案管理暂行办法

第一章　总　　则

第一条　（目的依据）

为推进政务服务“一网通办”，规范本市电子档案管理，确保电子档案真实完整、安全可靠、长期可用，根据有关法律、法规和《上海市公共数据和一网通办管理办法》，制订本办法。

第二条　（适用范围）

本办法适用于本市各级行政机关、履行公共管理和服务职能的事业单位（以下统称“公共管理和服务机构”）在政务服务“一网通办”中直接形成、具有保存价值的各种类型的电子档案管理。涉及国家秘密的电子档案管理，按照有关保密法律、法规的规定执行。

第三条　（管理原则）

“一网通办”电子档案是公共管理和服务机构依法履行职能的重要凭证，是国家档案信息资源的重要组成部分，其管理遵循以下基本原则：

（一）统筹规划。将电子档案管理纳入本市政务服务“一网通办”工作总体规划，实行统一规划、统一标准、统一流程。

（二）全程管理。根据电子档案的特点和管理要求，建立严密、完整的管控体系，对政务服务“一网通办”中应归档电子文件的收集与采集、归档与整理、保存与利用、移交与接收等，实行全程管理。

（三）方便利用。充分发挥电子档案高效、便捷的优势，实现政务服务“一网通办”中电子档案分层次、分类别、按需求、按权限的共享利用。

（四）确保安全。严格按照有关法律法规的要求，采取有效的技术手段和管理措施，确保电子档案的真实、完整、可用、安全。

第四条　（概念界定）

本办法所称的电子文件，是指公共管理和服务机构在履行其法定职责或处理事务过程中，通过计算机等电子设备形成、办理、传输和存储的数字格式的各种信息记录。

本办法所称的电子档案，是指具有凭证、查考和保存价值并归档保存的电子文件。

第五条　（职责分工）

市、区档案行政管理部门依照管理职责，负责管辖范围的政务服务“一网通办”中电子档案管理的监督和指导。

公共管理和服务机构承担“一网通办”电子档案管理的主体责任，应指定专人负责电子档案管理，确保电子档案真实、完整、可用、安全。市大数据中心在市档案局的业务指导下，建设和完善“一网通办”在线政务服务平台电子档案管理系统。

市、区国家综合档案馆应按照相关规定，开展电子档案接收工作，促进电子档案规范接收、长久保存和共享利用。

第六条　（系统功能）

“一网通办”在线政务服务平台以及公共管理和服务机构政务服务业务系统应按照《电子文件管理系统通用功能要求》（GB/T 29194—2012）、《电子文件管理系统建设指南》（GB/T 31914—2015）、《电子档案管理系统基本功能规定》等标准规定，建设和完善电子档案管理基本功能。

（一）收集与采集功能。能以自动或半自动方式，完整收集形成于不同职能部门的各类应归档电子文件、采集必要元数据，实现电子文件的内容数据、元数据、目录数据、各组件的自动关联。

（二）归档与整理功能。内置电子档案分类方案、档号规则、归档范围与保管期限表、元数据方案等，具备归档电子文件的自动归类、排序、命名、编号、编目、著录和格式转换等功能，并按照国家和本市有关规定，生成归档数据包，或向归档接口推送归档数据。

（三）保存与利用功能。支持数字档案信息和存储介质的长期保存，具备电子档案及其数据库在线存储、离线存储、备份与恢复功能。具备电子档案的检索、筛选、输出和利用登记功能，支持在线申请、审批、阅览、授权下载与打印。

（四）移交与接收功能。支持不同门类电子档案及其元数据向档案馆移交，按照国家和本市有关规定生成移交数据包，或向电子档案接收平台推送移交数据，并具备规范格式的电子档案在线接收和离线接收功能。

第七条　（法律效力）

“一网通办”电子档案应具备法律、法规规定的原件形式，收集、归档、保存、利用、移交、接收等关键环节应有可靠的技术保障措施，确保其信息真实、内容完整、来源可靠，能有效利用。

真实、完整、可用、安全的电子档案，与纸质档案具有同等法律效力，法律、法规另有规定的除外。

第二章　收集与采集

第八条　（归档电子文件收集）

公共管理和服务机构应按照有关规定，完整收集本单位在政务服务“一网通办”中形成、办理的文本、图像、音频、视频、多媒体等不同形式的应归档电子文件。

第九条　（元数据采集）

公共管理和服务机构在电子文件形成、办理过程中，应采集必要的背景、结构、签署、时间、业务行为等元数据，元数据各要素应符合《文书类电子文件元数据方案》（DA/T 46—2009）、《照片类电子档案元数据方案》（DA/T 54—2014）、《录音录像类电子档案元数据方案》（DA/T 63—2017）等标准规定。

第十条　（格式要求）

公共管理和服务机构收集、采集的应归档电子文件及其元数据格式，须符合《版式电子文件长期保存格式需求》（DA/T 47—2009）、《基于 XML 的电子文件封装规范》(DA/T 48—2009)、《电子文件归档与电子档案管理规范》(GB/T 18894—2016)等标准规定,并能够支持国家综合档案馆向长期保存格式转换。

第三章　归档与整理

第十一条　(归档范围)

公共管理和服务机构应按照《机关文件材料归档范围和文书档案保管期限规定》《照片档案整理规范》(GB/T 11821—2002)、《科学技术档案案卷构成的一般要求》(GB/T 11822—2008)等规定,制定本单位“一网通办”电子文件的归档范围和电子档案保管期限表,并结合实际,予以动态调整和补充完善。

第十二条　(保管期限)

“一网通办”电子档案保管期限,一般为永久、定期(30年、10年)。

第十三条　(归档时间)

公共管理和服务机构应对“一网通办”中办结的具有保存价值的电子文件即时归档,定期导入相应的电子档案管理系统,并由本单位档案部门负责管理。

第十四条　(归档方式)

“一网通办”电子文件可通过计算机网络进行在线归档,也可以存储在脱机载体上进行离线归档。

归档电子文件可单独采用电子归档形式,法律、法规另有规定的除外。行政审批的结论性文件中具有永久保存价值的电子文件,应转换为纸质文件或缩微胶卷并同时归档。

第十五条　(档案整理)

公共管理和服务机构应按照《归档文件整理规则》(DA/T 22—2015)、《数码照片归档与管理规范》(DA/T 50—2014)等标准规定,对应归档电子文件进行排序、编号等系统整理,组成保管单位,对电子档案进行命名和有序存储,保持档案之间的有机联系。

第十六条　(“四性”检测)

“一网通办”电子文件归档时,应按照《文书类电子档案检测一般要求》(DA/T 70—2018)进行真实、完整、可用、安全方面的检测,并按照《电子文件归档与电子档案管理规范》(GB/T 18894—2016)的要求,向本单位档案部门办理归档手续。

第四章 保存与利用

第十七条 （数据存储）

公共管理和服务机构应根据“一网通办”电子档案的重要程度以及利用需要，选择符合规范的在线存储和离线存储方式存储电子档案内容数据、目录数据、元数据和各类管理日志。

第十八条 （数据备份）

公共管理和服务机构应按照《上海市电子档案和数字化档案备份办法》，制订“一网通办”电子档案的备份策略，开展在线备份和离线备份工作。

第十九条 （利用方式）

公共管理和服务机构应以权限管理为基础，提供“一网通办”电子档案的多途径、多角度利用，利用方式包括浏览、检索、复制、下载、打印、借阅、接口调用等，电子档案的利用应严格遵守档案利用和保密安全的相关规定。

第二十条 （利用服务）

“一网通办”电子档案利用服务过程中，应做好利用登记和利用审批，记录利用效果。

第五章 移交与接收

第二十一条 （档案移交）

公共管理和服务机构应按照《上海市电子档案移交和接收管理办法》的要求，向同级国家综合档案馆移交“一网通办”电子档案。移交的基本要求为：

（一）保管期限为永久、30 年的电子档案列入移交范围。

（二）电子档案一般自形成之日起 5 年内移交。对于有特殊要求的电子档案，可适当延长移交时间。

（三）“一网通办”在线政务服务平台保存的电子档案，通过计算机网络进行在线移交。线下窗口保存的电子档案，可存储在脱机载体上进行离线移交。

第二十二条 （档案接收）

市、区国家综合档案馆应按照《上海市电子档案移交和接收管理办法》的要求，接收“一网通办”电子档案。接收的基本要求为：

（一）档案馆接收电子档案的范围，参照国家和本市有关档案进馆范围的规定执行。

（二）档案馆应建立电子档案接收平台，对“一网通办”电子档案进行在线接收和离线接收。

（三）档案馆应按照规定的格式和质量要求，接收“一网通办”电子档案，并办理电子档案移交接收手续。

第六章　附　　则

第二十三条　（遵照执行）

水务、电力、燃气、通信、公共交通、民航、铁路等公用事业运营单位在依法履行公共管理和服务职责过程中形成的电子档案的管理，适用本办法。

第二十四条　（参照执行）

运行经费由本市各级财政保障的其他机关、团体等单位以及中央国家机关派驻本市的相关管理单位在依法履行公共管理和服务职责过程中形成的电子档案的管理，可参照本办法执行。

第二十五条　（施行日期）

本办法自 2018 年 11 月 1 日起施行，有效期至 2020 年 10 月 31 日。

上海市人民政府办公厅关于印发《上海市电子证照管理暂行办法》的通知

（沪府办规〔2018〕28号）

各区人民政府，市政府各委、办局：

经市政府同意，现将《上海市电子证照管理暂行办法》印发给你们，请结合实际，认真组织实施。

上海市人民政府办公厅

2018年10月30日

上海市电子证照管理暂行办法

第一章　总　　则

第一条　（目的依据）

为规范本市电子证照管理，推进政务服务"一网通办"，加快智慧政府建设，持续优化营商环境，根据《中华人民共和国电子签名法》《上海市公共数据和一网通办管理办法》及国家和本市其他有关规定，制定本办法。

第二条　（适用范围）

本办法适用于本市各级行政机关、履行公共管理和服务职能的事业单位（以下统称"公共管理和服务机构"）实施电子证照信息采集、制证签发、归集入库、共享应用、监督管理等相关活动。

第三条　（管理原则）

本市电子证照管理遵循"标准统一、集约建设、互认互通、应用导向、利企便民、安全可靠"的基本原则。

第四条　（综合管理）

市政府办公厅是本市电子证照综合管理部门（以下简称"综合管理部门"），负责统筹规划、协调推进、指导监督全市电子证照管理工作。市大数据中心具体承担市电子证照库的建设与运维、证照数据共享、信息安全保障等工作。

市标准化部门负责会同市大数据中心编制电子证照信息采集、制证签发、共享应用等相关技术标准规范。

市信息化、审改、档案管理等部门在各自职责范围内，做好电子证照管理的相关工作。

第五条　（归口管理）

根据《上海市公共数据和一网通办管理办法》明确的市级责任部门（以下称“市级责任部门”）负责落实、推进本系统电子证照管理工作，统筹协调本系统公共管理和服务机构按照市统一标准规范，制发、归集、应用电子证照。

各区政府负责督促本行政区域内公共管理和服务机构按照市统一标准规范，制发、归集、应用电子证照。对本行政区域内未纳入市级责任部门统一管理的电子证照，由各区政府进行属地管理。

第六条　（概念界定）

本办法所称电子证照，是指公共管理和服务机构依法制发的各类不涉及国家秘密的证件、执（牌）照、批文、鉴定报告、证明材料等数据电文。

本办法所称市电子证照库，是指由市政府统一集中建设，具备电子证照目录管理、制发、归集、存储、查询、核验等功能的管理信息系统。

本办法所称制发单位，是指依据法定职责制作签发电子证照的公共管理和服务机构。

本办法所称用证单位，是指在依法履职过程中共享使用电子证照的公共管理和服务机构。

本办法所称持证主体，是指电子证照的签发对象，包括自然人、法人和非法人组织。

第七条　（效力地位）

按照市统一标准规范生成的电子证照与实体证照具有同等法律效力，可以作为公共管理和服务活动中的法定办事依据。

电子证照可作为归档材料纳入电子档案管理，与纸质档案具有同等法律效力。

第二章　制发与归集

第八条　（证照目录管理）

各市级责任部门和区政府应当在各自职责范围内，按照综合管理部门要求，编制本系统、本行政区域电子证照目录，明确证照名称、制发单位、证照类型、持证主体、证照模板、照面信息等，并通过市电子证照库，对目录进行同步更新和维护。

各市级责任部门和区政府编制的电子证照目录，由综合管理部门向社会集中统一发布。

第九条　（制发单位职责）

制发单位负责实施本单位电子证照的信息采集、信息审核、制作签发、注销更新等工作，并对证照信息的完整性、准确性、时效性负责。

第十条　（证照同步更新入库）

制发单位应当按照“合法、必要、适度”的原则，采集证照信息，按照市统一标准规范要求制发电子证照，并同步归集到市电子证照库，确保归集入库的数据与本单位业务系统数据的一致性。

业务办理中产生的实体证照信息，包括证照的制发、年审、年检、挂失、抵押、暂扣、注销等全过程管理信息，与电子证照实行同步更新。

第十一条　（存量证照入库）

除国家另有规定外，制发单位应当在清理精减实体证照的基础上，按照“必要、高频、可行”的原则，将有效期内的电子证照和有条件电子化的历史实体证照信息完整归集到市电子证照库。

第十二条　（不可抗力）

制发单位因不可抗力不能及时制发、注销、更新电子证照的，应当及时采取应急措施并上报综合管理部门，并在故障排除后的3个工作日内，完成电子证照的制发、注销、更新。

第十三条　（电子签名与认证）

制发单位应当按照《中华人民共和国电子签名法》和本市电子印章管理办法和技术规范要求，委托依法设立的电子认证服务机构对电子证照进行电子签名（或签章）。但法律、行政法规另有规定的除外。

第三章 应用与服务

第十四条 （用证清单管理）

用证单位应当根据本市政务服务事项办事指南制定本单位用证清单，并细化应用场景，按照《上海市公共数据和一网通办管理办法》确定的授权共享机制，依法在用证清单范围内应用电子证照。用证清单应当实行动态管理。

第十五条 （材料免交）

凡可以通过市电子证照库获取业务办理所需电子证照的，用证单位不得要求办事人提供实体证照。

第十六条 （用证单位用证）

用证单位原则上应当将业务系统与市电子证照库对接，通过调用市电子证照库用证接口的方式，使用、查阅、核验、打印电子证照信息，依法依规应用电子证照。

第十七条 （持证主体亮证）

用证单位应当明确持证主体可以单独出示电子证照的应用场景，经市级责任部门确认后实施。符合应用场景且可以通过市电子证照库核验的，持证主体可以通过经综合管理部门认定的移动端，单独出示电子证照向公共管理和服务机构工作人员表明身份、资质等。

第十八条 （信息服务）

持证主体经实名认证后，可以通过“一网通办”总门户或者经综合管理部门认定的移动端，查询其所持电子证照的持证列表、证照详情等信息。

制发单位应当为实名认证的持证主体提供电子证照到期提醒的信息推送服务。

第十九条 （社会化应用）

本市鼓励水务、电力、燃气、通信、公共交通、民航、铁路等公用事业运营单位以及金融、物流、文化、旅游等行业在经济社会活动中广泛应用电子证照。

第二十条 （异议处理）

用证单位、持证主体及其他社会用证主体对电子证照信息准确性、完整性、时效性有异议的，有权向制发单位提出异议核查申请。制发单位应当在收到异议申请1个工作日内，进行异议标注，并在5个工作日内根据核实情况，将处理结果告知异议申请人。

第四章 日常管理与监督考核

第二十一条 (专人管理)

市级责任部门、各制发单位和用证单位应当结合本单位实际,指定专人负责电子证照管理工作,并向综合管理部门报备。

第二十二条 (日志记录)

市大数据中心和各市级责任部门、制发单位、用证单位应当按照职责分工,采取身份认证、存取访问控制、信息审计跟踪等技术手段,建立电子证照制发、归集、注销、更新、应用等全过程日志记录。

日志记录的保存,按照国家和本市有关电子档案的规定执行。

第二十三条 (管理部门安全责任)

综合管理部门负责建立全市电子证照的安全管理制度,指导有关单位落实安全管理责任。市大数据中心负责建立市电子证照库的安全保障体系,对市电子证照库实行异地备份和信息安全等级保护,制定应急预案和数据备份恢复制度,保障市电子证照库的安全运行。

第二十四条 (市级责任部门和区政府安全责任)

各市级责任部门和区政府应当按照各自职责,组织落实本系统、本行政区域电子证照安全管理责任,保障相关业务系统的安全运行。

第二十五条 (制证用证安全责任)

制发单位、用证单位应当严格执行市电子证照库的安全管理要求,加强本单位业务系统和电子证照的信息安全管理,保障电子证照信息合法合规使用,保护持证主体的商业秘密和个人隐私。

制发单位、用证单位应当充分利用数字证书、电子印章、生物特征技术以及其他必要的安全技术手段,对证照申请人、持证主体加强身份认证,确保身份真实可信。

第二十六条 (修订制度规范)

市级责任部门、制发单位和用证单位应当对本单位现行管理制度、规范性文件及业务流程中与本办法不相适应的条款进行修订,消除电子证照应用的制度障碍。

第二十七条 （日常监督）

综合管理部门应当通过随机抽查、模拟办事、电子督查等方式对市级责任部门、区政府、制发单位和用证单位的电子证照管理工作进行日常监督，发现问题的，开展督查整改。

第二十八条 （绩效考核）

综合管理部门应当将电子证照制发和应用工作纳入各单位“一网通办”年度绩效考核，加强对电子证照工作的效能监督。

第二十九条 （法律责任）

制发单位、用证单位违反本办法制发、应用电子证照的，由上级主管部门责令改正；情节严重的，由有权机关依法对其直接负责的主管人员和其他直接责任人员给予行政处分。

第五章 附 则

第三十条 （遵照执行）

水务、电力、燃气、通信、公共交通、民航、铁路等公用事业运营单位在依法履行公共管理和服务职责过程中涉及电子证照的管理，适用本办法。

第三十一条 （参照执行）

运行经费由本市各级财政保障的其他机关、团体等单位以及中央国家机关派驻本市的相关管理单位在依法履行公共管理和服务职责过程中涉及电子证照的管理，参照本办法执行。

第三十二条 （施行日期）

本办法自2018年11月1日起施行，有效期至2020年10月31日。

上海市人民政府办公厅关于转发市经济信息化委制订的《上海市电子印章管理暂行办法》的通知

（沪府办规〔2018〕29号）

各区人民政府，市政府各委、办局：

市经济信息化委制订的《上海市电子印章管理暂行办法》已经市政府同意，现转发给你们，请认真按照执行。

上海市人民政府办公厅

2018年10月30日

上海市电子印章管理暂行办法

第一章 总 则

第一条 （目的和依据）

为推进本市“一网通办”建设，规范和加强本市电子印章的管理，确保电子印章合法、安全、可靠地使用，根据《中华人民共和国电子签名法》《国务院关于国家行政机关和企业事业单位社会团体印章管理的规定》（国发〔1999〕25号）、《上海市印章刻制业治安管理办法（2018修正）》《上海市公共数据和一网通办管理办法》等，制定本办法。

第二条 （定义和效力）

本办法所指的电子印章，是可靠电子签名的可视化表现形式，以密码技术为核心，将数字证书、签名密钥与实物印章图像有效绑定，用于实现各类电子文档完整性、真实性和不可抵赖性的图形化电子签名制作数据。电子印章绑定的数字证书，应由依法设立的电子认证服务机构提供。

基于电子印章实现的可靠电子签名与手写签名或盖章有同等法律效力，不得因其采用电子化表现形式而否定其法律效力，电子签名相关法律明确不适用的情形除外。

第三条 （范围和分类）

本办法所指电子印章主要分为电子公章、与机构关联的个人电子名章（电子职务章）和普通个人电子名章（电子私章）等三类。

（一）电子公章。指本市范围内的国家机关、人民团体、社会组织、企业单位、事业单位、个体工商户以及其他组织（以下简称“单位或者机构”）的法定名称章、以法定名称冠名的内设机构章和分支机构章、业务专用章（合同、财务、发票、审验、报关等相关业务使用）的电子化形式。

（二）电子职务章。指单位或者机构的法定代表人、经营者、主要负责人、财务负责人、单位或机构授权代表人等人员用于单位或者机构事务办理的个人名章的电子化形式。

（三）电子私章。指仅用于个人事务办理的普通个人名章的电子化形式。

电子公章的图形化特征，应与实物印章的印模完全一致。电子职务章和电子私章的图形化特征，应与印章持有人姓名完全一致。

第四条 （管理部门）

市经济信息化委负责电子印章的规范管理、电子印章系统运维指导和电子印章服务机构监督管理，市公安局负责电子印章的治安管理，市密码管理局负责电子印章的密码使用管理。

第五条 （电子印章服务机构）

电子印章服务机构负责根据国家相关法规和标准，建设运营全市统一的电子印章系统，并根据相关管理部门要求，提供电子印章相关服务。

电子印章服务机构应具备电子认证服务资质，由市经济信息化委按照政府采购相关规定予以落实。

第六条 （电子印章系统）

本市建立统一的电子印章系统，提供电子印章申请、制作、备案、查询、变更、注销、签章、验章和使用管理等功能，并与国家政务服务平台统一电子印章系统、市特种行业（公章刻制业）治安管理信息系统进行对接，实现数据互通共享。

原则上不再新建电子印章系统。各部门、各单位已建电子印章系统的，应与全市统一的电子印章系统进行对接，并实现互通互认。

第二章　电子印章申请

第七条　(申请材料)

需要电子印章的个人或者机构应按照以下流程,向电子印章服务机构申请:

(一)申请电子公章、电子职务章

按照实体印章相关管理规定刻制实物印章后,申请制发。

申请电子公章的,应提供单位或机构以及经办人的合法身份证明材料;申请电子职务章的,应提供持有人、所在单位或机构以及经办人的合法身份证明材料。

(二)申请电子私章

申请电子私章的,应提供持有人的合法身份证明材料。

(三)已经持有本市依法设立的电子认证服务机构发放的数字证书的,可直接申请电子印章。否则,按照相关流程向本市依法设立的电子认证服务机构申请数字证书后,再申请电子印章。

第八条　(材料审核)

电子印章服务机构在制作电子印章时,应审核申请人相关申请资料的真实性。未通过申请的,应及时告知申请人原因。

第三章　电子印章制作

第九条　(制作要求)

制作电子印章时应检查所绑定数字证书的有效性。电子印章数据格式应遵循国家电子印章数据格式规范标准。

第十条　(电子印章图形化特征)

制作电子公章和法定代表人电子印章的图形化特征,应与在公安机关印章管理部门备案的印模信息(包含实物印章图像)的规格、式样保持一致;印模信息应从市特种行业(公章刻制业)治安管理信息系统获取,无法获取的,可由申请人提供。

制作电子职务章和电子私章的图形化特征,国家对其实物印章规格、式样有相关规定、标准的,应与其印模信息的规格、式样保持一致;没有相应规定、标准的,可由申请人自行选择其名章图形化特征的规格、式样。

第十一条 （印模信息核查）

电子印章服务机构应核查申请人提交的印模信息真实性，并与市特种行业（公章刻制业）治安管理信息系统获取已备案的印模信息进行比对。

电子印章服务机构应核查申请人印模信息与其数字证书中包含的名称的一致性。

第十二条 （电子印章存储）

电子印章应与数字证书及其密钥妥善存储在符合国家密码管理要求的专用设备内，包括但不限于智能密码钥匙、智能移动终端安全密码模块、印章服务器、服务器密码机、签名验签服务器等。

第十三条 （电子印章有效期）

电子印章有效期应与绑定的数字证书有效期一致，到期后，可通过在线方式或至电子印章服务机构进行更新延期。

第十四条 （电子印章信息备案）

电子印章制发完成后，电子印章服务机构应在 24 小时内，将相关制作信息向公安机关印章管理部门提交备案。

第十五条 （制作信息保存）

电子印章制作信息应永久保留，法律法规另有规定的除外。

第四章 电子印章使用

第十六条 （使用范围）

本市各类政务办公、公共管理和社会公共服务活动可使用电子印章，对公文、证照、协议、凭据、流转单等各类电子文档进行签章。

鼓励自然人、法人和非法人组织在经济和社会活动领域中使用电子印章。

本市各级行政机关、履行公共管理和服务职能的事业单位不得拒绝电子印章的使用，法律法规规定不适用的情形除外。

第十七条 （使用审批）

电子公章的使用审批流程应与实物印章的使用审批流程一致，经批准同意后方可进行签章。严禁不按照审批权限使用电子印章。

电子职务章由持有人在其业务授权范围内，根据其实物印章的加盖规定或手写签名的处理流程进行签章。

电子私章由持有人在合法范围内使用。

第十八条 （使用方式）

加盖电子印章的公文、证照、协议、凭据、流转单等各类电子文档，与加盖实物印章的纸质书面材料具有同等法律效力；经过打印或其他电子格式转换的，不具备同等法律效力，视同复印件。

全市统一的电子印章系统提供电子印章签署及验证等功能，支持分散式和集中式应用。

本市各类政务办公、公共管理和社会公共服务活动中使用电子印章进行签章、验章的，原则上应使用全市统一的电子印章系统。

本市各类经济和社会活动中用电子印章进行签章的，可根据需要使用全市统一的电子印章系统进行签章、验章，或建设相应的电子印章应用系统。

第十九条 （归档）

加盖电子印章的公文、证照、协议、凭据、流转单等各类电子文档，应按照本市电子档案的相关规定进行归档。

第五章 电子印章管理

第二十条 （印章保管）

电子印章持有人应妥善保管其电子印章。电子公章、电子职务章应按照实物印章管理要求进行管理。

本市各级行政机关、履行公共管理和服务职能的事业单位应建立内部管理制度，明确电子印章的保管人和使用流程。

电子印章的保护口令应严格保密，并由持有人或保管人定期修改。需要重置保护口令的，应向电子印章服务机构申请并提交合法的证明材料。

第二十一条 （电子印章换领）

单位或者机构变更、名称变更、法定代表人或经营者变更、个人姓名变更、印章损坏或者实物印章发生变更等情形的，应按照申请要求，重新制作换领电子印章，原有电子印章将予以注销。

电子印章绑定的数字证书有效期届满的，应在使用期限到达前三个月内进行更新。更新时，电子印章的图形化特征保持不变。

第二十二条　（电子印章注销）

单位撤并或注销、实物印章不再使用、电子印章不再使用、电子印章相关密钥泄露、电子印章及其存储设备损坏、被盗或遗失的，应向电子印章服务机构申请注销电子印章。

电子印章的注销应由持有人提交书面申请并提供合法的身份证明材料。

第二十三条　（电子印章审计）

电子印章系统应对电子印章的制作、换领、注销以及电子印章使用提供独立审计功能，确保审计信息真实完整。

电子公章持有人应及时登记使用情况。

第六章　信息安全

第二十四条　（信息保密要求）

电子印章系统运营服务机构应建立完善的信息保密制度，采取必要措施，确保电子印章相关信息的安全，并对在提供服务过程中收集的用户信息严格保密，不得泄露、篡改或者毁损，不得出售或者非法向他人提供。

第二十五条　（数据安全要求）

电子印章系统应建立可靠的数据存储、备份、恢复、审计等机制。

第二十六条　（系统安全要求）

全市统一的电子印章系统建设应采用具有国家商用密码型号的产品，支持国产密码算法和文档格式标准。

电子印章系统建设应符合《GM/T 0031—2014 安全电子签章密码应用技术规范》《GA/T 1106—2013 信息安全技术电子签章产品安全技术要求》《GB/T 33481—2016 党政机关电子印章应用规范》等的规定。

电子印章系统应具备完善的信息安全防护措施，至少应符合计算机信息系统安全等级保护三级要求。

第七章　附　　则

第二十七条　（涉密除外）

涉及国家秘密的各类信息系统使用电子印章的，应按照国家保密管理相关规定执行。

第二十八条 （法律责任）

电子印章的申请、制作、使用等，应严格遵循《中华人民共和国电子签名法》等法律法规和印章相关治安管理规定要求。

伪造、变造、冒用、盗用电子印章的行为或提供虚假申请材料申请电子印章行为的，应依法予以处罚；给国家和他人造成损失的，应承担相应赔偿责任。

第二十九条 （施行日期）

本办法自 2018 年 11 月 1 日起施行，有效期至 2020 年 10 月 31 日。

图书在版编目(CIP)数据

“一网通办”法律规制 / 上海市立法研究所编 ；丁伟，孙福庆主编. -- 北京 ：法律出版社，2020
ISBN 978-7-5197-5095-4

Ⅰ. ①一… Ⅱ. ①上… ②丁… ③孙… Ⅲ. ①地方政府-行政管理-法律-研究-中国 Ⅳ. ①D922.110.4

中国版本图书馆 CIP 数据核字(2020)第 220260 号

“一网通办”法律规制
“YIWANG TONGBAN” FALÜ GUIZHI

上海市立法研究所 编
丁 伟 孙福庆 主编

策划编辑 沈小英
责任编辑 刘 莹
装帧设计 李 瞻

出版 法律出版社
总发行 中国法律图书有限公司
经销 新华书店
印刷 北京虎彩文化传播有限公司
责任校对 杨锦华
责任印制 吕亚莉

编辑统筹 法治与经济出版分社
开本 710 毫米×1000 毫米 1/16
印张 22.25
字数 391 千
版本 2020 年 12 月第 1 版
印次 2020 年 12 月第 1 次印刷

法律出版社/北京市丰台区莲花池西里 7 号(100073)
网址/www.lawpress.com.cn
投稿邮箱/info@lawpress.com.cn
举报维权邮箱/jbwq@lawpress.com.cn
销售热线/400-660-8393
咨询电话/010-63939796

中国法律图书有限公司/北京市丰台区莲花池西里 7 号(100073)
全国各地中法图分、子公司销售电话：
统一销售客服/400-660-8393/6393
第一法律书店/010-83938432/8433　西安分公司/029-85330678　重庆分公司/023-67453036
上海分公司/021-62071639/1636　深圳分公司/0755-83072995

书号：ISBN 978-7-5197-5095-4　**定价**：128.00 元
(如有缺页或倒装，中国法律图书有限公司负责退换)